자녀의 미래를
디자인하라

내 아이를 향한 하나님의 설계도
자녀의 미래를 디자인하라

© 생명의말씀사 2018

2018년 7월 30일 1판 1쇄 발행
2022년 7월 11일   4쇄 발행

펴낸이 | 김창영
펴낸곳 | 생명의말씀사

등록 | 1962. 1. 10. No.300-1962-1
주소 | 서울시 종로구 경희궁1길 6 (03176)
전화 | 02)738-6555(본사)·02)3159-7979(영업)
팩스 | 02)739-3824(본사)·080-022-8585(영업)

지은이 | 김 진

기획편집 | 서정희, 장주연
디자인 | 김혜진
인쇄 | 영진문원
제본 | 보경문화사

ISBN 978-89-04-14147-0 (03230)

저작권자의 허락없이 이 책의 일부 또는 전체를
무단 복제, 전재, 발췌하면 저작권법에 의해 처벌을 받습니다.

내 아이를 향한 하나님의 설계도

자녀의 미래를
디자인하라

김 진 지음

프롤로그

하나님이 주신 사명 좇아
20년간 1만 8,000명이 넘는 이들의
진로 길잡이로 살다

진로교육전문가로 인도하신 나를 향한 하나님의 설계도

"하나님이 주신 달란트요? 진로적성이요? 그런 게 중요해요?
시험 성적만 잘 나오면 되죠."

내가 처음 진로교육컨설팅을 시작하던 20년 전만 해도 하나님이 주신 성향이나 재능에 맞는 진로 설계에 대한 개념 자체가 전혀 없다시피 했다. 적성에 맞는 진로지도보다는 시험 점수에 맞춰 진학을 결정하다 보니 막상 대학에 가서, 심지어는 취업을 하고 나서 자신의 성향에 맞지 않다는 것을 뒤늦게 깨닫고는 반수, 편입, 이직 등 진로 방황을 하는 젊은이들을 많이 만났다. 하나님이 지으신 '나'를 모르는 상태에서 진로 결정은 시행착오를 가져다줄 수밖에 없다.

다행스럽게도 최근 들어 진로적성의 중요성이 인식되기 시작했고, 부모들이 무조건 공부보다는 내 아이의 재능을 찾아 주고, 그 재능대로 살도록 하는 것이 바람직한 교육법임을 깨닫기 시작했다. 여기까지 오는 데 무려 20년이나 걸렸다.

4대째 크리스천 집안,

대가족의 장손,

도박으로 재산을 탕진하신 할아버지,

멘토였던 삼촌의 극단적인 선택,

난독증,

대입 실패,

진로 방황,

교육학과 입학,

미국 컨설팅 회사 사퇴,

적성검사 개발에 전 재산 올인,

진로교육전문가,

교육학자,

목회자.

  지나온 날을 돌아보니 새삼 내 삶이 만만하지는 않았구나 싶다.
  충북의 한 작은 마을에서 태어난 나는 할아버지, 할머니, 부모님, 고모들과 삼촌들, 형제들까지, 13명이 넘는 대식구의 장손으로 자랐다.

우리 집은 4대째 크리스천 가정으로 온 동네에 유명했다. 작은 시골 동네이기는 했지만 증조모 때는 신앙생활을 엄격하게 하기로 유명해 우리 집을 모르는 사람이 없었다. 특히 명절에 집에서 드리는 가정예배 때는 교회 주보 못지않은 예배 순서지와 찬송가 모음 복사본까지 만들어 가족들에게 나눠 주었다. 모르는 사람이 보면 교회라고 착각할 정도였다.

하지만 4대에 걸쳐 내려온 크리스천 집안이라는 말이 무색하게도 할아버지는 선대와 달리 노름으로 가산을 탕진하셨다. 예수 믿다 망한 집안이라고 또 한 번 동네에서 유명해졌다.

졸지에 대식구의 실질적인 가장이 된 아버지는 학업을 포기하고 공무원이 되셨다. 면사무소에서 일하면 가족들 밥은 굶지 않을 것이라 생각하셨던 것이다. 그런 아버지는 어깨를 짓누르는 가장과 장손이라는 무게 때문에 늘 감정 표현에 인색하셨다. 할아버지의 도박 빚을 대신 갚고, 장손에게만 집착하시는 할머니의 역성을 들어주느라 바쁘셨다.

할머니는 할아버지로 인한 스트레스를 어머니에게 죄다 쏟아 내셨고, 그럴 때마다 어머니는 부뚜막 귀퉁이에 앉아 울기만 하셨다. 아버지는 내가 1등 상장을 타 와도, 고된 시집살이에 버거운 어머니가 주저앉아

우셔도, 그저 모른 척 무관심하셨다.

나는 그럴 때마다 아버지에게 버림받았다고 생각했고, 가끔은 잠든 아버지의 뒷모습을 흘겨보며 '하나님 믿어 봐야 뭐해! 하나님 같은 건 필요 없어!' 하고 속으로 뇌까렸다. 그렇게 나는 청소년 시절을 '안티 크리스천'으로 지냈다.

불우했던 어린 시절, 나는 주로 집보다는 학교에서 방황했다. 집에 가 봤자 빚쟁이들과 싸우는 소리, 고함 소리, 울음 소리만 들어야 했기에 초등학교에 들어가면서부터는 학교가 끝나면 혼자 빈 교실에 남아서 어두워질 때까지 공부를 했다. 공부가 좋아서가 아니라 최대한 집에 늦게 들어가기 위해서 시작된 일탈이었다. 그 일탈이 오히려 나를 공부 잘하는 모범생으로 만들어 주었다.

시험만 치면 전교 1등을 하자, 어느새 가족들의 기대가 내 어깨 위에 고스란히 내려앉았다. 집안 어르신들은 내가 명문대에 가서 고시를 치르고 고위공무원이 되어 집안을 번듯하게 일으켜 주기를 바라는 뜻을 내비치셨다. 하지만 어릴 때부터 집이라면 몸서리났던 나는 '고위공무원이 되더라도 나 혼자 서울에 살리라' 다짐하고 또 다짐을 했다.

밥을 먹을 때도, 심지어 화장실에서조차 손에서 책을 놓지 않고 공부하던 나는 두꺼운 영어 사전 한 권을 몽땅 외울 정도로 공부에 미친 아이가 되어 버렸다.

고 3이 되고 첫 모의고사에서 서울대학교 사회학과에 지원했는데, 전국의 지원자들 중 5등을 할 정도로 좋은 성적이 나왔다. 이대로 가면 쭉 꽃길만 걷게 될 것이라고 믿어 의심치 않았다. 담임선생님도, 아버지도, 어머니도 모두 서울대학교는 따 놓은 당상이라며 꿈에 부푸셨다. 그리고 나 역시도 서울대학교 사회학과를 졸업하고 행정고시에 합격해서 고위공무원이 되는 것은 시간문제라고 생각했다. 그러나 하나님의 뜻은 나의 뜻과 달랐다.

두 번째 모의고사를 보는 날이었다. 영어 시간에 시험지를 받았는데 갑자기 심장이 마구 뛰면서 눈이 어질어질하기 시작했다. 게다가 심한 두통에 머리까지 흔들려서 글자가 제대로 보이지 않았다. 아무리 눈을 비비며 부릅떠 보아도 한 글자도 읽을 수가 없었다.

성적이 전교 1등에서 반 10등으로 밀려났다. 지옥에 있다면 이런 것일까? 내게 모든 기대를 걸었던 가족들이 등을 돌렸고, 항상 내 편이라 믿었던 담임선생님도 어느새 싸늘해지셨다. 하지만 누구 한 사람 "그날 무슨 일이 있었니? 어디 아픈 데라도 있니? 왜 시험을 망친 거니?" 하고 물어보지 않았다. 누구도 내 눈을 맞추며 걱정하지 않았고, 내 손을 잡고 안타까워하지 않았다. 나 역시 문제가 있다는 사실을 알면서도 인정하고 싶지 않았고, 문제가 사실로 드러날까 두려워 내 증상에 대해서 어느 누구에게도 말하지 않았다.

그렇게 모의고사를 망친 나는 학력고사를 치를 때 서울대학교를 포기하고, 연세대학교 행정학과로 하향 지원을 했다. 학력고사를 보러 가는 길은 가시밭길이었고, 목표가 무너졌다는 좌절은 나를 내버려 두지 않았다. 1교시부터 시험 문제를 제대로 읽을 수가 없었다. 미간을 찌푸려 가며 집중해 보려 했지만 머리가 깨질 것 같았다. 결국 나는 백지를 냈다. 아마 연세대학교 입학시험에서 백지를 제출한 사람은 내가 처음일 것이다.

난독증, 고통 중에 하나님을 만나다

시험을 망친 원인이 난독증이라는 것은 아무도 몰랐다. 오직 집에서 벗어나기 위해 밤잠을 설쳐 가면서 버스 안에서, 화장실에서까지 공부를 하던 내가 뭘 그렇게 잘못했기에 이런 엄청난 벌이 주어진 것인지, 아무나 붙잡고 따지고 싶었다. 그러면서도 이제 나는 무엇을 하고 살아야 하나 황망하기만 했다. 시험을 마치고 집으로 돌아오는 길에 인생이 끝났다는 생각이 들었다.

문득 극단적인 선택으로 생을 마감한 삼촌이 떠올랐다. 삼촌은 명문대에 수석으로 합격했지만, 집안의 반대로 자신이 원하는 전공을 선택하지 못했다. 전공만이 아니라 직업 선택에 있어서도 집안의 반대에 부딪히자 삼촌은 불행한 결정을 하고 말았다. 그날 나는 삼촌의 심정이 넘치도록 이해가 되었다.

그러자 갑자기 분노가 끓어올랐고, 그 분노가 나를 교회로 이끌었다. 하나님께 제대로 따지기 위해서 교회를 찾아갔다고 표현해야 더 맞을 것이다. 나는 빈 예배당에서 "하나님!" 하고 큰 소리로 하나님을 불렀다. "도대체 날 왜 이렇게 힘들게 하세요? 그냥 이렇게 살다 죽으라는 건가요? 대답 좀 해보세요!"

아무리 시간이 흘러도 하나님은 대답이 없으셨다. 나는 포기하고 일어섰다. 그 순간이었다. 옆자리에 놓여 있던 성경책이 내 눈에 들어왔다. 희한하게도 성경책이 마치 누가 일부러 펴 놓은 듯 펼쳐진 채였다. 무심히 펼쳐진 성경책을 들었다. 다른 구절들은 하나도 읽을 수가 없었는데, 어렴풋하게 눈에 들어오는 구절이 하나 있었다.

"여호와의 말씀이니라 너희를 향한 나의 생각을 내가 아나니 평안이요 재앙이 아니니라 너희에게 미래와 희망을 주는 것이니라"(렘 29:11).

그 순간 뭔가 뜨거운 것이 느껴졌다. 일순간 마음속 안개가 걷혔고, 정말 거짓말처럼 후련하고 편안해졌다.

"하나님, 제게 미래가 있다면, 희망이 있다면 길을 열어 주세요. 제 눈을 열어 주세요. 기다리겠습니다."

그러나 몇 달이 지나도 글자를 제대로 읽을 수 없었다. 문제지를 볼 때마다 안 보이는 글자를 보려고 애쓰다 보니 머리가 지끈지끈 아팠다. 아픈 머리를 양손으로 눌러 가며 읽으려고 했지만 이제는 한 글자도 읽을 수가 없었다. 그래도 나는 하나님을 믿고 매일 기도했다.

그렇게 대학 입학시험을 두 달 앞둔 어느 날, 책을 보는데 갑자기 글자가 보이기 시작했다! 뿌옇게 보이거나 흔들거리던 글자들이 초점을 맞추듯 또렷하게 보였다. 마치 맹인이 눈을 뜬 것같이, 내 앞에 펼쳐진 세상은 기적 같았다.

하나님이 주신 사명, 진짜 교육을 세상에 알려라

이후 나는 하나님의 은혜로 연세대학교 교육학과에 입학했다. 그때 집안에서는 왜 행정학과가 아니라 교육학과를 갔냐고 의아해했다. 분명 뭔가 이유가 있었는데, 그때는 뚜렷하게 답을 하지 못했다.

학부 시절 나와 같은 사람이 다시 없도록 야학 활동을 하며 검정고시를 준비하는 학생들과 청년들이 꿈을 찾도록 도왔다. 그러면서 불현듯 이미 오래전부터 이 길로 나를 인도하시기 위해 소름 끼칠 만큼 철저하게 준비하신 하나님의 계획을 깨달았다.

공장에 다니다 손을 다쳐 붕대를 칭칭 감고서도 공부를 하겠다고 오는 아이들을 보면서, 노안으로 침침한 눈을 비비며 억지로 글자를 읽어 내려가시는 어느 할머니를 보면서, 자기 삶의 의미를 몰라 방황하며 고민하는 아이들을 보면서, 자신의 진로로 고민하다 죽음을 선택했던 삼촌을 떠올리면서 나는 입학 원서를 쓸 때 내가 왜 행정학과 대신 교육학과를 선택했는지 비로소 대답할 수 있었다. 돌이켜 보면 난독증은 하나님의 인도하심의 시작이요, 나의 세상 욕망과 교만을 찔러 주신 하나님의 은혜였다.

난독증을 통해 겪었던 지옥 같은 2년의 세월은 하나님이 이미 모태에서부터 나와 세상 모든 사람에게 고유한 성향과 재능을 부여하셨고, 그것은 세상에서 혼자 잘 먹고 잘 살라고 주신 것이 아니라는 사실을 철저하게 깨닫게 한 시간이었다. 또한 하나님은 하나님이 심어 주신 성향과 재능대로 살 때 남과 비교하지 않고, 남을 시기하지 않으며, 자기 스스로를 존중하면서 행복하게 살 수 있다는 것을 알려 주셨다. 그러한 삶을 살도록 돕는 것이 진짜 교육이며, 교육을 통해 진정 자유하고 행복할 수 있음을 배우게 하셨다.

아울러 하나님은 우리가 이러한 삶을 살 때 나와 다른 이웃을 인정하고 사랑할 수 있으며, 하나님의 나라를 이 세상에서 누리게 된다는 것 또한 깨닫게 하셨다. 그리고 진짜 교육을 세상에 알리는 사명을 내게 주셨다는 사실을 알려 주셨다.

이후 나는 진로적성 교육의 불모지에서 시작해 20년에 이르는 세월 동안 진로교육전문가로서, 또 교육자로서, 그리고 목사로서 많은 사람에게 하나님이 주신 성향과 재능을 찾아 주는 일을 해왔다. 1만 8,000명이 넘는 사람들에게 성향과 적성, 학습 동기와 진로를 찾아 주었고, 성향 차이로 인한 가족 간의 오해, 대인관계 갈등 해소를 도와주었다. 그리고 부모와 학생들에게 실질적인 도움을 주고자, 이미 진로 교육의 지침서가 될 만한 책을 쓴 바 있다.

　주요 언론 방송사나 공공기관, 교직원들과 학부모들, 그리고 교회학교 교사들에게 하나님이 우리 자녀에게 태초부터 심어 주신 성향과 재능을 발견하면 자녀 교육은 성공할 수밖에 없으며, '입시 지옥'이란 말도 사라지고, 우리 아이들 모두가 행복해질 수 있다고 강연을 통해 선포하고 있다.

　많은 사람의 진로 고민을 해결해 주고 또 소명을 찾아 주면서 목도해 온 것은 교육이 인간을 억압하고 이용하며, 인간의 불행을 외면하는 모습이었다. 특히 크리스천 가정의 아이들은 교육 고통에 더해 신앙 고통도 겪고 있었다. 부모의 신앙을 물려받아 크리스천이 되었지만, 그들의 삶 속에 '그리스도'는 없었다. 나의 어릴 적 상황과 한 치도 변한 것 없는 교육 고통과 신앙 고통이 세대에서 세대로 대물림되고 있었다.

　소수의 승리자만 길러 내고 다수의 실패자를 양산하는 교육, 일류대만 추구하는 교육, 돈 많이 벌고 남들이 알아주는 직업을 갖는 데 골몰하는 교육, 과정보다 결과에만 집착하는 교육, 내 아이만 잘되면 된다고 생각하는 지독한 편견에 사로잡힌 교육을 보면서 교육전문가이자 목회자로서 무거운 책임감을 느끼지 않을 수 없었다.

| 진로적성 컨설팅 신청 이유 |

초등학생 5-6학년

1. 아이가 무엇을 잘하는지 알고 싶다. (35.1%)
2. 진로를 미리 찾는 것이 상급 학교 진학에 유리하기 때문이다. (27.2%)
3. 아이 적성에 맞는 진로를 찾아 주고 싶다. (23.5%)
4. 아이가 공부하기를 싫어하는데 원인을 알고 싶다. (12.2%)
5. 기타 (2%)

중학생

1. 아이가 무엇을 좋아하고 잘하는지 몰라서 막막하다. (33.5%)
2. 아이의 학습 동기가 부족하다. (29.2%)
3. 고등학교 선택을 어떻게 해야 할지 모르겠다. (17.9%)
4. 적성검사를 받아도 진로를 잘 모르겠다. (15.1%)
5. 기타 (꿈이 없거나 자주 바뀐다 등, 4.3%)

고등학생

1. 특정한 소질이 없어 학과를 정하지 못해 갈등이다. (42.4%)
2. 학습에 대한 의지가 없어 걱정이다. (22.7%)
3. 적성에 맞는 직업 분야가 궁금하다. (21.6%)
4. 미래 진로에 대해 막연한 불안감이 있다. (9.2%)
5. 기타 (4.1%)

* 김진교육개발원 방문자 표집 기준

우리 아이들은 하나님의 보석들인데 가장 중요한 청소년 시기를 열등감과 분노 속에 방황하고, 교회에서조차 지식 주입식으로 성경을 가르치는 반쪽짜리 신앙 교육에만 몰두하고 있으니, 전쟁터 같은 세상의 교육 현실 속에서 과연 우리 크리스천 부모들과 자녀들은 무사할 수 있을지 절망스러웠다. 그 절망이 나를 움직였다. 나는 알았다.

"이 모든 문제의 답은 오직 하나님밖에 없다! 하나님이 만드신 창조 원리대로 교육하면 모든 문제가 쉽게 해결될 수 있다!"

그 방법을 알려 주는 것이 하나님이 내게 주신 소명이자 사명이다.

행복한 크리스천 자녀 교육을 위한 실질적인 지침서

이 책은 지난 20년간 생생한 자녀 교육 현장에서 얻은 성공 노하우와 학부모, 학생들의 일대일 대면 컨설팅을 통해 취합하고 누적된 실질적인 임상 진단 데이터, 사례, 성향과 재능별 맞춤 교육의 해법과 교육학 이론과 기독교 교육학적 측면을 집대성한 '크리스천 자녀 교육 총서'다. 행복한 자녀 교육, 성공하는 자녀 교육을 원하는 크리스천 부모들에게 실질적인 지침서가 되기를 바라는 마음으로 썼다. 하나님이 부모와 자녀 한 사람, 한 사람을 위해 모태에서부터 계획하시고 심어 주신 성향과 재능을 어떻게 발견하며, 저마다의 잠재력에 맞게 어떤 식으로 살아가야 교육 고통에서 벗어나 자유하게 되는지를 알려 주는 길잡이가 되기를 소망한다.

내가 무엇을 잘하고 무엇을 좋아하는지도 모르고, 무엇보다 하나님이 내게 주신 꿈과 성향과 재능이 무엇인지도 모른 채 오직 세상 명예와 부귀만 좇느라 난독증까지 걸렸던 과거의 내게, 지금의 내가 돌아가서 말을 건넬 수만 있다면 이 말을 꼭 해주고 싶다.

"하나님은 오직 너만이 가장 잘할 수 있고, 재미있게 할 수 있는 일을 이미 너에게 다 주셨단다. 그것은 돈도, 명예도, 권력도 가져다줄 수 없는, 누구도 뺏을 수 없는 너만을 위한 행복을 가져다줄 거야!"

이 책에서는 이미 출간된 내 책이나 방송, 강연 등에서 소개된 사례 외에 기억에 남는 사연들을 나누었다. 이들 사례를 나누는 이유는 사례에 등장하는 사람들을 내세우려는 것도, 자랑하려는 것도 아니다. 그들의 이야기를 통해 '내 아이에게도 하나님이 주신 재능이 있다', '내 아이도 괜찮아질 거야'라는 용기를 얻게 하고, 더 나아가 이야기 속의 인물들이 앞으로 더욱 하나님의 은혜 안에서 잘 자라 가기를 중보하자는 마음에서다.

나는 아직도 그들을 위해 기도한다. 내게 컨설팅을 받았던 수많은 사람 중에는 특별히 이름을 적어 두고 기도하는 분들도 있다. 그분들은 내게 도움을 받았다고 말하지만, 실상은 내가 초심을 잃지 않도록 늘 도와주는 분들이시기에 오히려 내가 더 고맙고 감사하다. 그분들이 하나님의 뜻 안에서 귀하게 잘 살아가고 계시니 그 또한 감사할 따름이다. 지면을 빌려 내게 컨설팅을 받으셨던 모든 분께, 그리고 어려운 사역을 잘 감당한다고 격려해 주신 모든 분께 다시 한 번 고마움을 전한다.

2018년
김진교육개발원 대표
김 진

CONTENTS

프롤로그 _ 04

하나님이 주신 사명 좇아
20년간 1만 8,000명이 넘는 이들의 진로 길잡이로 살다

P.A.R.T. 01

크리스천 자녀 교육,
새 판을 짜라

01 / 내 아이의 행복한 성공의 길, 하나님과 내 아이 안에 있다 _ 28

아이는 부모의 아바타가 아니다
기초를 무시한 세상 교육은 망한다
성경 지식만 가르치고 삶은 가르치지 않는 신앙 교육이 진짜 문제다
모태신앙은 없다!

02 / 내 아이, 하나님의 꿈대로 살게 하라 _ 47

세상과 교회 사이에 '낀 부모'여, '꿈 부모'가 되라
내 아이의 성향과 재능, 그것은 하나님의 꿈이다
하나님의 꿈대로 사는 내 아이
성공하는 자녀 교육법은 하나님과 함께하는 데 있다

BOOK in BOOK _ 68

진로적성검사 '옥타그노시스(OCTAGNOSIS) 검사'란?
_ 8가지 사고력 & 15가지 성향유형 진단 프로세스

P.A.R.T. 02

내 아이를 향한
하나님의 꿈을 찾아라

01 소통형

오지랖 넓고 붙임성 좋은 내 아이는 친화력의 대가 _ 78

- STEP 1 성향 — 뛰어난 언어 감각과 열린 사고로 사람을 움직인다
- STEP 2 재능.직업 — 갈등을 해결하고 더불어 잘 사는 세상을 만드는 중재력
- STEP 3 신앙교육 — 하나님은 나의 친구 / 성경으로 대화하라
- STEP 4 학습법 — 적당히 놀고 떠들면서 공부해야 성적이 오른다
- STEP 5 성경인물 — 원수도 외나무다리에서 친구로 만드는 '바나바'

02 창조형

감정 기복 심하고 엉뚱한 내 아이는 아이디어 뱅크 _ 92

- STEP 1 성향 — 독특한 개성과 기발한 발상으로 세상의 트렌드를 주도한다
- STEP 2 재능.직업 — 뛰어난 창의력과 차별적인 콘텐츠로 승부하는 아이디어 능력
- STEP 3 신앙교육 — 능력 주시는 하나님 / 에덴 신앙
- STEP 4 학습법 — 전략적 관계로 아이의 공부 비위를 맞춰라
- STEP 5 성경인물 — 무에서 유를 창조하는 아이디어의 대가 '솔로몬'

03 실용형

손해 보면 예민해지고 필요한 것만 따지는
내 아이는 최고의 가성비 인재 _ 106

- STEP 1 성향 — 최소의 노력, 최대의 효과를 통해 자신의 목표를 이룬다
- STEP 2 재능.직업 — 정확하고 빠른 숫자 감각으로 존재감을 드러내는 계산력
- STEP 3 신앙교육 — 부자 하나님 / 성경 속 부자를 찾아라
- STEP 4 학습법 — 아이와 합의 아래 '학습 계약서'를 써라
- STEP 5 성경인물 — '이익이냐, 이익이 아니냐? 그것이 문제로다!' 고민하는 '야곱'

04 운동형

욱하다가도 금방 잊어버리고 일단 놀기부터 하는
내 아이는 유쾌한 행동 대장 _ 120

- STEP 1 성향 | 대담한 행동력과 특유의 낙천성으로 분위기를 주도한다
- STEP 2 재능·직업 | 레전드를 넘어 세상을 놀라게 할 운동 감각
- STEP 3 신앙교육 | 승리하시는 하나님 / 활동적인 신앙생활을 추구하라
- STEP 4 학습법 | 아이의 특기부터 파악하고 공부의 개념을 바꿔라
- STEP 5 성경인물 | 말보다 행동으로 교회의 손과 발이 되어 준 '베드로'

05 규범형

되든 안 되든 시작하면 끝까지 가는
내 아이는 인내의 달인 _ 132

- STEP 1 성향 | 옳고 그름을 따지고 규칙을 지키며 공동체의 가치를 실현한다
- STEP 2 재능·직업 | 공동의 선(善)과 가치를 지키고 세상을 정화시키는 규범 능력
- STEP 3 신앙교육 | 질서의 하나님 / 전통적인 신앙생활을 하라
- STEP 4 학습법 | 공부 패턴의 변화는 금물! 복습 위주로 공부시켜라
- STEP 5 성경인물 | 홀로 횡단보도 정지선을 지키는 모범시민 '다니엘'

06 추리형

넘겨짚기 잘하고 걱정을 달고 사는
내 아이는 논리적 상상주의자 _ 146

- STEP 1 성향 | 한 가지 단서만으로 상황을 잘 예측하고 간파해 문제를 해결한다
- STEP 2 재능·직업 | 꿈을 현실로, 이미지를 스토리로 만들어 내는 상상력
- STEP 3 신앙교육 | 믿기 위한 의심은 불신앙이 아니다 / 스토리로 성경을 상상하라
- STEP 4 학습법 | '스토리형 학습법'과 문제 유형 파악 훈련으로 고득점 전략을 세워라
- STEP 5 성경인물 | 한 개의 단서로 기승전결을 풀어내는 '사도 요한'

07 제작형

사물이나 기계만 보면 무조건 만지고 보는
내 아이는 미다스의 손   _ 160

- STEP 1 성향   조립하고 해체하고 만들면서 AI 시대를 이끈다
- STEP 2 재능.직업   사물을 정확하게 인식하고 필요한 것을 만들어 내는 손재주
- STEP 3 신앙교육   엔지니어 하나님 / 처음 믿기는 어려워도 믿으면 오래간다
- STEP 4 학습법   최대한 단순 명료하게 하루 공부 계획표만 짜라
- STEP 5 성경인물   뭐든 척척 만들어 내는 원조 맥가이버 '노아'

08 생명형

평소엔 냉정한데 아픈 사람과 동물에게는 한없이 약한
내 아이는 박애주의자   _ 174

- STEP 1 성향   생명에 대한 애정과 고도의 절제력으로 위기 상황을 타파한다
- STEP 2 재능.직업   생명 현상을 연구하고 파악하는 생명 탐구력
- STEP 3 신앙교육   치료하시는 하나님 / 말씀을 소명과 연결하라
- STEP 4 학습법   좋아하는 동물을 키우게 해서 학습 스트레스를 줄여라
- STEP 5 성경인물   생명을 향한 무한한 애정을 소유한 '누가'

09 분석형

결정적일 때 허당이지만 꼼꼼한
내 아이는 완벽주의자   _ 186

- STEP 1 성향   작은 실수도 용납하지 않고, 미세한 차이까지 찾아내어 빈틈을 메운다
- STEP 2 재능.직업   자신의 생각을 납득시키고 분명한 기준을 세우는 논리력
- STEP 3 신앙교육   로고스 하나님 / 완벽하려는 마음을 버리고 하나님의 자유를 경험하라
- STEP 4 학습법   선행 학습 너무 시키면 고학년 때 학습 피로 찾아온다
- STEP 5 성경인물   격조 높은 신앙심으로 하나님께 올인한 '바울'

10 관찰형

자연 현상엔 흥미 있지만 친구에게는 관심 없는
내 아이는 탁월한 통찰자 _200

- STEP 1 성향 　자기 관심 대상을 꾸준히 관찰하고 자기 목표를 주도적으로 이루어 간다
- STEP 2 재능.직업 　상황이나 현상을 단번에 꿰뚫어 보는 통찰력
- STEP 3 신앙교육 　나를 지켜보시는 하나님 / 자연에서 하나님을 경험하라
- STEP 4 학습법 　성적을 올리고 싶으면 대화로 귀찮게 하지 말라
- STEP 5 성경인물 　매의 눈썰미를 가진 조용한 고수 '아브라함'

11 원리형

혼자 생각하고, 혼자 공부하고, 혼자 노는
내 아이는 타고난 학자 스타일 _214

- STEP 1 성향 　자신의 학구열로 근본 원리를 알아내고 독창적 비전을 제시한다
- STEP 2 재능.직업 　고도의 지적(知的) 사고로 원리까지 파악하는 인지 능력
- STEP 3 신앙교육 　진리이신 하나님 / 머릿속 하나님을 생활로 꺼내라
- STEP 4 학습법 　학습 편식, 연계 학습으로 극복하라
- STEP 5 성경인물 　원리를 파고드는 독립적 연구가 '에스라'

12 봉사형

어려운 친구를 돕느라 정작 자기 일은 소홀한
내 아이는 수호천사 _226

- STEP 1 성향 　대가를 바라지 않는 착한 마음으로 세상을 정화시킨다
- STEP 2 재능.직업 　약자와 소외된 사람을 돕고 보람을 찾는 봉사심
- STEP 3 신앙교육 　희생하시는 하나님 / 성경 이야기로 상담하라
- STEP 4 학습법 　전공 선택은 아이가, 아이 칭찬은 부모가
- STEP 5 성경인물 　365일 타인을 위해 사랑을 내뿜은 인간 천사 '사무엘'

13 교육형

남이 잘 못하는 것은 꼭 짚고 넘어가는
내 아이는 최고의 멘토 _ 240

- STEP 1 성향 | 가르치고, 배우고, 이끌어 주며 사람을 성장시킨다
- STEP 2 재능.직업 | 어려운 것도 쉽게 가르치는 지식 전달력
- STEP 3 신앙교육 | 하나님은 나의 멘토 / 목자 신앙
- STEP 4 학습법 | 교육은 선생님께 받고, 공부는 친구를 가르치며 하라
- STEP 5 성경인물 | 이스라엘 40년 광야 학교의 선한 교육자 '모세'

14 복합형

다재다능해서 무엇을 잘하는지 잘 모르는
내 아이는 21세기형 인재 _ 256

- STEP 1 성향 | 다양한 관심사와 응용력으로 변화에 대처한다
- STEP 2 재능.직업 | 서로 다른 분야를 붙여서 새로운 것을 만들어 내는 융합 능력
- STEP 3 신앙교육 | 전지전능하신 하나님 / 무지개 신앙
- STEP 4 학습법 | '동시다발 학습법'으로 고득점을 노려라
- STEP 5 성경인물 | 양치기에서 왕까지, 전천후 멀티 플레이어 '다윗'

15 진취형

이리저리 친구들을 몰고 다니는
내 아이는 통 큰 리더 _ 270

- STEP 1 성향 | 도전하고 또 도전하며 승부를 내고야 만다
- STEP 2 재능.직업 | 통솔력과 책임감으로 공동체를 독려하고 이끄는 리더십
- STEP 3 신앙교육 | 하나님은 나의 리더 / 신앙의 롤 모델과 평생 기도 제목을 찾아라
- STEP 4 학습법 | 반장 선거에 나가고, 라이벌을 만들어 공부하라
- STEP 5 성경인물 | 목표를 향한 망설임 없는 돌직구 '갈렙'

P.A.R.T. 03

내 아이는
어떤 성향유형일까?

'옥타그노시스(OCTAGNOSIS)' 성향유형 진단 테스트　　_282

15가지 성향유형
성향 진단 테스트
_ 소통형, 창조형, 실용형, 운동형, 규범형, 추리형, 제작형, 생명형,
　분석형, 관찰형, 원리형, 봉사형, 교육형, 복합형, 진취형
내 아이의 성향유형 진단 테스트 결과

P.A.R.T. 04

내 아이의 성향에 맞는
교육을 위한 부모 체크 리스트 &
내 아이를 위한
추천 액티비티　　_304

에필로그　_338
진로교육전문가 김진이 전하는 교육 메시지
_ 내 아이를 향한 하나님의 설계도를 따라 자녀의 미래를 디자인하라

P.A.R.T. 01

크리스천 자녀 교육, 새 판을 짜라

너희는 이 세대를 본받지 말고
오직 마음을 새롭게 함으로 변화를 받아
하나님의 선하시고 기뻐하시고
온전하신 뜻이 무엇인지 분별하도록 하라
(롬 12:2)

01

내 아이의
행복한 성공의 길,
하나님과
내 아이 안에 있다

아이는 부모의 아바타가 아니다

"예수께서 그들에게 이 비유로 이르시되 너희 중에 어떤 사람이 양 백 마리가 있는데 그중의 하나를 잃으면 아흔아홉 마리를 들에 두고 그 잃은 것을 찾아내기까지 찾아다니지 아니하겠느냐 또 찾아낸즉 즐거워 어깨에 메고 집에 와서 그 벗과 이웃을 불러 모으고 말하되 나와 함께 즐기자 나의 잃은 양을 찾아내었노라 하리라"(눅 15:3-6).

예수님은 들에 있는 99마리의 양들보다 무리를 떠나서 혼자 떨고 있을지도 모르는 한 마리 양에 주목하셨고, 그 잃어버린 어린 양을 걱정하셨다. 진정한 교육은 잃어버린 한 마리의 양을 찾아 떠나신 예수님의 마음으로 한 사람을 품는 것이다.

중학교 1학년 무성이는 어릴 때부터 밖에 나가서 뛰어놀거나 몸을 움직이는 것을 좋아하고, 다소 산만해서 집중력이 약한 아이였다. 하지만 무성이의 부모님은 하나밖에 없는 아들에게 거는 기대가 남달랐다. 따라서 교육비가 들더라도 비싼 영어 유치원에 보냈고, 사립초등학교에 보내면서까지 좋은 환경에서 공부시키려고 최선을 다했다. 방학 중에는 영어 캠프부터 시작해서 필리핀에 있는 친척 집에 데려가 영어 공부를 시키기도 했다.

초등학교 5학년부터는 국제중학교에 보내려고 학교 수업이 끝나면 강남의 국제중 입시 학원에 보내서 빡빡한 커리큘럼대로 수업을 받게 했다. 그렇다 보니 무성이는 녹초가 되어 밤늦게 집에 들어오는 일이 많았다.

하지만 무성이의 성적은 점점 떨어졌고, 6학년이 되어서는 숙제도, 책 읽기도 멀리하기 시작했다. 아이는 늘 멍한 눈빛으로 엄마가 이끄는 대로 학교, 학원, 집을 오고 갈 뿐 점점 말수가 줄어들었고, 밥을 먹지 않는 날도 많아졌다. 급기야 어느 날은 학원에 가지 않겠다고 소리를 지르면서 손에 잡히는 물건을 닥치는 대로 집어 던지며 울기까지 했다.

엄마는 조금 걱정을 했지만 무성이가 잠시 공부 스트레스를 받아서 그럴 것이라고만 생각하고, 무성이가 스트레스를 받지 않게 해달라고 매일 하나님께 기도했다. 그리고 며칠 학원을 쉬게 한 뒤 다시 '학교-학원-집' 스케줄대로 무성이를 움직이게 했다.

몇 주 후 담임선생님이 엄마를 학교로 불렀다. 무성이가 친구들과 주먹 다툼을 했다는 것이다. 무성이 엄마는 그제야 뭔가 심각하게 잘못되었다는 사실을 깨달았다. 담임선생님은 심리치료를 권했지만, 엄마는 아이에게 큰 문제가 있다고 여기는 선생님을 원망하면서 속앓이를 하다가 결국 컨설팅을 받기 위해서 나를 찾아왔다.

컨설팅 결과, 무성이는 한마디로 책상 앞에 가만히 앉아 있으면 병이 나는 아이였다. 온몸을 움직여서 자기 안의 에너지를 발산하고, 그 에너지로 진취적인 일에 도전하면서 성취감을 느껴야 하는 성향을 가지고 있었다. 특별한 운동에 특기가 있는 것은 아니었지만, 스포츠 관련 직업군에 적성이 있었다. 스포츠 마케팅 분야에 종사하거나 국제심판, 스포츠에이전트로 활동하기에 딱 맞는 재능이었다. 그런 아이를 학원에 데리고 다니면서 오직 공부만 시켰으니, 아이는 창살 없는 감옥에 갇힌 셈이었다.

엄마는 무성이가 어떤 성향의 아이이고, 하나님이 무성이에게 어떤 재능을 주셨는지를 13년 만에 정확하게 알게 되었지만, '내 아들이 운동 분야에 적성이 있다니……' 하면서 속상해했다. 무성이의 부모님은 아이가 외교관이나 판검사가 되기를 바랐다고 했다. 그 정도는 돼야 남들한테 무시당하지 않고 돈 걱정 없이 행복하게 살 수 있지 않겠냐며 오히려 나에게 되물었다.

진로적성 컨설팅을 받으러 오는 학부모들 중 대부분이 자녀가 자기 뜻대로 안 돼서 속상하다고 토로한다.

"누가 돈을 벌어 오라는 것도 아니고, 오직 공부 하나 잘하라는 건데 왜 그것도 못하는지, 우리 때는 공부를 하고 싶어도 부모가 뒷받침을 안 해줘서 못했는데, 자식 때문에 노후 대책도 못하고 이렇게 공을 들이는데 왜 몰라주는지, 왜 다른 애들은 잘하는데 우리 애만 엇나가는지, 도대체 이유를 모르겠어요. 속이 터져요."

이런 부모들은 자녀를 '나 자신', 즉 '내 분신'이라고 생각하거나 '아바타'처럼 부모가 자녀를 조종할 수 있다고 여긴다. 부모 자신이 이루지 못한 꿈을 자녀를 통해서 이루려는 대리 만족 형태를 취하다 보니, 아이는 아이대로 골병이 들고 부모는 부모대로 절망하게 된다. 무성이 엄마도 자기 속으로 낳은 아이니까 자기 자신이나 마찬가지라고 생각했다. 아이가 아프면 엄마도 아프고, 아이가 기쁘면 엄마도 기뻐하면서 애지중지 키웠고 최선을 다했다. 하지만 분명히 알아야 할 사실이 있다. 자녀는 부모의 분신도, 부모를 대신해 성공해 줄 대리인도 아니며, 부모가 조종하는 대로 움직여 줄 아바타는 더더욱 아니라는 점이다.

우리 아이들에게 세상이 요구하는 성공과 스펙이 무조건 옳은 선택이라고 생각하게 하거나 강요해서는 안 된다. 내 아이가 행복하고 성공한 삶을 산다는 것이 모두가 부러워하는 직업을 갖고, 돈을 많이 벌며, 누구에게나 인정받는 것을 뜻한다고 착각해서도 안 된다. 어떤 부모는 이렇게 말할지 모른다.

"자녀 교육이 말처럼 쉬운 일이 아닙니다. 성적만 가지고 아이를 평가하고 싶지 않지만, 우리 사회가 일류지상주의, 학벌지상주의다 보니 어쩔 수 없습니다."

물론 부모의 심정은 이해가 간다. 그러나 그것은 세상의 교육법을 따를 때에만 그렇다. '하나님의 교육법'을 따른다면 자녀 교육은 쉬워진다. 아니, 쉬울 수밖에 없다. 왜냐하면 교육의 주체는 부모가 아닌 '하나님과 내 아이'이기 때문이다. 기억하라. 내 아이를 행복하게 성공시키는 길은 하나님과 내 아이 안에 있다!

기초를 무시한 세상 교육은 망한다

나에게 우리나라 교육의 문제점이 무엇이냐고 묻는다면, 서열 위주의 유교 문화, 짧은 기간 고도 성장을 이루려다 보니 나타난 '빨리빨리' 문화의 폐해, 그리고 획일화 교육이라고 먼저 답하겠다. 그러나 가장 심각한 근본 문제는 이 모든 것이 서로 어우러져서 초래한 '기본 교육의 부재', 즉 '기초'를 등한시한 것이다.

교육에 있어서 기초란 지식적 측면에서는 모국어, 산수, 과학, 환경 등에 대한 지식과 초등학교부터 중학교까지의 교과 과정이 포함된 것을 말한다. 연구적 측면에서는 학문이나 기술, 지식 등을 더 깊이 있게 연구하고 계발해 응용할 수 있는 근원적인 토대를 마련하는 것이다. 인성적 측면에서는 함께 살아가는 공동체 내에서 구성원들을 존중하고, 서로의 다름을 인정함으로써 인간애(人間愛)를 나누는 것이 기초 교육이다.

그런데 유교 문화에 길들여진 우리 사회는 공부를 잘하는 아이와 못하는 아이를 구분하고 차별하며, 1등부터 꼴등까지 줄을 세우는 서열화에 골몰했다. 재능과 적성은 무시한 채 오로지 시험 점수만을 강조하며 일류대를 향해 모든 아이를 내몰고, 너도나도 '1등'이라는 똑같은 목표를 향해 '양몰이'를 해왔다.

이런 양몰이에 가속도를 붙인 것이 바로 '빨리빨리' 근성이다. 항간에는 이것이 한국인의 긍정적인 근성이며, '한강의 기적'을 만든 원동력이라고 말한다. '빨리빨리'로 단련된 인재들이 우리나라를 경제 지원을 받는 나라에서 개발도상국으로, 다시 세계 경제 규모 10위권이라는 선진국 반열에 올려놓았으니, 전혀 틀린 말은 아니다. 하지만 '빨리빨리'를 교육에도 무자비하게 접목시키면서 인간의 성장 발달과 근원적인 본성에 기초한 교육을 불가능하게 만들었다.

더 나아가 성과 위주에 매몰되면서, 오랫동안 심사숙고하고 문제의 근원을 파고드는 교육 자체가 실종된 지 오래다. 그저 요령 있게 빨리 지식을 주입시키고, 제한된 시간 내에 많은 문제를 빨리 푸는 일에만 집중시키면서 기초 교육은 물 건너가고 말았다.

빨리빨리 성과를 내다 보니 창의성과 다양성은 무시될 수밖에 없었고, 본의 아니게 획일화 교육이 목표 아닌 목표가 되어 버렸다. 아울러 획일화 교육을 더욱 업그레이드시키는 주입식 교육이 화려한 독버섯처럼 자라났다. 이제 우리 사회 전반에 걸쳐 이런 문제들의 폐해가 하나씩 드러나고 있다. 어른들의 잘못된 서열화에 길들여진 아이들은 학교에서도 일진을 만들어 자신의 말에 복종하지 않는 아이들을 폭행하고, 자신보다 약한 아이들을 괴롭히면서 즐거워하고, 그것 자체를 당연하게 여기며 전혀 반성하지 않는다.

'빨리빨리'에 익숙해진 아이들은 하나의 문제를 끈질기게 풀어 가고 답을 찾아가는 심도 있는 생각은 하지 못한 채 수능 시험에 매달리며 기계적으로 공부한다. 그렇게 초등학교 6년, 중고등학교 6년을 공부하고도, 정작 대학에 가서는 강의를 따라가지 못해 또다시 학원을 전전하고 과외를 받아야 하는 사태가 벌어지고 있다.

어렵게 대학을 졸업해도 아이들은 자신이 무엇을 잘하는지, 심지어는 무엇을 좋아하는지조차 모르는 채 대기업 취직 시험에 목숨을 걸고, 각종 공무원 시험 준비에 열을 올린다. 오직 1등을 위해, 성공을 위해, 남이 알아주는 직업을 갖기 위해, 돈을 많이 벌기 위해 또 양몰이를 당하는 것이다.

노벨상 수상자를 가장 정확하게 예측하는 것으로 유명한 미국의 학술 정보 서비스 기업 톰슨 로이터(Thomson Reuters)의 데이비드 펜들베리 수석 분석가는 "노벨상 수상은 한 국가가 최소한 20-30년 동안 안정적으로 기초과학 인프라에 투자하고 우수 과학자들을 지원해야만 가능하다"고 말했다. 그러면서 그는 한국은 근대화 이후 급속한 산업화 과정에 몰두하느라 세계 선도 수준의 연구를 할 시간이 부족했기 때문에 아직 노벨상 수상은 시기상조라고 강조했다.

다시 말해, 한국 교육은 근본적인 기초 교육을 소홀히 하고, 당장 경제 발전에 도움이 되는 교육을 하거나 돈 잘 벌고, 남들이 부러워하는 직업을 갖는 데만 집중하기 때문에 노벨상 수상자가 나올 수 없다는 말이다. 이것이 우리 교육의 현주소다.

교육은 국가 100년간의 큰 계획으로서 '백년지대계'(百年之大計)라 하는데, 우리 교육은 '서열화', '빨리빨리', '획일화', '주입식'에 딱 맞는 교육을 추구하면서, 정권이 바뀔 때마다 입시 정책도 같이 바뀌는 '정권형 교육'이 되어 버렸다. 교육 정책이 수시로 바뀌다 보니 우리 아이들은 결국 소수의 승자만이 살아남는 정글의 법칙 속에서 오직 이기기 위해 수단과 방법을 가리지 않고 무조건 경쟁자를 누르고 짓밟아야 하는 상황을 당연하게 배우게 되었다.

무엇보다 이 모든 문제에 한몫을 한 것이 바로 부모들이다. 기본보다는 성공을, 재능보다는 남들에게 내세울 만한 직업을, 아이들의 생각을 존중하기보다는 아이들을 자신의 아바타로 여기고, 자신의 한풀이 대상으로 삼아 부모 세대의 편견과 관념대로 교육하는 악순환이 조부모, 부모, 자식 세대까지 이어지면서 반복되고 있다.

교육은 타고난 소질을 찾아 주고, 스스로 생각하게 하며, 그에 따라 적절한 목표를 세우도록 돕는 일이다. 또한 목표에 맞게 방향을 찾아가는 과정과 방법을 통해 세상을 살아가는 지식과 태도를 배우게 하는 것이다. 한마디로 교육은 삶을 가르치는 것이다. 그러나 세상 교육은 성과만 가르친다. 아이들을 모두 한 방향을 향해 달리게 한다. 한 방향만을 정해 놓고 뛰라고 하면, 1등은 한 명밖에 할 수가 없다. 하지만 온 사방으로 뛰라고 하면 달리는 모두가 1등이 될 수 있다. 각자 자신의 재능대로 살면 누구나 1등이다.

세상이 정한 하나의 답, 부모가 정한 한 개의 답만을 강요할 때 그 답을 못 찾는 아이는 낙오자가 되고 만다. 인생은 '정답'이 아닌 '해답'으로 풀어 가야 한다. 각자에게 모두 다른 풀이 방법으로 자신만의 답을 찾아가는 과정이 인생이다. 한 개의 정답만을 찾는 데 집중하면 '오답'의 인생을 살 수밖에 없다. 자녀 교육도 마찬가지로, 부모와 아이가 하나님 안에서 함께 해답을 찾아가야 한다.

기초가 부실한 성(城)은 언젠가는 무너지게 되어 있다. 오늘날 교육이라는 이름의 성은 무너지고 있다.

성경 지식만 가르치고 삶은 가르치지 않는 신앙 교육이 진짜 문제다

그렇다면 크리스천들의 신앙 교육은 세상 교육을 비판할 만큼 올바른 방향으로 가고 있을까?

타고난 청음 능력으로 남들보다 예민하고 자신만의 세계를 갖고 있는 아이가 있었다. 아이는 남학생이지만 여성스러운 면이 강해 중학교 시절 집단 따돌림을 당하면서 친구들과 어울리기보다는 혼자 있는 시간을 즐겼다. 그러면서 생각이 깊어졌고, 이 세상을 왜 살아야 하는지 이유를 찾지 못해 자살 시도까지 했다. 이렇게 감수성이 풍부하고, 신경이 예민하며, 창의력이 높은 아이의 성향과 재능을 몰랐던 어머니는 아이가 영적으로 나약해서 그렇다며 말씀으로 무장해서 강해져야 한다고 생각했다. 그래서 매일 아침저녁으로 성경을 3장씩 읽게 하고 주요 구절을 무조건 하루에 3개씩 암송하게 했다. 처음에는 아이도 어느 정도 따라 주는 것 같았다. 하지만 시간이 지날수록 차라리 세 대씩 매를 맞겠다며 성경 말씀 읽기를 거부했다. 급기야 교회도 나가지 않기 시작했다. 어머니의 손에 질질 끌려오다시피 우리 연구원을 찾은 아이는 이렇게 말했다.

"게임도 하도 많이 해서 질렸고요, 중학교 때는 사는 게 재미없어서 죽으려고 했어요. 하고 싶은 게 아무것도 없고, 왜 사는지도 모르겠고, 이런 게 다 힘들어요. 그런데 엄마는 자꾸 말씀만 보라고 하는데 뭔 소린지도 모르겠는 걸 읽는 일이 쉬운 줄 아세요?"

어머니는 아이가 한창 사춘기일 때 아이를 혼낼 일이 있으면 그때마다 말씀을 인용해서 야단을 쳤다.

"하나님이 십계명에서 뭐라고 말씀하셨어. 성경에 그렇게 행동해도 된다고 써 있어?"

그런 식으로 말하는 어머니에게 아이는 정이 떨어졌다고 했다. 무조건 하나님만 믿으면 되고, 말씀만 열심히 읽으면 된다는 어머니가 광신도처럼 보였던 것이다.

검사 결과 아이는 원래 긍정적이고 밝은 에너지가 많은 아이였다. 절대 음감을 타고나서 어지간한 음악이나 노래는 한 번 들으면 그대로 표현하는 능력을 갖고 있었다. 그리고 자신의 감정을 음악으로 만들어 표현하는 재능이 탁월했다. 텍스트 즉 문자보다는 음표와 음감에 더 강한 아이였다.

그런 아이에게 어른들도 처음에는 선뜻 이해가 안 되는 성경을 전후좌우 설명도 없이 무조건 읽고 외우라고 했으니, 아이가 얼마나 힘들었을지 안 봐도 눈에 선했다. 이 아이는 실용음악을 공부해 작곡가로 활동한다면 하나님을 찬양하는 아름다운 곡들을 많이 써서 사람들에게는 은혜를 끼치고, 하나님께는 영광을 올려 드리는 삶을 살 수 있을 것이다.

아이의 성향과 재능에 대한 설명을 다 듣고 난 어머니는 자신이 지혜롭지 못해 지나친 강요로 아이를 힘들게 했다고 고백했다. 아이는 어머니의 사과 아닌 사과를 들은 후 다소 격앙되어 말했다.

"저 옛날부터 전자 음악 기기로 연주하는 연주가가 되고 싶었어요. 제가 직접 곡을 만들고요. 제가 하고 싶었던 일이 제 적성이라니 너무 신 나요. 음악 하면 돈 못 번다고들 하던데, 저는 돈도 많이 벌어서 선교 헌금도 많이 낼 거예요."

사실 아이에게는 이재(理財) 능력(일을 할 때 이익이 될 만한 상황이나 정보를 잘 판단하고 적절하게 투자해 최상의 수익을 창출하는 달란트)도 있었다. 아이의 말대로 음악으로, 재정으로 하나님을 섬기는 일을 잘 감당할 것이라 믿어 의심하지 않는다.

나의 컨설팅이 여타 진로적성 컨설팅과 차별화되는 점은 부모와 자녀, 형제, 가족 간 성향상의 차이로 발생하는 갈등을 해소하고 치유하는 과정이 포함된다는 것이다. 이 일이 동반되지 않으면 진로는 물론이고 자유롭고 행복한 삶을 제대로 살아갈 수가 없기 때문이다. 이 일은 내게 목사로서의 소명이기도 하고, 또한 의무이기도 하다. 교육학 박사만이 아니라 심리치료와 분석에 대해서도 꾸준히 공부하며 학회에서 수료를 받으며 연구하는 이유도 여기 있다. 그래서 나는 컨설팅이 다 끝난 후에는 항상 다음과 같은 요청을 한다.

"자, 이제 서로에게 하고 싶은 말이 있으면 해주세요. 평소에 하고 싶었던 말도 좋고, 지금 해주고 싶은 말도 좋아요. 아무 말도 안 하고 싶으면 안 하셔도 되고, 행동으로 표현하고 싶으면 하세요. 때리는 것만 빼고요."

어머니가 아이에게 말했다.

"네가 힘들 때 제대로 몰라주고, 버팀목이 되어 주지 못해 엄마가 너무 미안해. 네가 그런 생각을 하고 있는지도 몰랐고, 너한테 그런 재능이 있는 줄은 더더구나 몰라서 너를 너무 힘들게 했구나. 너에게 긍정적이고 밝은 에너지가 많다니 하나님께 정말 감사해. 이제부터는 힘들게 안 하고 너의 든든한 지원군이 되어 줄게. 나는 널 믿어. 너도 엄마를 용서하고 믿어 주겠니?"

아이가 엄마에게 말했다.

"그래, 엄마. 계속 이렇게 살 순 없으니까. 나도 이제 내 길을 갈래! 엄마도 고생 많았어."

이후 아이는 백석대학교 실용음악과를 졸업하고, 대학원 과정을 준비하고 있다. 작곡한 찬양곡만 벌써 여러 곡이고, 하나님이 준비하신 때에 음반을 낼 예정이라고 한다. 지금 아이는 이렇게 말한다.

"이젠 엄마가 시키지 않아도 성경책 읽어요."

현재 교회의 신앙 교육은 하나님을 성경 지식으로만 전하고 있다. 정작 하나님은 어떤 분이신지, 하나님의 자녀가 된다는 것이 구체적으로 무엇을 의미하는지, 삶에 어떻게 적용하면서 살아가야 하는지를 아이들이 스스로 생각하고 실천하게 하는 시도는 좀처럼 이루어지고 있지 않다. 한마디로, 성경 지식은 가르치지만 성경 속 크리스천의 삶은 가르치지 않는다.

그렇다 보니 크리스천 자녀들을 위한 교육도 세상 교육과 별반 차이가 없다. 부모들은 내 아이가 이집트 총리가 된 요셉의 축복은 받아 누리기를 원하지만, 요셉이 노예와 죄수의 신분으로 타국에서 억울하게 고난을 받을 때 하나님 앞에서 범죄하지 않고 하나님을 섬기며 인내하는 자세로 고통을 견뎌 낸 삶을 살기는 원하지 않는다. 성경 속에서 하나님의 성막과 성벽을 중수했던 수많은 이름 없는 수공 기술자들의 손재주는 찬양하지만, 정작 내 아이가 그런 기술자가 되는 것은 바라지 않는다. 오히려 남들이 부러워하는 의사나 판검사, 공무원이 되기를 바란다.

일부 크리스천 부모들은 마치 방과 후에 학원을 보내듯이 주일이면 아이를 주일학교에 보낸다. 주일학교만 다니면 자녀의 신앙이 저절로 성숙해질 것이라고 믿으면서 말이다.

교회에 출석하는 아이들 중에는 하나님을 믿지 않지만 부모 때문에 오는 아이, 친구 따라 오는 아이, 끊임없이 하나님을 의심하면서 나오는 아이, 부모가 믿지 않는 가정에서 혼자 교회를 다니는 아이 등 다양한 경우가 있다. 교회는 그런 아이들에게 주입식으로 성경 공부를 시키면서 말씀을 잘 암송하고, 교회에 빠지지 않고, 목사님이 전하시는 말씀을 잘 듣고, 예배드리는 태도가 좋으면 신실한 크리스천이라고 판단한다. 심지어 학교 성적이 우수하거나 일류대에 진학한 학생들의 경우 더 인정해 주는 분위기가 조성되어 있다. 그로써 세상 학교에서 인정받지 못한 아이들이 교회학교에 와서도 상대적 박탈감과 열등감을 갖게 되었다.

획일적이고, 지식 주입적이며, 결과 중심적인 세상 교육 방식이 어느새 신앙 교육 방식에도 그대로 답습되고 있는 실정이다. 일례로, 어느 교회에서는 수능 시험이 끝나고 나면 열심히 기도해서 소위 'SKY대'에 들어간 학생들을 예배 시간에 간증 자리에 세운다. 기독교 신문은 세상의 입시 교육을 비판하면서도 한쪽으로는 청소년의 신앙 성공 사례로 서울대학교에 합격한 아이라든가 비행청소년이었다가 예수 믿고 성공한 사례로 명문대에 합격한 아이의 수기를 특필한다.

크리스천 자녀 교육의 성공이 세상과 똑같은 기준으로 평가되다 보니, 부모들과 아이들은 세상에서도, 교회에서도 학업과 진학에 대한 열등감을 이중으로 느낄 수밖에 없다. 아이들은 교회에 다녀 봤자 소용없다고 절망하면서, 결국 하나님마저도 차별하시는 분이며 자신이 무엇이든 잘해야만 사랑해 주시는 분이라는 생각에 하나님과의 관계가 깨어지고 만다. 이것이 바로 우리 신앙 교육의 현실이다.

언젠가 중고등부와 청년부가 부흥하고 있는 미국 남부와 서부의 10여 개 교회들을 탐방한 적이 있다. 지역이 각각 다르고 교단도 다양했지만 공통점이 하나 있었는데, 바로 청소년과 청년들의 눈높이에 철저하게 맞춰서 운영되는 프로그램과 교육에 대한 사역자들의 순수한 열심이었다. 사역자들이 청소년과 청년들의 고민과 관심을 이해하고 공감하면서 그들이 하나님을 만나고 알 수 있도록 교회 차원에서 투자와 협력을 아끼지 않았다. 무엇보다 성경적인 틀에서 벗어나지 않으면서도 그 어떤 형식에도 구애받지 않고 창의적으로 운영되고 있는 모습을 보고는 매우 놀랐다.

우리가 교회를 방문한 날은 토요일이었는데, 아이들이 교회에서 자유롭게 놀고 있었다. 어떤 아이들은 학교 숙제를 하고, 어떤 아이들은 농구를 하고, 어떤 아이들은 교역자들과 상담을 하고, 또 다른 아이들은 교회학교에서 한 달 동안 읽으라고 숙제로 내 준 책에 대해서 토론을 벌이고 있었다. 아이들은 관심별로, 수준별로 하나님을 배울 수 있었다. 아이들의 얼굴에서는 빛이 났으며, 모두 교회에 나오는 것 자체를 즐기고 있었다.

그 교회들도 예전에는 한국 교회처럼 설교 위주로 교육을 했었다. 그런데 갈수록 청소년과 청년들의 출석률이 떨어지자 "어떻게 하면 아이들이 교회에 나오게 할 수 있을까?" 하고 고민을 많이 했다고 한다. 교회학교 선생님들과 목회자들, 그리고 부모님들이 6개월 이상 함께 모여 기도하고 회의도 하며 방법을 모색했다.

그러던 중 정작 당사자들인 청소년과 청년들의 생각은 묻지 않았다는 사실을 깨달았다. 아이들을 찾아가 직접 물었더니 이구동성으로, 어른들의 눈높이가 아닌 자신들의 눈높이에 맞춰 달라고 요구했다. 그러면서 다음과 같이 덧붙여서 말했다.

"교회가 재미있었으면 좋겠어요. 교회가 학교에서 쌓인 스트레스를 풀어 주는 곳이면 더더욱 좋죠. 교회가 우리의 의견과 고민을 들어 주는 곳이기를 바라요."

그러던 중 알게 된 매우 놀라운 사실은, 아이들이 정말 하나님을 믿고 싶은데 어떻게 믿어야 할지 모르겠다는 고민을 하고 있다는 것이었다.

하나님을 믿으려면 적어도 아이들이 교회에 나와야 하기에, 결국 사역자들은 그들이 흥미를 가질 수 있도록 예배 형식을 과감하게 콘서트 식으로 바꾸었다. 아이들이 기뻐 뛰면서 춤까지 추면서 하나님을 찬양하며 마치 천국의 콘서트장에 온 것 같은 분위기를 조성했다. 그러자 청소년과 청년들이 자신들의 재능을 예배 시간에 보여 주기 위해 열정을 보였고, 스스로 하나님을 만나는 일에 주저하지 않고 친근하게 다가서게 되었다고 한다.

교회는 여기서 그치지 않고, 장년층을 위한 예배 공간보다 청소년과 청년들을 위한 예배 공간을 훨씬 넓게 만들었다. 그 공간에서 예배도 드리고, 편안하게 묵상 기도도 드리고, 때로는 모든 것을 내려놓고 잠을 자거나 쉴 수 있도록 인테리어에 신경을 썼다. 어른들이 회의실로 사용하던 공간들을 공부방으로 내어 주어 언제든지 교회에 와서 숙제도 하고 공부도 할 수 있게 했고, 성도들이 기부한 책들로 작은 북 카페를 만들었다.

결과는 놀라울 정도였다. 부모님 때문에 교회에 출근 도장을 찍는 기분으로 나오던 아이들이 교회에 가고 싶어서 오는 아이들로 바뀌었다. 일상생활을 하면서 자연스럽게 교회에 오다 보니 당연히 교회 출석률이 높아졌고, 교회는 더 활기가 넘쳤으며, 부모들의 교회 출석률도 덩달아 높아졌다. 교회 주변의 믿지 않던 아이들이나 주민들이 교회에서 제공하는 시설들을 이용하면서 예수님에 대해 자연스럽게 알게 되어 복음을 전하는 데도 효과적이었다고 한다.

한 교회에 부흥이 일어나자 그 소식이 주변으로 번졌다. 교파와 교단을 초월해 서로 배우고 나누었고, 때로는 교회들이 함께 모여 예배를 드렸다. 곧 하나님께로 돌아오는 사람들이 일파만파 늘어 갔다고 한다. 간증하는 내내 교역자들의 얼굴에서 기쁨의 미소가 떠나지를 않았다.

이 교회들이 이끌어 낸 부흥은 오직 "다음 세대를 어떻게 살릴까?"에만 초점을 맞추었기에 가능했다. 그들도 처음부터 이런 생각을 한 것은 아니었다. 다음 세대를 사랑으로 품고 존중하며, 아이들의 눈높이에 자신들의 눈높이를 고정시켰기 때문에 가능했다. 때로는 눈높이를 높이기도 하고, 때로는 낮추기도 하는 등 시행착오도 분명히 있었다. 하지만 포기하지 않고 끝까지 시도해 온 결과, 교회의 문턱이 없어졌고 아이들과 믿지 않던 어른들까지도 가랑비에 옷 젖듯 하나님을 만나게 하는 '삶으로 전도'를 이루어 냈다. 성경 지식을 전달하는 데만 한정되어 있고, 장년 세대를 위한 교육 투자에 치중되어 있는 지금 우리의 신앙 교육을 반추해 볼 때 이 사례는 우리에게 많은 시사점을 던져 준다.

진정한 신앙 교육, 더 나아가 크리스천 자녀 교육의 목적은 아이가 하나님 안에서 자신의 정체성을 발견하고, 자신의 삶에서 하나님을 경험하도록 도와주는 것이다. 그로써 부모와 자녀가 하나님 안에서, 진리 안에서 영혼의 자유를 누리게 되는 것이다.

성경 속에 세상을 살아가는 모든 지혜가 있고, 성경 속에 하나님을 만나고 경험하는 모든 방법이 들어 있다. 그러나 우리는 하나님을 성경책 속에만 가두어 두고 있다. 성경책 속에 갇히신 하나님은 아이들의 고민과 일상 속으로 들어가고자 하신다. 이제 우리도 신앙 교육의 패러다임을 바꾸어야 한다. 아이들과 함께하는 신앙 교육, 아이들 스스로 하나님을 찾고 알아 가도록 도와주는 신앙 교육, 하나님이 나에게 주신 재능을 통해 그분이 일하시며 나와 함께하심을 경험하는 신앙 교육, 성경 속 지식이 아니라 성경 속 크리스천의 삶을 가르치는 신앙 교육이 바로 우리에게 필요한 진짜 신앙 교육이다.

모태신앙은 없다!

다음은 어느 중학교 2학년 여학생의 하소연이다.

"우리 엄마랑 아빠는 결혼하시기 전부터 크리스천이라 엄마 배 속에 있던 저는 자동으로 크리스천이 되었어요. 그래서 저는 어쩔 수 없이 교회를 다니고 있어요. 저는 하나님이고, 부처님이고, 신이라는 존재를 안 믿어요. 왜 믿어야 되는지도 모르겠어요. 교회에 빠지면 엄마가 용돈을 안 주시니까 할 수 없이 다니는데, 진짜 가기 싫어요. 설교도 우리하고는 완전 동떨어진 얘기들뿐이고요, 성경도 무슨 말인지도 모르겠고, 재미도 없어요. 다른 애들도 예배 시간에 다 스마트폰 하지, 듣지도 않아요. 제 생각은 물어보지도 않고, 부모님이 크리스천이라 저도 교회 다니게 하는 건 진짜 어이가 없어요. 왜 제 생각은 안 물어보나요? 교회의 우리 반 애들도 부모님 때문에 교회 나오고 믿는 척하는 거지 하나님을 진짜로 믿는 애들은 없어요. 교회 선생님들도 우리가 믿는지 안 믿는지 관심도 없고요."

'모태신앙'(母胎信仰)은 '어머니의 태에서부터 가지게 된 신앙'이라는 뜻이다. 자기 의지나 결정과는 상관없이 태어나면서부터 전수받은 신앙이다. 가정에서 신앙생활의 영향력은 매우 지대하다. 그렇다 보니 가정에서 부모의 역할 또한 중요하다. 아이들은 부모의 모습을 통해 하나님을 알아 가기 때문이다. 부모는 아이에게 최초의 전도자이며 신앙의 롤모델이다.

모태신앙을 가진 아이들에 대한 전도는 배 속에서 시작되는 것이 아니라 아이들이 태어나 자라면서 보게 되는 부모의 삶을 통해 이루어진다. 마음으로 믿고 구원받았음을 입으로 선포하는 것이 신앙의 시작이다. 어머니가 믿음으로 구원받았음을 선포했다고 해서 배 속 아이까지 구원받은 것은 결코 아니다. 모태에서 받은 것은 신앙이 아니라 태초부터 하나님이 계획하신 아이를 향한 하나님의 꿈이다. 그렇기 때문에 부모가 하나님을 제대로 믿어야 아이가 하나님을 제대로 믿는다. 부모의 삶이 크리스천으로서 본이 되지 못하고, 교회에서의 언행이 가정이나 사회에서와 다르다면 앞서 여학생의 이야기처럼 부모 믿음 따로, 아이 믿음 따로가 되어 버린다.

어느 신학 교수는 이런 추세가 계속된다면 한국 교회 성장은 기대할 수 없으며, 다음 세대의 복음화도 장담할 수 없다고 말했다. 한국기독공보와 국민일보 기사에 따르면, 우리나라 청소년 복음화 비율은 약 1~4% 내외라고 한다. 우리 아이들은 졸지에 미전도 종족이 되어 버렸다. 선교지가 멀리 있는 것이 아니다. 우리나라가 바로 '다음 세대 선교지'다.

그러나 부모는 선교지인 자신의 가정에 살고 있는 미전도 종족의 언어도, 문화도, 정서도 이해하려 하지 않는다. 단지 자녀들에게 부모의 눈높이에 맞추어 따라오라고만 한다. 말이 통하지 않는 부모와 그런 어른들이 모여 있는 교회에 다니는 것이 답답한 아이들은 교회를 떠나게 된다. 교회마다 여러 직분자에게서 자주 듣는 말이 있다.

"교회학교에서 아이들을 어떻게 가르치기에 요즘 아이들은 교회에서 어른들에게 인사를 잘 안 해요."

요즘 아이들은 정말 인사를 잘 안 한다. 먼저 인사하라. 아이가 어른에게 먼저 인사해야 한다는 것은 크리스천 마인드가 아니라 유교적 마인드다. 아이든 어른이든 먼저 상대를 본 사람이 인사하고, 어른이 먼저 인사하는 모범을 보여라.

'권위주의'와 '권위'는 다른 말이다. 진정한 권위는 스스로 부여하는 것이 아니라 상대로부터 부여받는 것으로서, 마음에서 우러나온다. 권위에는 상대에 대한 사랑과 존중이 녹아 있기 때문이다. 아이들로부터 권위를 얻고자 한다면, 먼저 아이들을 존중하고 사랑해야 한다. 아이들은 부모가 자신들의 눈높이에 맞춰 주기를 바란다. 그러나 부모는 자신이 정한 규격만큼의 높이와 기대치까지 아이들이 올라오기를 바란다. 이 또한 권위주의다.

청소년들은 기성세대들이 짐작하기 어려운 문제나 이해하기 힘든 다양한 상황들을 겪으면서 방황하고 성장한다. 그렇기 때문에 신앙 교육이 단순히 성경 지식에만 국한된다면 반쪽 교육만 반복하게 될 뿐이다. 그러면 아이들은 어머니의 신앙에 탯줄로 매달려 있을 뿐, 영원히 자신만의 하나님을 경험할 수 없게 된다.

무엇보다, 아이들을 하나님의 자녀로 키우려면 하나님보다 아이에게 의존하는 부모의 진짜 탯줄을 끊어야 한다. 그래야 자녀가 살고, 부모가 산다. 아이들이 자신만의 하나님을 알고, 찾고, 만나는 경험을 하게 하라. 그래야 세상 유혹과 고난 속에서도 흔들림 없이 나의 하나님을 의지하며 하나님 안에서 살게 된다. 그때 하나님이 심어 주신 꿈을 하나님과 함께 펼치며 진정한 크리스천으로서의 삶을 살아갈 수 있다. 모태재능은 있어도 모태신앙은 없다.

02
내 아이,
하나님의 꿈대로
살게 하라

세상과 교회 사이에 '낀 부모'여, '꿈 부모'가 되라

크리스천 부모들에게 아이들을 교육하면서 무엇이 가장 큰 고민이냐고 물어보면 대부분 이렇게 답한다.

"교회와 세상 사이에서 자녀를 어떻게 교육시켜야 할지 막막해요."

완전히 세상을 따라가나 싶다가도 급할 때는 하나님을 찾고, 오로지 교회 중심으로 살아가다가도 조금만 어려움이 닥치면 하나님을 원망하며 바로 세상으로 눈을 돌린다. 그렇다 보니 세상과 교회 사이에 끼어서 이쪽도 저쪽도 아닌 어정쩡한 상태에 처하게 된다. 이런 부모들이 소위 '낀 부모'다.

'낀 부모'는 신앙 교육이 중요하고, 교회생활도 잘해야 한다고 여긴다. 그래서 아이가 어릴 때는 자녀 교육에서 신앙을 우선시하고 교회를 절대시해 교회에서 가르치는 대로 행한다. 자녀의 의사와는 상관없이 교회에서 하는 봉사활동에는 참여가 우선이고, 주일에는 세상 공부는 안 해도 성경 공부는 해야 한다고 생각한다.

하지만 아이가 고학년이 되면서 무조건 말씀대로만 하기에는 부족한 점들이 눈에 띄기 시작한다. 그동안 학교 공부보다는 교회활동을 잘하고 기도만 하면 하나님이 학교 성적도 책임져 주실 것이라 믿어 왔다. 그런데 막상 시험지를 받아 보면, 학년이 올라갈수록 점수가 떨어진다. 아이보다 부모가 더 절망하는 일이 벌어지기도 한다. 결국은 하나님께 실망하게 되고, 예배도 건성으로 드리거나 부모가 스스로를 자책하다 교회를 떠나는 일이 생긴다.

사실 학생이 학교 공부를 소홀히 하면서 성적이 잘 나오기를 바라는 것은 난센스다. 하나님은 작은 일이라도 성실히 행하고, 자신의 본분에 충성을 다하라고 말씀하셨다. '낀 부모'는 크리스천으로서 자녀 교육을 어떻게 해야 하는지를 제대로 배운 적이 없기 때문에 자기 생각대로 밀어붙이다가 소기의 목적을 달성하지 못하면 방황하고, 노력한 만큼 결과가 나타나지 않으면 절망한다.

그래서 결국은 내 아이 교육만큼은 부모인 내 의지대로 해야지, 하나님께 큰 기대를 하면 안 되겠다고 결론을 내린다. 때로는 세상 교육을 한탄하고 교육 현실을 비판하면서도 틈틈이 입시 설명회를 쫓아다니고, 성적을 올려 준다는 학원이나 족집게 과외 선생님을 물색하며, 빡빡한 스케줄 속에 아이들을 묶어 둔다. 심지어 학군이 좋다는 지역으로 이사를 감행하기도 한다.

그러면서도 '낀 부모'는 아이가 하나님께 크게 쓰임 받았으면 한다. 하지만 쓰임 받는 기준이라는 것이 세상적이다 보니 명문대에 진학하고 고연봉의 전문직에 종사하는 것을 하나님으로부터 복 받은 것으로 여기고 크게 쓰임 받은 증거로 생각한다. '낀 부모'는 이처럼 이중 잣대를 들고 세상과 교회의 문틈에 끼어 있다.

어쩌다가 '낀 부모'가 된 것일까? 그 마음에 하나님이 없기 때문이다. 하나님이 계셔야 할 자리에 부모가 앉아 있기 때문이다.

"그때에 이스라엘에 왕이 없으므로 사람이 각기 자기의 소견에 옳은 대로 행하였더라"(삿 21:25).

그렇다고 부모만 탓할 수도 없는 상황이다. 오늘날 우리는 시험 성적, 명문대, 대기업, 공무원이 왕이 되는 '교육 사사기 시대'를 살고 있기 때문이다. 그렇다 보니 자녀 교육도 성경 속 사사기 시대와 같이 아이들 한 명, 한 명을 향한 하나님의 뜻과 계획이 아닌 세상의 왕이 정한 기준, 내 안목의 기준만을 추구하게 되는 것이다.

그렇다면 올바른 크리스천 부모는 어떤 부모일까? 하나님의 꿈을 아이와 함께 꾸는 '꿈 부모'다. 하나님은 부모인 우리에게, 또한 우리 자녀에게 꿈을 주셨다. 눈에 보이지 않는 하나님의 꿈이 눈에 보이도록 나타난 것이 '재능'이다. 하나님은 하나님이 계획하신 뜻을 이루어 가는 기쁨을 누리도록 우리의 마음에 소원을 주셨으며, 그 소원을 이룰 수 있도록 재능을 주셨다. 그렇기에 하나님이 아이에게 주신 재능을 가만히 들여다보면 하나님이 아이를 통해 무엇을 하시고자 하는지, 어떻게 주님의 영광을 드러내고자 하시는지를 가늠할 수 있다. 따라서 궁극적으로는 재능을 잘 사용해 하나님의 꿈을 이루어 드리도록 돕는 교육이 크리스천 자녀 교육이다.

하나님의 꿈에는 관심이 없거나, 그 꿈이 마음에 들지 않는다고 세상이 제시하는 유혹에 넘어가서는 아이의 꿈을 이룰 수가 없다. 하나님이 아이에게 주신 재능을 인정해 주고, 기뻐하며, 함께 즐겨야 한다.

한 아이의 이야기를 소개하고 싶다. 친구들과 심심풀이로 시작했던 게임이 예배 시간도, 학교 갈 시간도 잊어버리게 할 정도로 아이의 삶을 송두리째 잠식해 가자 부모님은 아이가 한국을 떠나 외국에서 공부하면 게임 중독에서 벗어날 수 있을 것이라고 생각했다. 그리고 기왕이면 영어 하나라도 잘 가르치자는 마음에 필리핀으로 조기 유학을 보냈다.

자세히 알아보지 않고 정한 홈스테이 가정은 안타깝게도 이단 종교를 믿는 가정이었다. 크리스천인 아이는 홈스테이 가정에서 종교적인 갈등으로 정체성의 혼란을 겪었다. 그러다가 결국 안티 크리스천이 되었고, 크리스천인 부모님과 형제를 핍박하는 지경에 이르렀다.

이 믿을 수 없는 상황에 부모님은 부랴부랴 아이를 다시 한국으로 데려왔고, 싫다는 아이를 강제로 교회에 데리고 갔다. 중등부 예배 시간에 아이와 담당 전도사님과의 마찰이 잦아졌고, 아이는 다시 게임에 빠지기 시작했다. 아이는 주일 아침마다 교회 가라는 부모님의 잔소리가 지겨웠고, 학교에도 가기 싫어졌다. 이젠 싸우는 것도 지쳤다는 부모님에게 아이는 "이젠 잔소리 듣는 것도 지겨워!" 하며 도리어 큰소리쳤다. 아이가 사는 게 지옥이라고 하면 부모님은 "너 때문에 우리도 지옥이야!"라는 말을 서슴지 않고 던졌다. 잘해 보려고 했던 아이 교육이 극단으로 치닫고 있었다. 부모님의 잘못된 판단이 아이에게 불행한 영향을 끼친 전형적인 사례로, 당시 이 가정을 마주하고 있을 때의 안타까움을 아직도 잊을 수가 없다.

아이는 상상력이 매우 좋고, 인물도 훤칠했으며 소위 무대 체질이라서 모델이나 뮤지컬 배우 또는 공연 예술 기획 분야에 타고난 아이였다. 창조적인 성향이 두드러져 감정 기복이 있고, 사람들에게 인정받고 싶어 하는 마음도 강한 편이었다. 그런 아이를 말도 잘 안 통하고, 자신을 드러낼 기회조차 제대로 갖기 어려운 외국으로 유학을 보냈으니……. 꼭 유학을 보내야 했다면 어렵더라도 부모가 함께 외국에 가서 생활했어야 했다.

아이에게 급선무는 잃어버린 신앙을 다시 회복시켜 주는 일이었다. 하나님과의 관계가 회복되어야 동시에 부모님과의 관계도 회복되고, 진학이든 진로든 그다음 단계로 나아갈 수 있기 때문이다.

교회에서 단체로 모여서 하는 공과공부보다는 평소 아이가 따르고 좋아하는 주일학교 선생님과 일대일 신앙 공부를 시작하기로 했다. 그리고 예배는 우선 한 달에 한 번 부모님과 함께 드리도록 했다. 또 한 달에 한 번은 청년부 소속인 주일학교 선생님과 함께 청년부 예배를 드리게 했다. 부모는 중보기도팀에 기도를 요청해 기도로 아이를 힘껏 도왔다. 물론 쉽지 않은 과정이었다. 몇 달이 흐른 후 아이가 소식을 전해 왔다.

"목사님, 제가 어떤 사람이고, 무엇을 잘하는지 아는 것만으로도 살 것 같아졌어요. 감사드려요. 성공하겠습니다."

삶 속에서 꿈이 하나씩, 하나씩 성취되어 가는 경험을 한 아이는 하나님에 대한 신뢰뿐만 아니라 하나님의 자녀로서의 정체성을 갖게 된다. 하나님의 자녀라는 정체성은 아이가 성장할 때 신앙의 버팀목 역할을 하며, 아이가 세상에서 굳건히 설 수 있도록 지켜 준다. 또한 아이는 자신의 꿈이 이루어지는 과정을 보면서 나 아닌 다른 사람들의 꿈에도 관심을 갖게 된다. 그들과 비교하고 경쟁하던 자리에서 벗어나 그들의 꿈을 지지하고 응원하는 자리로 옮겨 가서 예수님이 말씀하신 '이웃 사랑'의 의미를 삶으로 느끼고 실천하는 진짜 신앙인으로 성장해 나간다.

부모가 꿈을 가져야 아이도 꿈을 가진다. 다 늙어서 무슨 꿈이랴 하겠지만, 그것은 모르고 하는 소리다. 나이 많은 아브라함을 찾아오신 하나님은 하늘의 수많은 별을 보여 주며 저 별들처럼 많은 자손을 주겠다고 약속하셨다. 그러면서 그에게 '열국의 아버지'라는 꿈을 심어 주셨다. 그리고 아브라함은 100세에 아들 이삭을 얻었다. 이삭은 에서와 야곱을 낳았고, 야곱은 12명이나 되는 아들들을 낳았다. 하늘의 뭇별과 같이 많은 자손을 주겠다는 하나님의 꿈이 아브라함을 통해 이루어졌다.

아마도 이삭은 아버지를 통해 이루어진 하나님의 꿈을 누구보다도 실감하고 있었을 것이다. 그러했기에 아버지가 자신을 결박해 제단 나무 위에 놓고 하나님께 제물로 바치려 했던 순간에도 잠잠히 순종할 수 있었다. 하나님이 아버지 아브라함에게 주신 꿈을 믿었기 때문이다. 어쩌면 이삭은 주님의 꿈을 믿었기에 제단에 누워 그 꿈이 어떤 방식으로 이루어질까 생각했을지도 모를 일이다. 이후 우리가 잘 알고 있듯이 하나님이 미리 준비해 두신 어린 양이 이삭 대신 제물이 되어 제단에 바쳐졌다.

이것이 우리가 '꿈 부모'가 되어야 하는 이유다. 하나님이 주신 부모의 꿈이 하나씩 이루어져 가는 모습을 보며 부모가 꿈을 통해 하나님과 함께 인생을 풀어 가는 과정을 지켜보는 아이는 자신을 향한 하나님의 꿈을 찾고 싶은 마음을 갖게 된다. 그리고 그 꿈을 믿음으로 이루어 가면서 이삭처럼 어떤 상황에도 흔들리지 않고 하나님과 함께 꿈의 성취를 누리게 된다.

독서하지 않는 아이가 책을 읽게 하려면 부모가 책 읽는 모습을 보여 주라는 말이 있다. 숙제를 미루는 아이에게는 부모가 공부하는 모습을 보여 주라고 한다. 마찬가지로, 부모가 하나님의 꿈을 꾸고 이루고자 애쓰는 모습을 보여 주면 아이도 부모의 뒤를 좇아가게 되어 있다.

다음은 10년 넘게 캐나다 원주민들에게 복음을 전하고 있는 어느 선교사님의 자녀 교육과 관련한 간증이다.

"큰아이가 7살 때 캐나다에 왔어요. 처음에는 아이들이 영어 때문에 학교 공부를 힘들어하니까 부모 때문에 애들이 고생이구나 생각했죠. 그런데 기도 중에 생각이 바뀌었어요. 부모인 우리에게는 캐나다 원주민을 품으라는 꿈을 주셨는데, 이 아이들에게는 어떤 꿈을 주셨을까 궁금하기도 하고, 기대도 되었어요. 그래서 아이들에게 말했죠. '애들아, 엄마는 항상 꿈을 꿔. 하나님이 엄마에게 주신 꿈. 그래서 엄마는 그림을 그리고, 원주민들에게 뜨개질을 가르치며 복음을 전하지. 너희들에게 주신 하나님의 꿈은 뭘까? 궁금하지 않니?'라고요.
하나님이 아이들에게 주신 꿈이 곧 하나님이 아이들과 함께 이루고 싶으신 계획이라는 사실을 깨닫고 나서 달라진 점이 있다면 아이들을 하나의 인격체로 존중하게 된 거예요. 아이가 뭘 잘못했다고 하면, '그래, 힘들었을 텐데 얘기해 줘서 고마워'라고 말하고, 부모인 제가 뭘 잘못했을 때도 아이들에게, '엄마가 미안해'라고 말하게 되었어요."

하나님이 부모 된 우리에게 기대하시는 바람은 하나님이 맡기신 아이들을 하나님 안에서 하나님의 뜻대로 잘 길러 내는 것이다. 하나님이 아이에게 주신 꿈을 함께 기뻐하고, 함께 이루어 가도록 노력하고, 아이를 진심으로 응원하는 '꿈 부모'가 되려면 부모가 먼저 하나님 안에 거하면서 하나님과 동행하되, 하나님과 자녀보다 앞서 나가서는 안 된다.

그러려면 자녀에 대한 기도부터 바꾸어야 한다. 부모가 원하는 모양대로 자녀를 만들어 달라고 매달릴 것이 아니라, 자녀에 대한 하나님의 뜻이 무엇인지부터 여쭈어야 한다. 부모가 모든 것을 다 아는 것처럼 자녀를 규격화함으로써 하나님이 자녀에게 주실 많은 축복의 기회들을 빼앗아 가고 있다는 사실을 명심하라.

부모로서 자녀에 대한 어떤 기대가 있다고 해도, 설령 하나님이 내 아이에게 가지고 계신 꿈이 부모의 소망이나 바람에 미치지 못한다고 해도 하나님 앞에서 내 기대와 바람을 접어 두어야 한다. 아브라함이 이삭을 제단에 내려놓은 마음처럼 자녀가 온전히 하나님의 뜻대로 쓰임받기를 기도해야 한다. 부모에게는 실망스럽더라도, 하나님과 자녀에게는 더 없이 완벽한 계획임을 믿고, 그 꿈을 위해 기도해 주는 부모가 진정한 '꿈 부모'이자 크리스천 부모다.

'꿈 부모'에게 교육은 더 이상 고통이 아니다. 정말이지 쉽고, 기쁘고, 그러면서 아이들과의 관계 및 하나님과의 관계도 좋아지는 행복한 교육이다.

내 아이의 성향과 재능, 그것은 하나님의 꿈이다

부모들이 교회에서 가장 자주 듣는 말은 "자녀는 하나님의 것이니 하나님께 맡기라"라는 말이다. '그래, 하나님께 맡겨야지' 하면서도 부모들은 정작 어떻게 자녀를 하나님께 맡기는지 알지 못해 답답하고 막연해한다.

결론부터 말하자면, 하나님이 모태에서부터 내 아이를 어떻게 지으셨는지를 알고 인정하는 것이 '내 아이를 하나님께 맡기는 일'의 시작이다. 부모가 10%만 제대로 알아도 교육의 90%는 성공한 것이다. 겉으로 보이는 아이의 모습이 전부가 아니다. 10%도 모르면서 100% 아는 척해 온 지금까지의 교육은 멈춰야 한다.

하나님이 주신 내 아이의 성향과 뛰어난 잠재력과 재능이 무엇인지, 그 성향과 재능을 어떻게 찾고, 어떻게 개발해야 하는지부터 찾는 것이 첫 단계다. 하나님은 모태에서 우리와 우리 자녀들을 지으실 때 성향과 재능이라는, 오직 우리를 만드신 하나님만이 주실 수 있는 축복을 예비하셨다. 다만 우리가 그것을 발견하지 못하고 살아가기 때문에 고통 속에서 방황하고 좌절하는 것뿐이다.

성가대원인 한 어머니는 아이가 악기 연주를 제대로 공부해서 교회에서 모녀가 함께 성가대로 섬기는 것이 소원이라고 했다. 피아노와 바이올린 연주자는 많으니까 첼로를 연주하면 좋겠다고 생각해 큰맘 먹고 아이에게 첼로 교습을 시켰다. 어머니는 초등학생인 아이가 처음 배우는 낯선 악기인데도 곧잘 연주하는 모습이 마냥 신기하기만 했다. 그렇게 아이는 예원중학교에 입학하게 되었고, 어머니의 기대는 점점 커져만 갔다.

그러나 학년이 올라갈수록 어느 정도 이상의 실력 향상이 보이지 않았다. 아이도 연습한 시간에 비해 실력이 늘지 않자 차츰 자신감을 잃어 가고 있었다. 그러던 어느 날 아이가 첼로를 그만두고 싶다고 하자 어머니는 심장이 쿵 내려앉는 것 같았다.

검사하고 진단을 해보니 아이는 과학 영재였다. 예술적인 면보다는 과학적인 면에서 창의력이 우수했다. 악기 연주를 어느 정도까지 잘했던 것은 음악적인 예술 감각이 아닌 과학적인 공간 및 구조와 원리를 파악하는 능력이 뛰어났기 때문이었다. 인간관계에서 융통성은 부족하지만 자신만의 세계를 확실히 갖고 있으며, 그 안에서는 누구보다 성실하며 몰입력이 아주 높았다.

예원중학교에서 첼로를 배우며 진로를 첼리스트로 정했지만 아이의 성향과 재능에는 맞지 않는 방향이었다. 음악은 공부하고 일하면서 쌓인 스트레스를 푸는 도구일 뿐이었다. 아이는 과학자라는 자신의 진로가 마음에 든다며, 나중에 자기가 교수가 되면 같은 교수 대 교수로서 식사 한 번 같이 하자는 농담을 웃으며 했다.

그리고 어느 날 아이 어머니에게서 전화가 왔다.

"정말 감사해요. 우리 서영이가 영재고등학교에 합격했어요."

성향이란 부모의 유전자 조합에서 기인하며, 유전자 조합은 하나님이 창조하신 것이다. 그래서 사람들은 저마다 고유하고 특별한 특성을 갖고 태어난다. 다윗의 고백을 들어 보자.

"주께서 내 내장을 지으시며 나의 모태에서 나를 만드셨나이다 내가 주께 감사하오옴은 나를 지으심이 심히 기묘하심이라 주께서 하시는 일이 기이함을 내 영혼이 잘 아나이다 내가 은밀한 데서 지음을 받고 땅의 깊은 곳에서 기이하게 지음을 받은 때에 나의 형체가 주의 앞에 숨겨지지 못하였나이다 내 형질이 이루어지기 전에 주의 눈이 보셨으며"(시 139:13-16).

다윗은 하나님의 창조의 신비를 찬양했다. 여기서 '형질'이란 바로 하나님이 고유하게 만드신 사람들 개개인의 성향이다. 형질 속에 압축되어 있는 것이 재능이다. 신학자 마틴 로이드 존스(Martin Lloyd-Jones)는 성향에 대한 성경적 근거를 다음과 같이 제시했다.

"살아 계신 하나님의 교회에는 온갖 성향(기질)의 사람들이 있으며, 그리스도인이 실제 살아가는 삶에는 성향(기질)이 지대한 영향을 끼친다. 이 주제에 관련된 성경의 가르침을 이해한 바에 따르면, 자기 자신을 최대한 빨리 지체 없이 파악하는 것만큼 중요한 일이 없다. 예를 들어, 식이요법을 권장할 때 세상 모든 사람들에게 똑같은 식이요법, 만인을 치료하는 식이요법은 존재할 수 없을 뿐만 아니라 정의부터 완전히 잘못된 것처럼 말이다."

하나님이 지으신 자녀의 모습과 그 안에 하나님이 심어 주신 하나님의 꿈, 즉 재능을 파악한 후에는 성공의 기준이 좋은 대학과 좋은 직업이 아니라 '하나님이 맡겨 주신 소명을 이루는 것'임을 인정하고, 아이가 소명대로 살아갈 수 있도록 교육해야 한다. 그렇기에 기도로 자녀의 성향(기질)을 바꾸려는 것은 어쩌면 모태부터 택정하신 하나님의 영역과 주권을 침범하는 일일 수 있다.

공부는 하나님이 공부를 잘하는 성향과 재능을 주셔야 잘할 수 있는 것이다. 부모와 자녀가 애쓰고 수고한다고 해서 공부를 잘하게 되는 것이 아니다. 공부가 적성에 맞는 아이도 있고, 맞지 않는 아이도 있는데 무조건 똑같이 공부하라고 강요하는 것은 옳지 않은 처사다.

예를 들어, 만들기를 잘하고 손재주가 뛰어난 아이는 하나님이 모태에서부터 제작 기술 영역에서 잠재력을 발휘하게 이미 계획하신 것이다. 그러니 하나님이 일러 주시는 방향대로 가면 된다. 이때 부모가 기술직보다는 남들이 다 알아주는 판검사나 안정된 직업인 공무원이 되기를 바란다면, 자녀를 향한 하나님의 꿈과 계획에 어긋난다. 그러면 당연히 자녀와 부모는 갈등할 수밖에 없다.

어느 형제의 이야기다. 형과 동생은 둘 다 운동을 좋아해서 어려서부터 태권도 학원을 다녔다. 그런데 형은 아무리 연습을 해도 발차기를 투박하게 하고 내지르기도 균형이 잡히지 않아 단 심사에서 번번이 떨어졌다. 반면에 동생은 특별히 연습하지 않았는데도 발을 뻗으면 각이 살아 있고 자세도 흐트러짐이 없어서 한 번 만에 단 심사에 통과했다. 그러더니 검은 띠까지 단숨에 따냈다. 형은 자신이 운동을 더 좋아하는데 왜 매번 동생에게 뒤질까 도저히 알 수가 없었다.

형제는 둘 다 활기차고 씩씩한 성격이었지만 재능이 달랐다. 운동을 좋아하고 운동선수가 되고 싶은 형은 스포츠 선수가 될 만큼 신체 능력이 뛰어나지는 않았다. 활동력이 좋은 편이고, 그 활동력으로 사회생활을 더 왕성하게 할 유형이었다. 하지만 동생은 신체 균형 감각이 좋고 근지구력도 뛰어난 운동 감각이 있어 운동선수가 되는 데 적합한 재능을 갖고 있었다.

이처럼 자신이 좋아한다고 해서 다 재능은 아니다. 형은 운동이 좋아서 체육관에 혼자 남아 열심히 연습했지만, 처음부터 운동 감각이라는 재능을 타고난 동생에게는 이길 수 없었다.

하나님은 우리 아이들 한 사람, 한 사람을 모두 '1등'이 되도록 만드셨다. 그래서 자신과 똑같은 재능을 똑같은 양으로 나눠 가진 사람은 누구도 없다. 그렇기에 각자 언제나 무엇을 하든 1등이 될 수밖에 없다. 하지만 내 아이를 다른 아이와 비교하는 순간, 내 아이는 2등, 3등이 되고, 꼴찌가 된다.

1달란트 받았다고 꼴찌가 아니고, 5달란트 받았다고 1등이 아니다. 받은 재능을 남과 비교하고 좌절하면 불행해진다. 하나님은 비교를 싫어하신다. 비교는 하나님에 대한 원망이요, 불신앙이기 때문이다. 결국 내 아이의 성향과 재능을 파악하고, 기도하며 지지해 주는 것이 우리 아이가 세상에서도, 신앙생활을 하면서도 성공하고 행복한 삶을 누릴 수 있는 비결이다.

성경을 읽다 보면 하나님이 주신 각양각색의 성향과 재능을 가진 수많은 사람을 만나게 된다. 뿐만 아니라 각 책마다 성경 기자들의 성향이 고스란히 드러나 있는 것을 발견하게 된다. 특히 공관복음서를 보면 더욱 그렇다. 공관복음서의 기자들인 마태, 마가, 누가, 요한은 성향과 재능도 달랐고, 직업도 달랐다. 그래서 그들이 쓴 복음서들을 자세히 읽어 보면, 그 구성과 느낌이 각기 다르다. 모두 성령의 감동으로 쓴 것인데도 말이다.

하나님은 부모인 우리와 자녀들을 수단이나 도구로 보지 않으신다. 그분은 우리를 소중하게 여기시며, 우리 자체가 목적이신 분이다. 하나님은 순위를 매기지도, 차별하지도 않으시며, 오히려 약한 자, 소외받는 자, 고통받는 자에게 더 관심을 가지신다. 비록 세상에서는 이름 없는 엑스트라일지라도 하나님의 뜻 안에 있을 때는 누구나 인생에서 주인공이다.

"내가 너를 모태에 짓기 전에 너를 알았고 네가 배에서 나오기 전에 너를 성별하였고 너를 여러 나라의 선지자로 세웠노라"(렘 1:5).

하나님의 꿈대로 사는 내 아이

항상 방긋방긋 잘 웃고 인사를 잘하는 고 1 여학생이 있었다. 그런데

이 아이의 별명은 '찌'였다. '꼴찌'라는 뜻의 '찌' 말이다. 비록 성적은 학교에서 최하위였지만 아이는 아파트 엘리베이터에서 처음 만나는 아주머니에게도 먼저 활짝 웃으며 인사하고, 동네 꼬마들에게도 늘 친근하게 말을 걸며, 어르신들과도 허물없이 이야기했다. 그렇다 보니 교회에서도 집사님, 장로님, 목사님에 이르기까지 인기 폭발이었다. 동네에서나 교회에서 아이의 부모를 모르는 사람은 있어도 그 아이를 모르는 사람은 없었다.

처음에 아이의 부모는 공부는 못하면서 쓸데없이 오지랖만 넓은 아이를 야단도 치고 걱정도 했다. 그러다가 아이에게 공부 재능은 없어도 분명 하나님이 다른 재능을 주셨을 것이라고 믿고 이후로는 온전히 하나님께 맡겼다.

하나님이 아이에게 주신 재능은 바로 '사교성'이었다. 사교성은 사람들에게 친근하게 먼저 다가가고, 막역한 감정으로 소통하며, 공감하고, 좋은 분위기를 만들어 내는 재능이다. 검사 결과, 아이의 성향과 재능을 고려하고 하나님이 주신 소명으로 연결하니 '연예인 매니저'가 아이에게 가장 적합한 직업이었다.

비록 세상의 기준에 의하면 공부를 뛰어나게 잘하지는 못하고, 세상이 부러워하는 명문대에는 못 가더라도 세상 속에서 하나님의 꿈을 품고, 세상과는 다른 하나님의 길을 그분과 함께 걸으며 하나님 나라를 확장해 나갈 수 있는 씨앗을 하나님이 아이 안에 이미 심어 주신 것이다.

"마땅히 행할 길을 아이에게 가르치라"(잠 22:6).

하나님이 주신 성향과 재능을 발견하고, 하나님이 아이에게 모태부터 계획하시고 작정하신 '마땅히 행할 길'을 묻고 찾아가는 것이 올바른 '크리스천 자녀 교육'이다. 또한 아이를 향한 하나님의 소원을 이루어 드리는 것이기도 하다. 이것이 바로 '크리스천 자녀의 진로'다. 이것을 무시하거나 잃어버리면 하나님과도 멀어지고, 교육고통도 시작된다.

국제 CCC(대학생선교회)에 소속되어 전 세계의 청소년과 청년들에게 복음을 전하는 신학자 조쉬 맥도웰(Josh McDowell)은 그의 책 『청소년 상담』(Handbook on Counseling Youth)에서 이렇게 말했다.

"사람들은 자신의 적성과 능력에 맞는 직업을 선택할 때에 최선의 열매를 맺는다. ……성경은 직업의 세계를 아주 다양하게 그리고 있으며, 직업은 처음부터 하나님의 계획의 일부였다."

아담은 에덴동산에 존재한 모든 것에 이름을 지어 준 네이미스트였고, 노아는 선박 제조자였으며, 다니엘은 고위 공무원, 마태는 세무 공무원, 바울은 천막 수리공, 누가는 의사였다.

좀 더 일상적인 예를 들자면 이렇다. 간호사라는 직업을 가진 사람이 있는데 그가 크리스천이 아니라면, 그에게 간호사라는 직업은 생계의 수단이자 사회 구성원으로서의 활동 분야다. 그러나 하나님으로부터 간호사라는 직업을 소명으로 받은 크리스천은 예수님의 마음을 품고 환자 한 명, 한 명을 육신의 고통뿐만 아니라 영혼의 고통까지 돌봐 주고자 할 것이다. 또한 기회가 있을 때마다 환자에게 복음을 전하려고 할 것이다.

이렇듯 재능을 통해 얻은 '직업'은 크리스천에게는 일터라는 선교지에서 하나님을 소개하고 복음을 전하는 선교사로 살아가게 하는 '소명'이 된다. 그 소명을 주신 분도, 또 이룰 수 있도록 도우시는 분도 하나님이시다. 이 사실만 기억한다면 세상에서도, 신앙생활에서도 큰 갈등 없이 자녀 교육을 잘해 낼 수 있다.

간혹 부모님들은 아이가 소위 변변찮은 직업에 종사하면 밥이나 먹고 살지 걱정한다. 그래서 대기업이나 공기업에서 일하거나 공무원, 전문직에서 안정적으로 일하기를 바란다. 하지만 내 아이를 향한 하나님의 꿈을 이루는 직업에 '변변찮은' 직업이란 없다. 아이를 향한 하나님의 계획이 있는 곳이 가장 안정적인 일터다.

비록 자녀의 첫 시작이 좁은 문으로 들어가는 것처럼 초라하고 마음이 안 놓일지라도 하나님이 자녀에게 주신 소명의 길이라면 그 길 위에 주님이 예비하신 놀라운 축복이 있을 것임을 부모는 믿고 기다려야 한다. 크리스천 부모라면 세상 부모들이 모두 가는 넓은 문보다는 좁은 문으로 들여보내기를 힘써야 한다. 그렇게 할 때 하나님이 내 아이를 하나님이 함께하시는 넓은 길로 인도하실 것이다.

하나님은 다양한 것을 좋아하신다. 주님을 머리로 하는 교회가 몸통, 팔, 다리 등 여러 지체로 구성되어 있듯 말이다. 하나님은 우리에게 서로 다름을 인정하고 서로 사랑하라 하신다. 그렇기에 내 아이만 잘되어야 한다는 세상 교육법으로 교육하면 점점 더 하나님 나라에 어긋나는 아이로만 자라게 된다.

"머리가 되어야지 꼬리는 되지 말라"라는 식의 교육은 크리스천 교육이 아니다. "공부해서 남 주냐"라는 식의 교육도 크리스천 교육이 아니다. 내가 잘되어야 하는 이유는 다른 사람도 잘되도록 도와주기 위함이다. 세상 교육은 "잘되어 네가 다 가져라"라고 말하지만 크리스천 교육은 "잘되어 남 주라"라는 교육이다. 하나님의 꿈을 이루어 드리는 교육이 크리스천 교육이다.

우리는 부모 세대에게 열심히 공부해서 좋은 대학 가고, 좋은 직업 가지고, 잘 먹고 잘 살라는 교육을 받아 왔다. 그렇게 공부한 똑똑한 자녀들이 지금 어른이 되어 만든 세상을 과연 하나님이 보시기에 좋다고 하실까?

성경 지식으로만 채운 머리가 아니라 하나님으로 채운 마음을 가지고 다른 사람의 처지와 상황을 공감하고, 함께 아파하며, 함께 기뻐하는 사람으로 살아가라고 가르쳐야 한다. 하나님으로부터 받은 재능으로 하나님을 전하며, 하나님 나라를 확장해 나갈 수 있도록 가르쳐야 한다.

결국 크리스천의 삶이란 하나님과 나 자신의 삶을 만나게 하는 것이다. 어떤 순간에도 스스로 하나님을 찾는 사람이 되어 학교나 교회, 직장, 사회에서 선한 영향력을 미치며 사는 것이다. 관념 속에만 존재하시는 하나님이 아니라 나의 고민과 기쁨 속에, 나의 공부와 일 속에, 나와 사람들 속에, 내 삶의 모든 순간순간에 하나님이 함께하심을 느끼고 누리는 것이다.

바로 이것이 하나님이 우리 자녀들에게 꿈을 주신 이유이며, 우리 부모들에게 '자녀'라는 꿈을 주신 이유다. 이제 크리스천 자녀 교육의 판을 바꾸어야 한다.

> "너희는 이 세대를 본받지 말고 오직 마음을 새롭게 함으로 변화를 받아 하나님의 선하시고 기뻐하시고 온전하신 뜻이 무엇인지 분별하도록 하라"(롬 12:2).

성공하는 자녀 교육법은 하나님과 함께하는 데 있다

우리 속담에 "친구 따라 강남 간다"는 말이 있다. '남에게 끌려서 덩달아 하게 된다'는 의미인데, 요즘에는 '옆집 아이가 하니 우리 아이도 한다'는 의미로, 자녀 교육을 위해서라면 빚을 내서라도 뭐든지 한다는 식으로 재해석되고 있다.

동네마다 학원가 카페에는 삼삼오오 엄마들이 모여서 학원에 대한 정보며 입시에 대한 내용, 족집게 과외 교사 리스트를 교환하느라 북새통을 이룰 정도다. 자녀를 위해서라면 못할 것이 없다고 생각하는 부모들의 모습은 이쯤 되면 경이롭기까지 하다.

그런데 문제는 바로 여기에 있다. 정보의 홍수 속에서 이 정보가 과연 내 아이에게 맞는지 검증하지도 않은 채 "누구 아이가 이렇게 해서 SKY 갔다더라"라는 '카더라' 통신만 믿고 자녀에게 그대로 적용해 본다는 점이다. 당연히 생각만큼 잘되지 않을 것이고, "남들은 다 잘하는데 왜 너만 못하니?" 하며 부모가 아이를 닦달하다 갈등만 키우는 일이 비일비재할 것이다.

정작 아이보다 부모에게 문제가 있다는 생각을 부모 자신들은 하지 않는다. 그저 내 아이가 공부 방법을 몰라서, 좋은 선생님을 못 만나서 성적이 오르지 않는다고만 생각한다. 과연 내 아이가 무엇을 좋아하는지, 어떤 분야에 관심이 많은지, 잘하는 것이 무엇인지, 그리고 성향은 무엇인지 따져 보거나 챙겨 보는 부모는 별로 없다.

부모를 너무 무서워해서 이모, 이모부와 함께 진로 컨설팅을 받으러 온 아이가 있었다. 아이의 꿈은 사회복지사였지만 부모가 초등학교 교사가 되기를 강요했다. 그런데 검사 결과 초등교사 적성은 조금밖에 없었다. 초등교사직을 수행하는 데 필요한 예체능에 대한 재능이 낮고 다방면에 뛰어난 편도 아니었다.

우세한 봉사형 성향유형인 아이는 부모의 기대인 초등교사를 거절하지 못했다. 아이가 진로에 대한 스트레스 때문에 자기표현도 적어졌고, 웃음도 말수도 줄어서 컨설팅을 받게 되었던 것이다. 착하고 밝고 명랑한 아이인데 자기주장이 강한 부모에게 기가 죽어서 매우 내성적이 되었던 것 같다.

아이는 요즘 아이들답지 않게 순수하고, 착하고, 예의도 바른 아이였다. 자신의 장점에 대해 자신감이 있으면 좋겠는데, 자존감이 낮아 안타까웠던 기억이 있다. 이모는 아이의 재능이 공부 쪽이 아닐 수도 있다고 언니에게 누누이 말했지만, 언니는 들으려고 하지 않아 자신도 참 안타깝게 여기고 있다고 말했다. 성품 면에서는 누구한테도 뒤지지 않을 훌륭한 인성을 갖고 있는데, 언니 내외는 착한 게 밥 먹여 주냐며 아이를 윽박지르니 답답할 따름이라면서 말이다.

컨설팅 결과 자신의 적성과 재능이 사회복지사가 맞다는 것을 알게 된 아이는 너무 좋아서 울기까지 했다. 아이에게 교회에는 너와 같은 성향유형을 가진 아이들이 많은데 스트레스가 쌓이고 속마음이 답답할 때 한 번 가 보라고 권했다. 아이는 안 그래도 이모 내외가 교회에 다니고 있어 한 번쯤 가 보려고 했었다고 말했다. 이모 내외분께 아이가 교회에 잘 다닐 수 있도록 부탁을 드렸다.

아이가 대학에 들어간 후 학과 친구들과 같이 나를 찾아온 적이 있다. 감사 인사를 하러 왔다기에 짜장면과 탕수육을 사 주며 대화를 나눴다. 아이는 결국 사회복지학과에 입학했고, 교회는 열심히 다닌다고 했다.

지금까지 부모들은 아이의 적성이나 재능, 진로보다는 성적을 단 1점이라도 더 올릴 수 있는 방법에 열중해 온 것이 사실이다. 좋다는 학원이나 입시설명회에 우르르 몰려가고, 고액 과외의 부담을 무릅쓰고라도 아이의 성적이 향상된다면 무리해서 공부시키는 것이 부모들의 당연한 의무라고까지 생각해 왔다.

그렇게 힘들게 공부해서 대학에 간 아이가 어떻게 되었는가? 정작 자신의 성향과 재능이 무엇인지, 하고 싶은 일이 무엇인지 모르는 채 대충 졸업하고 대충 취직해서 인생을 살아가도 그냥 그게 맞다고 다들 믿었다.

하지만 입시 경쟁이 점점 더 치열해지고, 취업난 또한 극심해지면서 행복한 삶에 대한 정의가 달라지기 시작했다. 차츰 내 아이가 행복하게 사는 법이 세상에서 말하는 성공하는 법이 아닐지도 모른다는 것을, 그리고 그것은 아이의 적성을 제대로 찾아 주고 재능을 살려 교육하는 것임을 자각하기 시작했다.

세상 교육도 이제는 '진로'라는 개념에 관심을 높이고 있다. 20년 전 내가 진로적성 교육의 불모지인 우리나라에서 처음으로 진로적성의 중요성을 외칠 때는 어느 누구도 관심조차 없었다. 여기까지 오는 데 20년이 걸렸다.

'진로'는 내 아이가 어떤 재능과 가능성을 가지고 있으며, 어떤 과목에 더 집중하고 더 좋은 성적을 받으며, 어떤 일에 관심을 가지고 호기심을 보이는지에 대한 판단에서부터 시작해야 한다. 그리고 좀 더 구체화시켜서 아이가 어떤 꿈을 가지고 있으며, 그 꿈을 이루기 위해 어떤 구체적인 방법이 있는지를 찾는 것이다.

그런데 이러한 진로 교육을 가장 잘할 수 있는 사람이 바로 크리스천 부모다. 하나님이 만드신 창조 원리대로 자녀를 교육하는 것이 바로 진로 교육이자 진정한 의미의 성공하는 자녀 교육이기 때문이다. 자녀를 행복하게 하는 진정한 의미의 성공하는 자녀 교육법의 모든 답은 하나님과 함께하는 데 있음을 다시 한 번 강조하고 싶다.

진로적성검사 '옥타그노시스(OCTAGNOSIS) 검사'란?
_ 8가지 사고력 & 15가지 성향유형 진단 프로세스

옥타그노시스
진로적성검사란?

기존 진로적성검사들과 100여 편의 관련 논문들을 분석한 결과, 존 홀랜드(John Holland)의 진로적성검사, 하워드 가드너(Howard Gardner)의 다중지능이론, R. J. 스턴버그(R. J. Sternberg)의 삼원지능이론을 바탕으로 한 각 검사들은 최초 개발된 시점이 19세기 말에서 20세기 초중반으로 이미 오래되었고, 그 결과치와 근거 또한 너무 모호하다는 문제점을 발견했다.

또 요즈음 많이 사용되고 있는 애니어그램(Enneagram)은 고대 이슬람교의 '수피즘'(Sufism, 이슬람교의 신비주의 사상)에서 구전된 것이다. 고대 중동의 신비주의적인 요소와 점성술 기법이 합쳐진 것으로서, 서양의 '붓다'(Buddha)로 불리는 러시아의 신비주의자 게오르기 구르지예프(George Grudjieff)에 의해 1915년 서구 세계에 소개되었다. 그는 구전되던 기법에 진화론에 기초한 '진화론적 심리학'을 접목시키면서 완전한 영적 자아에 다가가는 방법을 강조했다. 그렇기에 크리스천이 사용하기에는 추구하는 바가 상이하다고 볼 수 있다.

  무엇보다 이러한 검사들은 수많은 사람을 연령별, 직업별, 성별 등으로 나누어 일대일 임상 진단을 거쳐 얻은 결과에서 이론을 도출하고 보완해 이론과 실재를 정립한 이론들이 아니다. 이론을 아이디어로 먼저 수립하고 그 이론에 맞추어 개발된 검사다 보니 성향과 재능이 들어맞는 경우 도움이 되지만, 이론의 틀에서 벗어나는 성향유형을 가진 사람들은 누락되어 자신과 맞지 않는 모호한 결과를 얻게 될 수 있다.

  인간 적성 유형의 설계가 어떠한지, 어떤 인간 적성 유형이 빠져 있는지조차 모르는 이들 검사로는 진로 선택을 위한 실질적인 해결책이나 정확한 방법 및 근거를 얻는 데 한계가 있을 수밖에 없다. 실제로 우리 연구원에 컨설팅을 받으러 오는 학생들 중 약 70% 정도는 외국계 진로 검사와 상담을 받고 나서도 구체적인 결과를 얻지 못해 찾아온 경우다.

  이에 기존과는 차별화되고 독특한 방식의 성향유형 진단 테스트가 필요함을 절실히 느끼고 본격적으로 연구와 개발에 돌입했다. 이 검사를 개발하기 위해 4년여에 걸쳐 서울, 경기도 등 전국의 4,000명에 이르는 표본 집단을 선정했고, 임상 진단과 함께 질적 연구와 양적 연구를 병행해 진행했다. 현재는 누적된 실증 데이터를 토대로 시대 상황과 전공, 직업, 직무의 변화 등을 반영해 검사 내용을 정기적으로 업그레이드하며 검사의 오류를 최소화해 구체적이고 정확한 결과를 얻을 수 있도록 하고 있다.

  가짓수만 많은 여러 가지 검사보다는 듣기, 읽기, 말하기, 쓰기 등 다차원의 시청각 검사 방식과 구술형 답변 형식을 취해 기존의 이론 검사들이 밝혀내기 어려웠던 인간의 실제적이고 구체적인 적성을 도출하는 데 성공했다.

'옥타그노시스 검사'는 단순히 문항을 체크하는 방식으로 진행되기보다 사실적 사고력, 추론적 사고력, 고정적 사고력, 창의적 사고력, 분석적 사고력, 융합적 사고력, 수직적 사고력, 수평적 사고력 등 8가지 사고력 중심으로 이루어져 있다는 점에서 기존의 외국계 검사와 큰 차별점이 있다. 가장 피력할 만한 것은 기존의 적성검사로는 밝혀내기 어려웠던 '창의적 사고력'과 '융합적 사고력'까지 판독해 낼 수 있는 검사라는 점이다.

'옥타그노시스 검사'의 주요 프로세스는 인간의 사고력을 '8가지(OCTA)' 사고력으로 구분하고, 해당 사고력에 따라 '15가지 성향유형'으로 '진단(GNOSIS)'하도록 처리된다. 이러한 프로세스의 특징을 담아 검사 이름을 '옥타그노시스(OCTAGNOSIS) 검사'라고 명명했다.

이 검사와 함께 국내에서 유일하게 개발된 '다면적 상담 모형'은 다년간 다양한 계층의 진로적성 상담 프로세스를 바탕으로 이루어진 것으로서, 진로 교육계에서 실제적이고 종합적인 임상을 거친 진로상담 모델이다. 질적 진로상담과 양적 진로상담을 통합해 하나님이 만드신 인간의 근본 성향과 재능을 연구해 적용하고자 노력했다.

이러한 성과를 얻을 수 있었던 것은 오직 하나님이 사명을 감당할 수 있도록 은혜를 베푸셨기 때문이다. 검사와 상담 모형을 개발하면서, 우리를 사랑하시는 하나님이 교육으로 고통받는 우리 자녀들과 부모님들에게 내어 주신 '피할 길'을 깨닫는 지혜를 달라고 간절히 기도했다.

시간이 지날수록 더욱 절실히 실감하게 되는 것은, 하나님은 사명을 주실 때 그 사명을 감당할 수 있는 성향과 잠재 역량을 이미 태어날 때 모두 주셨다는 점이다. '직업'은 영어로 'vocation'이다. 이 단어는 '부르심', '소명'을 의미하기도 한다. 하나님이 우리 각자를 만들면서 주신 성향과 재능을 발견하면 하나님이 나를 부르신 소명을 알게 되고, 소명을 알게 되면 하나님이 나를 위해 계획하신 직업을 통해 하나님의 계획을 이루어 가게 된다.

수많은 진로상담과 검사를 진행하면서 재차 깨달은 점은 하나님이 만드신 대로 살아가면 우리는 각자 행복하게 살 수 있고, 사명을 쉽게 이룰 수 있다는 사실이다. 또한 많은 인생의 고통을 벗어날 길도 하나님이 예비하셨다는 점이다. 인생은 하나님이 나를 부르신 목적을 알면 풀린다. 인생은 하나님이 나를 부르신 목적을 알면 행복하다. 우리 아이들을 부르신 하나님의 목적, 이제 바로 알고 이루어 가자.

1만 8,000명 이상의 선택, '옥타그노시스 검사' 평가 후기

"검사 프로그램의 각 문항들이 입체적으로 만들어져 있어 학생의 성향을 잘 알 수 있었습니다. 진단에 따른 결과 또한 구체적이었으며, 해결책까지 제시되어 있어 효과적이었습니다. 많은 학생의 누적된 진로 데이터와 종합 자료가 반영되어 학생에 대한 명료한 판단을 내리는 데 효용이 크다고 봅니다."
_ 박형근 (서울 지역 대학교 교수)

"표준화된 검사의 단점을 극복한 현실적인 진로검사였으며, 면담을 통해서 질적 연구가 가능한 검사였습니다."
_ 김지선 (서울 지역 대학교 교수)

"아이들을 가르치다 보면 부모와 아이가 진로에 대해 의견 차이가 커 갈등을 빚는 경우를 종종 보곤 합니다. 무엇보다 중요한 것은 내 아이에 대해 정확하게 아는 것인데, 이 진로검사를 통해 부모와 아이의 간격을 좁힐 수 있을 것 같습니다. 뿌옇게 흐려져 있고 명확하지 않은 진로 선택을 검사를 통해 해결할 수 있어 실질적인 진로 지도에 많은 도움이 될 것 같습니다."
_ 이혜영 (서울 지역 고등학교 교사)

"진로에 대해서는 오랫동안 고민했습니다. 고등학교 때는 아직 어려서 걱정을 유보하고 대학에 입학했고, 성적에 맞춰서 학부나 학과 진로를 결정했습니다. 그리고 그때는 시간이 지나면 쉽게 결정할 수 있을 것이라고 안이하게 생각했습니다. 하지만 시간이 지나도 뚜렷한 답이 나오지 않았습니다. 제 앞으로의 진로는 물론 지금 당장 하고 있는 공부에까지 회의적이 되었으며 제 스스로가 어떤 적성이 있는지도 혼란스러워질 뿐이었습니다.

나름 알아보기 위한 노력도 많이 했습니다. 인터넷에서 하는 간단한 검사부터 MBTI를 통한 성향 파악까지 많은 테스트를 시도했고 타 기관에서 상담도 해보았습니다. 그래도 답은 잘 나오지 않았고, 저는 더욱 혼란스러워지기만 할 뿐이었습니다.

진지하게 고민한 지 4년이 지났지만 계속해서 답을 찾지 못했습니다. 이래서는 위험하다는 생각까지 들어서 좀 더 적극적으로 방안을 모색했습니다. 그러다 이곳까지 들어왔고 상담을 받았습니다.

사실 많은 기대를 하지 않았습니다. 다른 곳처럼 테스트지를 풀고 그에 대한 해설 정도나 듣겠지 싶었습니다만, 놀랐습니다. 단순히 오지선다형을 기입하는 것이 아니라 매 문제에 대한 제 주관적 의견을 들은 후 이를 토대로 제 기본 성향과 상황을 정확히 판단하는 모습이 인상적이었습니다. 덕분에 제 성향에 대해 어느 정도 확신이 생겨서 제 혼란을 어느 정도 잠재울 수 있었습니다. 많은 도움을 받았습니다."

_ 서울대학교 이○○ 학생

"처음에 문을 열고 들어갔을 때는 마음이 무겁고 계속 '취직'이라는 단어가 머릿속에 떠올라서 정신이 없었는데 들어가서 옥타그노시스 검사를 한 후 컨설팅을 받을 때는 저에 대해 매우 정확히 말해 등골이 싸하며 소름이 돋았습니다. 영국에서는 볼 수 없는 진로적성 컨설팅을 한국에 와서 해보니 교육 컨설팅만큼은 한국이 최고라는 생각이 들었으며, 그것은 이 검사이기에 가능한 것 같습니다. 지금 소감을 적으면서 제 마음은 20대 기간 중에 가장 편안합니다. 다만 한 가지 안타까운 점은 제가 이 컨설팅을 26세에 받았다는 것입니다."
_ 영국 출신 대학생

"컨설팅에 대해서 아는 것이 없었기 때문에 반신반의하는 마음으로 들어갔는데, 실제로 컨설팅을 받아 보니 답답했던 마음이 후련해진 느낌입니다! 초등학교 때, 그것이 어려웠다면 고등학교 때라도 컨설팅을 받았더라면 지금 제 모습은 많이 달라져 있었을 것 같아서 많이 아쉽기도 하고, 한편으로는 이제라도 알았으니 다행입니다. 마케팅, 전략, 무역 쪽 일이 잘 맞는다고 하니, 제가 가진 역량과 주어진 상황에서 어떻게 해나가야 할지 고민해 봐야겠습니다. 여태껏 너무 많이 돌아서 온 것 같습니다. 감사합니다!"
_ 크리스천 직장 여성

| '옥타그노시스 검사'를 통한 컨설팅 효과 분석 결과 |

효과 요인	평가	평균 (리커트 5척도)	표준 편차	백분율 환산 (%)
옥타그노시스 검사를 통한 진로적성 상담의 필요성	상담을 하는 사람이 진로적성 분야에 전문성을 갖고 있다고 느꼈다	4.85	0.38	97.0
	무엇을 좋아하고 잘하는지 모를 때 도움이 되었다	4.87	0.34	97.4
	진로를 고민하는 사람들에게 시행착오를 줄여 줄 수 있다	4.83	0.38	96.6
옥타그노시스 검사를 통한 진로적성 상담의 적합성	어떤 성향이며, 어떤 재능을 갖고 있는지 알 수 있는 검사다	4.83	0.39	96.6
	다른 사람에게도 검사를 통한 컨설팅을 받아 볼 것을 추천하고 싶다	4.84	0.38	96.8
	컨설팅 전에는 미래를 생각하면 불안했는데, 컨설팅 후에는 희망이 생겼다	4.73	0.47	94.46
	적성과 진로에 대해 잘못 알고 있던 것을 제대로 알게 되었다	4.77	0.45	95.4
옥타그노시스 검사를 통한 진로 설정	학습에 대한 동기 부여와 자신감이 생겼다	4.70	0.48	94.0
옥타그노시스 검사를 통한 진로적성 상담의 적합성	성향과 적성에 맞는 진로 계획을 세우는 데 도움이 되었다	4.81	0.41	96.2
	진로와 직업에 대한 정확한 정보를 얻었다	4.79	0.43	95.8

* 김진교육개발원 방문자 표집 기준

P.A.R.T. 02

내 아이를 향한
하나님의 꿈을 찾아라

주께서 내 내장을 지으시며
나의 모태에서 나를 만드셨나이다
내가 주께 감사하옴은 나를 지으심이 심히 기묘하심이라
주께서 하시는 일이 기이함을 내 영혼이 잘 아나이다
시139:13

내 아이가 어떤 성향유형인지를
간단하게 알아볼 수 있는
'옥타그노시스(OCTAGNOSIS)'
성향유형 진단 테스트는
제3부에 수록되어 있습니다.

이 책에 수록된 '옥타그노시스 검사'는
자가 진단을 위해 주요 지표만을
압축한 검사임을 알려드립니다.

01 소통형

오지랖 넓고
붙임성 좋은
내 아이는
친화력의 대가

STEP 01
뛰어난 언어 감각과 열린 사고로 사람을 움직인다

소통형 아이는 처음 만나는 사람과도 잘 어울리고 대화도 잘하며, 다른 사람의 말에 귀를 기울여 고민을 잘 들어 주는 편이다. 언어 감각이 좋고 재치도 있어 자기 표현력이 우수하다 보니 학교나 교회에서 서로의 의견을 잘 조율하고 공감할 수 있도록 분위기를 이끄는 윤활유 같은 존재다. 요즘은 스마트폰이 사람과 소통하는 데 가장 중요한 수단이 되었는데, 소통형 아이는 친구들과 SNS상에서 활발하게 대화하고, 분위기나 상황에 맞는 메시지와 이모티콘을 잘 보내기 때문에 자신에 대한 좋은 인상을 만드는 데도 탁월하다.

특히 다양한 계층과 자유롭게 사귀고, 다양한 생각을 자유롭게 펼칠 수 있는 열린 사고와 글로벌 마인드를 가지고 있기 때문에 인종, 문화, 정치 성향, 가치관 등에 편견이 없다. 외국어를 배우는 데도 비교적 적극적이고, 다른 사람보다 뛰어난 언어 감각으로 단기간에 외국어를 잘 익힌다. 거리에서 외국인과 마주쳐도 먼저 다가가서 스스럼없이 말을 걸고, 설령 말이 안 통해도 주눅 들지 않고 어떻게든 대화하려고 한다.

하지만 깊은 생각이나 진지한 대화는 피하는 편이고, 사람들과 두루 넓게 사귀지만 깊은 관계를 유지하지는 못한다. 끊고 맺는 것이 잘 안되어 냉정해야 할 때 냉정하지 못하다. 어려운 문제에 부딪히면 다양한 방법으로 해결하려는 경향이 있지만, 의외로 포기도 잘하는 대충형이

기도 하다. 그럼에도 불구하고 소통형 아이는 뛰어난 언어 감각과 말솜씨로 서로 간의 조화를 잘 이끌어 내며, 열린 사고로 갈등 상황을 수습하면서 유쾌한 분위기를 만들어 낸다.

> **소통형 내 아이의 성향 POINT!**
> - 열린 사고와 편견 없는 마인드로 친절하고 다정하게 다가가는 대화형
> - 다른 사람의 말을 잘 들어 주고 함께 고민해 주는 교류형
> - 뛰어난 언어 감각으로 자신을 더 돋보이게 만드는 표현형

STEP 02

소통형 내 아이의 재능과 직업은?

소통형 아이는 뛰어난 '언어 감각'을 타고났다. 말로 하는 것은 다 잘한다. 우리 속담에 "아 해 다르고 어 해 다르다"라는 말이 있는데, 소통형은 둘의 미묘한 뜻을 알고 때에 맞게 사용한다. 하나님이 재능을 입에 주신 것이다. 그래서 상황에 따라 적절한 말을 구사하고, 모국어뿐만 아니라 외국어에도 재능이 있다. 의사소통이 잘되기 때문에 말로 하는 직업을 가지면 잘할 수 있다.

"사람은 그 입의 대답으로 말미암아 기쁨을 얻나니 때에 맞는 말이 얼마나 아름다운고"(잠 15:23).

영어나 중국어, 스페인어 등 외국어 계열 학과에 진학하면 재능을 잘 발휘할 수 있고, AI(인공지능)가 통·번역하지 못하는 문화 차이로 인한 언어의 뉘앙스까지 표현해 내는 고급통역가, 스포츠통역사, 번역가, 외국인들에게 한국어를 가르치는 한국어지도사 등이 잘 맞는다.

또한 뛰어난 언어 감각으로 분위기를 유쾌하게 만들어 주며 사람들과 상호 소통하면서 센스 있게 잘 대응하므로 행사 MC나 방송진행자, 아나운서 등에서 활약해도 두각을 드러낼 수 있다. 이러한 일을 하는 데 도움이 되는 학과로는 국어국문학과, 언론정보학과, 신문방송학과, 언론홍보학과, 미디어커뮤니케이션학과 등이 있다.

갈등을 해결하고 더불어 잘 사는 세상을 만드는 중재력

소통형의 대표적인 재능은 서로 다른 입장으로 다툼이 일어날 때 조율하고 화해시켜 주는 '중재력'이다. 사람이나 기업 사이에서 이익과 관련된 문제로 첨예한 갈등이 일어날 때 한쪽으로 기울지 않고 균형 감각을 가지면서 서로의 다른 입장을 잘 전달하고, 분위기를 유연하게 이끌며, 타협과 협상을 끌어내는 것이 중재력이다.

중재력을 가진 소통형 아이는 국가 간의 차이와 문화를 이해하며, 갈등과 분쟁으로 인한 문제들을 분석하고 조정해 국제 관계를 원활하게 하는 일을 하면 잘 감당할 수 있다. 이런 재능을 발휘하는 데 도움이 되는 전공으로는 국제관계학, 지역학, 국제문화정보학, 통상학, 외교학, 정치외교학, 국제학 등이고, 졸업 후에는 국제관계전문가, 국제회의기획가, 국제활동가, 국제문제전문가, 외교관, 분쟁조정사, 국제개발협력전문가 등으로 진출할 수 있다. 또 개인과 개인, 개인과 기업 간의 이해관계를 조율하는 부동산중개사, CS매니저, 쇼호스트 등이 있는데, 부동산학과, 부동산과, 쇼호스트과와 같이 특정한 전문학과에 진학해도 되고, 인문사회계열을 전공한다면 크게 무리가 없다.

원수도 내 편으로 만드는 사교성

소통형의 또 다른 재능으로는 '사교성'이 있다. 사교성은 처음 보는 사람이나 낯선 상황에서도 주저 없이 먼저 다가가 친근한 관계를 만드는 능력이다. 한 번 만나고 마는 것이 아니라 꾸준히 관계를 이어 가면서 연령, 성별, 인종, 종교 등의 선입견 없이 사람들과 넓게 두루 사귀며, 누구와도 친구가 되는 재능이다. 이러한 사교성이 빛을 발할 수 있는 직업군으로는 세일즈맨, 연예인매니저, 웨딩매니저, 개인여가컨설턴트 등이 있다. 도움이 되는 전공으로는 어학 계열과 함께 컨벤션학, 연예매니지먼트학, 웨딩매니지먼트학 등이 있다.

STEP 03

소통형 내 아이의 신앙 교육은 이렇게!

하나님은 나의 친구

소통형 아이는 하나님을 친구처럼 생각한다. 아이에게 하나님은 엄하시며, 가까이 다가가기 힘들거나, 무서운 분이 아니라 언제나 곁에 계시는 친근한 분이시다. 하나님은 나의 이야기를 들어 주시는 분이다. 하나님과 자신이 친한 관계라고 여기지, 하나님은 높으신 분이고 자신은 아랫사람이라고 여기지 않는다. 왜냐하면 소통형 아이는 성향상 지위 고하, 성별, 나이 등에 대한 편견 없이 다양한 사람들과 소통하고 사귀는 일을 즐거워하기 때문이다. 그렇다 보니 교회에서도 목사님이나 장로님, 집사님이 어려운 대상이 아니다.

"이제부터는 너희를 종이라 하지 아니하리니 종은 주인이 하는 것을 알지 못함이라 너희를 친구라 하였노니 내가 내 아버지께 들은 것을 다 너희에게 알게 하였음이라"(요 15:15).

하나님도 마찬가지이시다. 하나님이 우리를 창조하신 목적은 우리와 교제하시려는 것이다. 소통형 아이는 하나님과의 교제를 충분히 누린다. 하나님께 내가 오늘 무슨 일을 했는지, 친구와는 무슨 일이 있었는지, 지금 어떤 기분인지 등 소소한 것까지 말씀드리고 싶어 한다. 그래서 소통형 아이에게 하나님을 소개할 때는 늘 곁에서 친구가 되어 주시는 하나님으로 다가가야 거부감이 없다.

소통형 아이는 하나님께 고백하고, 대화하며, 소통할 때 하나님과의 관계에 신뢰가 싹튼다. 하나님과의 대화를 통해서 신앙이 성숙해 가며 교회생활도 잘하게 된다. 따라서 부모는 자녀가 하나님과 기도를 통해 가까워지도록 지도해야 한다. 하나님과 대화하는 방법이 기도임을 알려 주고, 기도에 하나님이 응답하시는 방식이 다양하다는 것도 알려 주어야 한다. 왜냐하면 소통형 아이는 하나님께 드린 기도가 응답되지 않는다고 생각하면 하나님과의 관계를 지속하고 싶어 하지 않을 수 있기 때문이다. 그래서 아무리 작고 사소한 것이라도 응답받기를 기대한다. 성향상 자신이 상대방과 주고받는 소통에 문제가 생기면 상대방과의 관계에도 문제가 있다고 여기기 때문이다.

따라서 부모는 아이에게 하나님의 기도 응답은 주일에 선포되는 설교 말씀이나 그날의 QT 말씀, 부모님이나 친한 친구들과의 대화, 그리고 자연 속에서 이루어질 수 있고, 마음의 평안도 기도의 응답이라는 사실을 가르쳐 주어야 한다. 기도는 길을 가다가도, 친구와 이야기하다가도 하나님께 궁금하거나 원하는 것을 마음속으로 묻고 그때그때 간구하는 것임을 알려 준다. 또한 하나님이 바로바로 응답하시는 것 같지 않아도, 지금 하나님과 내가 친밀하면 그 친밀함 자체가 곧 응답이라는 사실도 알려 준다. 소통형 아이는 한 가지 방식의 응답만 고집하면 그 방식대로 응답이 없을 경우 하나님과의 관계뿐만 아니라 하나님의 존재에 대해서도 부정하게 될 수 있으니 유의해야 한다.

소통형 아이에게 기도를 정해진 시간에 하도록 하는 것은 부담이 된다. 규칙적으로 정해진 패턴보다는 하나님과 아이의 생활이나 감정이 자연스럽게 연결되도록 하는 것이 좋다.

혼자서 기도할 때는 아주 사소한 일들도 기도 제목으로 정해서 기도하도록 지도한다. 또한 친한 교회 친구들과 모여서 기도 제목을 나누고 함께 기도하는 것도 추천한다. 사람들과 함께 기도하는 합심 기도를 통해 기도하고 응답받는 과정에서 하나님과의 친밀함이 깊어 가는 유형이다.

잔치 신앙

소통형 아이는 교회에 가는 것이 잔칫집에 가는 것처럼 즐거워야 한다. 많은 사람을 만나서 이야기하고, 친구같이 다정하신 하나님과 이야기하는 주일은 소통형 아이에게는 잔칫날이다. 잔치에서는 처음 만난 사람과도 부담 없이 친해지고, 누구나 서로를 경계하지 않는다. 소통형 아이는 천국 잔치처럼 교회에서 나이와 지위에 상관없이 여러 사람과 어울리는 것을 좋아한다. 그래서 소통형 아이를 만날 때는 사역자나 직분자들도 자신의 직분 계급장을 떼 놓고 허물없이 대해야 한다.

  소통형 아이는 잔치에 따라갔다가 하나님을 만나고 경험한 성경 속 인물과도 같다. 그래서 소통형 아이에게 하나님은 좋은 사람들을 만나서 떠들고 놀며 마음껏 사귈 수 있도록 아이를 초대해 주신 잔치의 주인이시다. 소통형 아이는 '하나님의 나라도 이런 곳이겠구나' 하고 여기게 되며, 비로소 하나님에 대해서도 생각하게 된다.

"천국은 마치 자기 아들을 위하여 혼인 잔치를 베푼 어떤 임금과 같으니"(마 22:2).

  소통형 아이의 신앙에 문제가 생겼다는 신호는 잔칫집에 있는 것처럼 밝고 즐거웠던 마음이 사라지는 것이다. 예를 들어, 말수가 갑자기 줄거나 교회에 가기 싫어하는 것인데, 이럴 때는 아이와 대화를 통해 원인을 찾아야 한다. 무조건 아이를 다그치기보다는 마주앉아 솔직하게 이야기를 나눌 때 아이의 마음을 열 수 있다. "엄마도, 아빠도 너만 할 때는 그랬어. 어떤 게 힘들어?" 하며 아이의 마음을 충분히 이해하고 있다는 것을 알려 주어야 한다.

  소통형 아이는 사람들과의 관계가 좋으면 하나님과의 관계도 좋기에 교회에서 더 이상 잔치 분위기를 느낄 수 없게 되었다는 것은 사람들과의 관계에 문제가 발생했다는 의미다. 관계의 회복이 신앙의 회복으로 이어지도록 교회학교 선생님들이나 담당 목회자와 이 상황을 의논해 아이가 다시 잔치 신앙을 회복할 수 있도록 도와주어야 한다.

  소통형 아이의 경우 또래가 있는 교육부서에 등록시켜 친구들과 어울리게 하는 것이 좋다. 초등부, 중등부, 고등부 등 아이의 학령에 맞는 부서에서 친구들과 선생님들과 함께 생활하면서 자연스럽게 교회생활과 신앙생활에 적응하도록 돕는다. 만약 교회에 자녀를 위한 교육부서가 없다면 아이만이라도 교육부서가 잘 구성되어 있어 친구들을 많이 사귈 수 있는 교회에 다니게 하는 것이 좋다. 소통형 아이는 친구들과 함께 예배드리는 것에 더 만족을 느끼기 때문이다. 가능하다면 아이가 성인이 될 때까지는 아이가 다니는 교회에 부모가 함께 다니는 것이 바람직하다.

이렇듯 소통형 아이는 사람에게 관심이 많다 보니, 하나님을 알아 가는 과정에도 사람들과의 관계가 큰 영향을 미친다. 예를 들어, 평소 좋아하고 친하게 지내고 싶은 친구나 선후배, 선생님이 있다면 함께 어울리기 위해 그들의 신앙생활을 보고 따라 하는 과정 속에서 하나님을 배운다. 그렇기에 소통형 아이에게는 예수님을 바르게 믿고 교회생활을 성실히 하는 친구들이 주변에 있다면 그들과 친해지도록 하는 것이 성경 1독을 시키는 것보다 효과적일 수 있다.

고난은 괜찮은 선물이다

소통형 아이는 성향상 하나님에 대한 믿음이 뜨겁지도 차갑지도 않다. 그렇다고 하나님을 떠나지도 않는다. 하지만 어려운 일이 생기면 그것을 이겨 낼 만큼의 믿음이 없어 어려움을 회피하고자 하는 경향이 있다. 왜냐하면 잔칫집에는 고난이란 존재하지 않기 때문이다.

소통형 아이는 신앙생활은 그저 하나님과 갈등이나 불편 없이 지내고, 사람들과도 적당하게 두루두루 친하면 되는 것이라고 생각하기에 하나님과도, 사람들과도 만남에 있어서 깊이가 얕다. 그렇다 보니 교회생활이나 대인관계에 문제가 생기면 도망가거나 의도적으로 피하려고

만 든다. 이런 아이에게 흔들리지 않는 굳건한 믿음, 선교와 순교까지 감당할 수 있는 믿음을 강조한다면 아이는 감당할 수 없는 무게에 짓눌려 더 힘들어할 수 있다.

아이의 눈높이에 맞게 고난을 설명해 주는 것이 필요하다. 예를 들어, 아무리 친한 친구들과도 가끔은 싸우기도 하고 서운해서 삐치지만 서로 화해하고 나면 전보다 더 친해지는데, 고난도 그런 것이라고 말해 준다. 고난은 하나님과 더 가까워지고, 내가 더 어른스러워지며, 더 지혜로워지도록 도와주는 것이며, 받을 때는 탐탁지 않지만 시간이 지날수록 꽤 괜찮은 선물임을 깨닫도록 돕는다.

또 자신이 이겨 내기 어려운 점을 부모나 사역자에게 고백해 위로받도록 하며, 반드시 문제를 해결하지 않아도 된다고 책임을 덜어 주는 말을 해준다. 그러면 아이는 스스로 신앙적 어려움을 고백하며, 그 과정에서 극복할 힘도 자연스럽게 얻는다. 즉 아이의 문제 자체를 해결하는 데 집중하기보다는 아이가 언제든지 부모에게 자신의 속마음을 터놓을 수 있도록 마음 상태를 준비시켜 주는 것이 신앙 문제 해결의 결정적 포인트다.

아이가 무난하게 교회생활을 하고 있다면, 그것만으로도 아이를 칭찬해야 한다. 그러면서 가랑비에 옷 젖듯 천천히 믿음이 깊어질 것이다.

성경으로 대화하라

소통형 아이는 딱딱한 활자체를 보는 것을 그다지 좋아하지 않는다. 그래서 먼저 성경부터 읽게 할 것이 아니라 성경을 어떻게 생각하는지, 성경을 읽을 때 어떤 어려움이 있는지에 대해 대화를 나누는 편이 낫다. 다시 말해, 성경을 많이 읽는 데 목적을 두는 것이 아니라 성경으로 얼마나 많이 대화할 수 있느냐에 성경 공부의 초점을 두어야 한다. 소통형 아이는 글자가 아니라 대화를 통해 성경을 읽기 때문이다.

소통형 아이가 성경 속에서 관심을 가질 만한 키워드인 '친구', '우정', '관계' 등을 주제로 하는 성경 구절을 찾아보고, 그것을 중심으로 대화하는 것도 효과적이다. 예를 들어 "우정"이라는 주제를 다룬다면, 다윗의 절친 요나단을 소재로 가벼운 토론식 성경 공부를 하는 것이 효과적이다.

자신은 성경을 잘 안 읽지만 주변 사람들에게 성경 말씀을 읽도록 권하는 것은 싫어하지 않기 때문에, 친한 친구들에게 좋은 성경 구절이나 설교 말씀을 SNS로 보내도록 하는 것도 유익한 신앙 훈련이 될 수 있다.

STEP 04
소통형 내 아이의 학습법은 이렇게!

적당히 놀고 떠들면서 공부해야 성적이 오른다

소통형 아이는 공부를 할 때 적당히 요령껏 하는 경향이 많다. 공부에 관심이 많은 편은 아니지만, 눈치가 빨라서 부모님이나 선생님에게 혼나지 않을 정도만 공부한다. 그렇다 보니 부모 입장에서는 아이의 학습 태도나 평소 생활 태도를 지적하며 잔소리하고 싶어도 딱히 기회를 잡지 못해 내 아이지만 얄밉다는 생각이 들 수 있다. 아이가 부모와 적당한 관계를 유지하는 선에서 공부를 하기 때문에 부모와 성적 문제로 큰 갈등이 생기는 경우는 적은 편이다.

소통형 아이가 스스로 공부하게 만드는 방법은 먼저 놀게 하는 것이다. 저학년인 경우는 방과 후에 먼저 친구들과 노는 것을 허락해 주고, 고학년인 경우는 아이가 하고 싶어 하는 취미 생활이나 게임 등을 정해진 시간 내에 하도록 허락하는 것이 좋다. 그러고 난 뒤에 반드시 해야 할 학습 과제나 그날 복습을 요구하면 좀 더 효과적이다. 소통형 아이는 숙제부터 하고 놀게 하기보다는 놀고 난 뒤에 숙제를 요구하는 편이 학습에 더 잘 집중시킬 수 있다.

학습이나 성적에 대한 부모의 기대치가 너무 높으면 아이와의 관계에 문제가 생길 수 있고, 소통형 아이는 관계에 문제가 생기면 그나마 하던 공부도 아예 그만두기 때문에 좀 불안하고 미덥지 않아도 과도한 규칙이나 지나친 간섭은 삼가해야 한다.

무엇보다 소통형 아이는 SNS를 통해서 친구들과 온갖 종류의 관심사에 대해서 이야기하고 의견을 나누어야 직성이 풀리기 때문에, 부모 입장에서 공부는 안 하고 친구들끼리 떠들고 논다고 염려할 수 있다. 하지만 SNS를 활발히 하는 것은 대인관계를 좋아하는 아이의 특성이므로 지나치게 통제하면 안 된다. 오히려 허용해 주되 대신 공부를 병행할 것을 주문해야 아이가 수긍한다. 소통형 아이에게는 공부와 SNS 활동의 균형이 매우 중요하다.

좋아하는 영어는 LC부터, 싫어하는 과목은 친구들과 공부하게 하라

비교적 잘하고 관심 있는 언어 과목에서는 충분히 칭찬해 동기를 유발하라. 그 외의 과목에 대해서는 낮은 기대치를 가져야 아이가 학습을 싫어하지 않고 그나마 공부할 것이라는 점을 기억해야 한다.

영어 공부를 할 때 딱딱한 문법이나 독해(RC) 학습보다는 상대적으로 선호하는 영어 듣기(LC)를 먼저 공부하는 것이 효과적이다. 그리고 중고등학생 때부터는 객관적인 시험 성적을 알 수 있는 주니어 토익이나 토플, 텝스 등을 공부하면서 아이의 학습 효과나 정확한 실력을 파악해 둘 필요가 있다. 외국어 과목에 대해서 아주 기초적인 흥미나 동기가 있으므로 자연스럽게 재미를 붙이게 한 다음에 다른 과목을 공부하도록 유도한다.

국어의 경우는 글씨를 쓰거나 눈으로 읽는 것보다는 혼잣말로 중얼거리며 공부하는 것이 좋다. 비문학보다는 문학 작품을 큰 소리로 읽으면서 주제나 메시지를 생각해 보게 한다. 이때 작품 속의 캐릭터처럼 대사를 직접 말하게 하면 기억에 좀 더 오래 남을 수 있다. 소통형 아이는 다른 과목을 공부할 때도 소리 내어 말하거나 읽으면서 공부하면 학습 효과가 더 높아진다.

반면에 수리감각은 낮은 편이라 수학을 싫어한다. 관찰 실험이 많은 과학 학습도 약한 편이므로 무리하게 시키지 말고 아이의 실력에 맞게, 시험 진도에 맞게 조금씩 수준을 높이는 것이 중요하다.

'영어/국어' 그룹과 '수학/과학' 그룹으로 나누어서, 처음에는 9 대 1의 비중으로 공부하다가 학년이 올라갈수록 차츰 '수학/과학'의 비중을 늘려 가는 것이 적합하다. 특히 싫어하는 수학과 과학 과목은 친한 친구들끼리 어울리면서 함께 공부하게 하면 완전히 흥미를 잃지 않게 하는 최소한의 교육 효과를 얻을 수 있다. 친한 친구들과 함께 공부하면 떠들고 놀까 봐 걱정하는 부모가 있는데, 소통형 아이는 친구들과의 관계가 원만하고 좋아야 공부도 잘한다는 점을 잊어서는 안 된다. 잘 놀아야 공부력이 살아난다.

> **소통형 내 아이의 학습법 POINT!**
> - 선(先) 놀기, 후(後) 공부가 효과적이다.
> - 외국어 과목에 집중하면서 다른 과목의 비중을 늘려라.
> - 친구들과 잘 지내면 공부력이 살아난다.

STEP 05

소통형 성경 인물
: 원수도 외나무다리에서 친구로 만드는 '바나바'

바나바는 지금의 키프러스섬 유대 제사장 가문에서 태어나 예루살렘에서 살았다. 그는 자신의 재산을 처분해 하나님께 드릴 정도로 신앙심이 깊은 사람이었다. 당시 크리스천들을 탄압하던 바울이 예수님을 만나 거듭나자 다른 사도들과 성도들에게 바울의 신앙을 증언해 주기도 했다.

바나바는 말을 잘하고, 탁월한 설교가였으며, 사람들 사이에서 서로 소통이 잘되도록 중재하는 역할을 잘 감당한 인물로 알려져 있다. 갈등을 최소화하고 다툼을 피하려는 바나바는 전형적인 소통형이다. 사람들과 논쟁하고 싸우는 성향이 아니기 때문에 말다툼이나 부담스러운 대화는 버거워했다. 그래서 바울과 자신의 철없는 조카 마가 사이에 갈등이 생겼을 때 둘을 화해시키려다가 다툼이 도를 넘자 그 자리를 피했다. 하지만 바나바의 노력은 헛되지 않았다. 훗날 바울은 투옥 중에 마가를 보고 싶어 했고, 지인에게 마가를 데려오라고 부탁할 정도였다. 이처럼 바울과 마가를 중재한 바나바는 시간을 초월하는 소통의 달인이다.

02

창조형

감정 기복 심하고
엉뚱한
내 아이는
아이디어 뱅크

STEP 01
독특한 개성과 기발한 발상으로
세상의 트렌드를 주도한다

창조형 아이는 일정한 틀에 얽매이는 것을 싫어하고 생각이나 행동이 자유롭기 때문에 다소 엉뚱하고 즉흥적인 편이다. 감수성도 예민하고 감정 기복도 있는 편이라서 하루에도 몇 번이나 기분이 좋았다 나빴다 한다. 자기만의 세계가 분명하고 개성이 강해서 사람이나 대상에 대한 호불호가 확실하기에 주변으로부터 자기중심적이라는 소리를 듣기도 한다.

지루하고 반복되는 것을 싫어하지만, 자신이 원하는 일이나 재능이 있는 분야에서는 놀라운 열정과 집중력을 보이며 탁월한 능력으로 세상을 놀라게 하는 예술가적 기질을 가지고 있다. 개성이 넘치고, 사고가 독특하며, 아이디어가 기발하기 때문에 주위 사람들에게 재기발랄한 에너지를 선사하고, 문제가 발생하면 남들이 미처 생각하지 못한 역발상으로 해결책을 잘 만들어 내는 능력이 있다.

미래보다 현재의 즐거운 삶에 집중하는 편이지만, 남다른 예술적 감각과 풍부한 감성, 자유롭고 개성 넘치는 사고와 톡톡 튀는 아이디어로 변화와 흐름을 이끌어 가는 창조형 아이는 세상에 감동을 전하는 열정주의자다.

창조형 내 아이의 성향 POINT!

- 기발함과 역발상으로 상황을 바꾸는 아이디어형
- 일정한 틀에 얽매이지 않고 변화를 주도하는 트렌드형
- 풍부한 감성과 넘치는 개성으로 무장한 예술형

STEP 02

창조형 내 아이의 재능과 직업은?

창조형 아이는 기발함과 예술적인 감각이 탁월하다. 뿐만 아니라 시각, 청각, 촉각, 후각, 미각 등도 매우 발달되어 있어서 맛을 잘 구분하며 냄새에도 민감하다. 또한 어떤 것이 더 아름다운지, 같은 녹색 계열이라도 구체적으로 어떤 차이가 있는지도 잘 구분한다. 하나님이 창조형 아이에게 매우 섬세하고 민감한 오감(五感)을 주셨기 때문이다.

따라서 오감을 느끼며 사용하는 일을 하면 잘하는데, 요리사, 요리연구가, 호텔조리사, 제과제빵사, 푸드스타일리스트, 소믈리에, 와인마스터, 바리스타, 원두감별사 등이 적합하다. 요리사, 호텔조리사, 제과제빵사는 자격증이 필요한 직업들로서 국가에서 발행하는 기능사 자격증을 취득하면 취업에 도움이 된다.

뛰어난 창의력과 차별적인 콘텐츠로 승부하는 아이디어 능력

창조형의 대표적인 재능은 '아이디어 능력'이다. 아이디어 능력은 단순히 뭔가를 만들어 내는 능력이 아니라 차별적인 발상과 고정관념을

깨는 기발함으로 새로운 것을 창조하는 능력이다. 창조형 아이는 문제가 생기면 기존의 정보를 역으로 생각하거나 일반적인 사고방식을 새로운 방식으로 접근해 해결하는 무궁무진한 아이디어 뱅크다.

그런 재능을 살려서 광고기획가, 카피라이터, 네이미스트, 작가, 이벤트전문가, 웹툰기획자, 모바일광고기획자 등으로 활동하면 누구보다 두각을 나타낼 수 있고, 문예창작학, 문화콘텐츠학, 광고기획학, 광고홍보학, 광고창작학, 이벤트학 등을 전공하면 도움이 된다. 전공과 상관없이 기발한 아이디어 자체만으로 새로운 것을 발명해 내는 발명가나 아이디어컨설턴트로도 활약할 수 있다.

"하나님의 영을 그에게 충만하게 하여 지혜와 총명과 지식과 여러 가지 재주로"(출 31:3).

풍부한 감성과 독특한 개성으로 무장한 예술성

개성과 남다른 감각으로 세상의 관심과 호응을 끌어내고, 새로운 색감과 신선한 발상, 독특한 표현으로 아름다움을 창조하는 능력이 '예술성'이다. 예술성에는 다양한 예술적 재능이 있는데, 순수미술과 디자인 분야, 음악과 실용음악 분야, 연극과 영화 분야 등으로 나누어 볼 수 있다.

먼저 미술 재능을 가진 창조형 아이는 남다른 색감과 미적(美的) 감각이 발달되어 있기 때문에 순수미술과 응용디자인 분야에서 독보적인 존재감을 드러낼 수 있다. 동양화과, 서양화과, 미술학과, 서예과, 회화학과 등 순수미술 영역과 패션디자인학과, 가구디자인학과, 산업디자인학과, 뷰티디자인학과, 헤어디자인학과, 미용과, 시각디자인학과, 의상학과, 의상디자인과, 메이크업아티스트과, 코디네이션과에서 예술성을 보다 체계적으로 발휘하는 데 필요한 공부를 하면 좋다.

직업군으로는 화가, 패션디자이너, 한복디자이너, 헤어디자이너, 메이크업아티스트, 네일아티스트, 캘리그래퍼, 캐릭터디자이너, 주얼리디자이너, 분장사, 폰트디자이너, 패션코디네이터, 제품디자이너, 가구디자이너, 구두디자이너, 컬러리스트 등이 있다.

뛰어난 음감과 음악에 대한 이해력이 높은 창조형 아이는 한 번 들은 음이나 노래를 그대로 따라 부르거나 연주할 수 있는 절대 음감을 가진 경우가 많다. 악기를 연주한다거나 떠오른 악상으로 작곡을 할 때 탁월한 집중력과 지구력을 발휘한다. 주로 성악과, 작곡과, 기악과, 관현악과, 교회음악과, 피아노학과, 음악과, 국악과, 실용음악과, 대중음악과, 지휘과 등에서 공부하고 난 뒤 성악가, 작곡가, 지휘자, 악기연주가, 국악인, 가수, CCM음악가, 고급악기조율사 등으로 활약할 수 있다.

남다른 감수성으로 미묘한 표정의 변화까지 잘 표현해 내는 창조형 아이는 사람들에게 삶의 재미와 기쁨을 주도록 하나님이 재능을 주셨다. 그런 재능을 잘 발휘할 수 있는 직업 분야는 배우, 개그맨, 성우, 뮤지컬배우, 연극배우 등이고, 연극영화학, 연극학, 연예연기학, 영화학, 코미디연기학, 뮤지컬학, 공연예술학 등을 전공하면 도움이 된다.

STEP 03

창조형 내 아이의 신앙 교육은 이렇게!

능력 주시는 하나님

창조형 아이에게 하나님은 능력의 하나님이시다. 능력이 많으신 하나님이 자신에게 특별하고 개성 있는 잠재력과 풍부한 아이디어를 주셨다고 믿는다. 왜냐하면 창조형은 다른 유형보다 갖고 있는 재능이 눈으로 쉽게 확인될 만큼 두드러지기 때문이다. 그렇기에 자신에게 재능을 주신 분이 하나님이시라는 사실을 받아들인다면 하나님의 존재를 믿는 데 큰 어려움이 없다. 창조형 아이는 하나님이 자신에게 주신 재능을 통해 자신을 크게 쓰시고 영광을 받으시리라는 것을 다른 유형보다 더 강하게 믿고 있다.

    창조형 아이가 하나님께 다가가는 방법은 자신의 특기를 통해서다. 자신의 재능을 모르는 창조형 아이에게는 하나님이 주신 재능을 찾아 주고 알려 주면 된다. 재능을 사용하는 과정에서 순간순간 하나님의 존재하심과 능력 주심을 스스로 경험하게 된다. 예를 들어, 찬양팀이나 성가대, 워십 댄스, 주일학교 행사 기획 등으로 섬길 때 주변 사람들이 잘한다고 칭찬을 해주면 창조형 아이는 '아, 하나님이 나에게 재능을 주시고 나를 이렇게 귀하게 쓰시는구나'라고 느끼고 자신감과 자존감을 갖게 된다. 그런 하나님께 감사함을 느끼면서 하나님과의 관계가 더 좋아지고, 하나님을 더 신뢰하게 된다. 즉 재능과 직업을 통해서 하나님을 경험하고 하나님의 영광을 드러낸다.

    창조형 아이는 정해진 시간에 규칙적으로 기도하기보다는 자신의 능력을 발휘해야 할 때 간절함을 느끼며 절실히 기도한다. 콩쿠르나 발표회, 오디션, 시험 등에서 자신의 재능을 발휘하고자 하는 동기가 가장 강한 유형이기 때문에 중요한 일을 앞두고 있을 때 기도 동기가 유발된다.

에덴 신앙

    창세기에 등장하는 에덴동산은 하나님이 아름답게 창조하신 피조물들이 하나님이 보시기에 좋게 모인 완벽한 곳이다. 창조형 아이는 에덴동산을 꿈꾸는 아이다. 동물과 나무를 창조하신 하나님의 창조의 기쁨을 같이 누리는 아이다. 새로운 아이디어로 디자인을 하고, 노래를 작곡하면서 늘 새로우신 창조적 하나님을 그 속에서 만나고 경험한다.

에덴동산과 그 안에 있는 모든 것은 이제까지 없었던 최초의 것들이다. 기존에 없던 것을 만들어 낼 수 있는 재능을 가진 창조형 아이에게 에덴동산은 자신의 재능의 기원이자 원천이다. 기발한 아이디어나 독창적인 작품을 만들면서 예수님을 그려 보고, 성경 속 인물을 연기하고, 노래와 춤으로 하나님을 찬양하면서 마음속 에덴동산을 만난다. 그러면서 그곳을 창조하신 하나님에 대한 신뢰도 깊어 간다. 창조형 아이에게 교회와 세상은 하나님이 최초로 창조하신 낙원인 에덴이다. 에덴동산을 만드신 하나님처럼 자신도 하나님이 주신 재능으로 교회와 세상에서 에덴동산을 만들고 싶어 한다. 하나님께 물려받은 재능으로 늘 새로운 것을 창작하며, 창조의 기쁨을 통해 하나님을 알아 가고 느낀다.

때로 창조형 아이는 교회에서 튀는 행동을 하는 경우가 많다. 예를 들어, 예배 후 공과 공부 시간에 분위기를 깨며 "하나님은 누가 낳았어요?" 등 엉뚱한 질문으로 선생님을 애먹이기도 한다. 또 머리를 노란색으로 탈색하기도 하고, 무지개 색으로 브릿지를 넣기도 한다. 교회 어르신들이 걱정한다고 해서 부모가 아이를 윽박지르고 눌러서 무난하게 만들려는 시도를 해서는 안 된다. 하나님이 아이를 개성 있는 존재로 만드셨기 때문이다. 매년 반이 바뀔 때 지도 교역자나 교사들에게 아이의 성향을 미리 알려 주는 것이 도움이 된다.

창조형 아이는 부모에게 많은 인내를 요구한다. 아이의 독특한 개성을 인정하고 존중해 주어야 하기 때문이다. 언젠가 부모는 오래 참음으로써 자녀가 하는 창조적인 일들을 통해 신앙의 열매를 거두는 모습을 보게 될 것이다. 창조형 아이는 다른 아이들은 이해할 수도, 생각할 수도 없는 생각과 말, 행동을 통해 오래전 에덴을 기억해 내는 아이다.

재능으로 일희일비하지 말라

창조형 아이는 자신의 존재 가치를 재능으로 평가한다. 그렇다 보니 자신이 다른 사람보다 뛰어난 재능을 보일 때는 하나님이 살아 계시고 내 곁에서 나를 도와주시는 분으로 느껴지지만, 다른 사람보다 뒤떨어진다고 느끼거나 자신에 대해 실망할 때는 믿음이 급변해 하나님이 나를 버리셨고, 진짜 계시기는 한 것인지 의심하며 실망하고 원망스러워한다. 창조형은 성향상 감정의 기복이 있는 편인데, 신앙생활을 할 때도 그러한 면이 드러난다. "못하시는 것이 없는 능력의 하나님이, 내게 이렇게 특별한 재능을 주신 하나님이 왜 나를 가장 뛰어나게 해주시지 않았지? 왜 내가 실패하게 하시지?" 하면서 신앙이 흔들릴 수 있다.

어떤 창조형 아이는 탁월한 재능으로 인해 자기교만에 빠질 수 있다. 하나님이 주신 재능이라는 것을 알면서도 자신이 잘나서라고 생각하고, 자신보다 못한 사람들을 얕잡아 보기도 한다. 내가 최고가 되어야 하고, 내가 주인공이 되어야 하는데 만일 그렇지 못할 경우 하나님과의 관계가 깨지는 원인이 되기도 한다. 자신의 재능이 인정받고 자존감이 높을 때는 신앙생활을 잘하지만 그렇지 못할 때는 신앙 슬럼프에 빠진다. 또한 자기중심적인 측면이 강하므로 부모의 신앙 조언을 잘 들으려 하지 않는다. 그래서 아이에게 부모가 원하는 신앙의 모습을 일방적으로 강요하면 다툼이 일어난다. 아이의 상황에 맞는 성경 내용을 찾아 이야기해 주면서 참고 기다려 주는 것이 바람직하다.

예를 들어, 교만으로 문제가 발생했다면 성경 인물 중 재능이 특출했음에도 교만해 낭패를 본 사람의 이야기를 들려준다. 누구보다 힘이 셌던 삼손, 하나님의 은혜로 병이 나았을 때 교만해져서 적군에게 나라의 비밀병기까지 다 보여 주었던 히스기야왕 등이 있다. 반대로 아이가 다른 사람보다 자신의 재능이 못하다고 느껴서 신앙의 슬럼프에 빠졌다면 구약성경에서 하나님이 주신 재능으로 성막을 짓고, 성벽을 쌓고, 제사장의 옷을 만들고, 보석을 세공하는 등 하나님 나라를 위해 쓰임 받은 조연들의 이야기를 들려준다. 만약 아이가 성경에 대해서 거부감을 갖고 있는 경우라면, 성경 인물에 대한 이야기는 간단하게만 언급하고 실제로 아이가 잘 아는 연예인이나 유명인 또는 지인들 중에서 관련 사례를 들어 말하는 것도 좋다.

무조건 재미를 추구하라

기발하고 엉뚱한 창조형 아이는 예배도, 성경 공부도 다양하고 재미있는 방식으로 접근하지 않으면 지루해한다. 새롭고 재미있지 않으면 집중하지 못한다. 다른 아이들처럼 얌전히 앉아서 예배드리고, 기도하고, 성경을 읽는 것이 아니라 율동이나 춤, 연극, 개그로 표현해야 하나님을 더 깊이 알고 하나님의 사랑을 제대로 느낄 수 있다.

창조형은 교회의 딱딱한 윤리적 규범과 부딪히는 면이 다른 유형보다 많다. 또한 하루에도 수십 번 마음이 왔다 갔다 하는 등 감정 기복이 심한 창조형은 하기 싫은 일을 참고 꾸준히 하는 것이 어렵다. 따라서 예배 시간에 충동적으로 이유 없이 빠지게 된다. 주일 성수는 당연히 지켜야 하는 것이지만, 창조형 아이에게는 성향상 절대 빠져서는 안 된다는 말 자체가 예배에 대한 반발을 유발할 수 있다.

하지만 창조형 아이가 예배드리기를 늘 싫어하는 것은 아니다. 창조형 아이가 한 번 제대로 예배를 드리면 예배에 대한 집중력이 굉장히 뛰어나다. 이렇듯 창조형은 예배에 임하는 태도나 자세에도 기복이 있어, 전통적인 예배보다는 부흥회나 수련회 등에서 드리는 예배처럼 특별한 기분이 드는 예배에 더 집중하게 되고 진정으로 예배드리게 된다.

창조형 아이는 하나님을 만나는 것이 무엇보다 중요하다. 그렇기에 억지로 교회에 가야 한다는 마음이 아닌 자발적으로 교회에 갈 수 있도록 하는 방법은 아이가 하나님을 인격적으로 만날 수 있도록 돕는 것이다. 창조형 아이가 기분에 따라 신앙생활을 한다고 너무 걱정하지 말고 아이의 성향을 이해하면서 기도해 주는 것이 바람직하다.

창조형 아이의 경우 교회는 따분한 곳이고, 성경은 지루한 책이며, 기도는 귀찮은 것이라고 인식하지 않는 것이 중요하다. 그러려면 아이가 가진 재능을 교회 내에서 마음껏 표출해 인정받게 하는 것이 필요하다. 다양한 교회 행사 때 재능을 뽐내게 하는 것이 하나의 방법이 될 수 있다.

창조형 아이는 글자로 된 성경보다는 오디오 성경, 만화 성경, 성경 애니메이션, 성경을 주제로 한 영화를 통해서 성경 지식을 얻게 하는 것이 좋다. 성경 애니메이션이나 성경을 주제로 한 영화를 보고 나서 해당되는 성경 구절을 찾아서 읽어 보는 것도 도움이 된다.

무조건 재미만을 추구하면 진정한 예배와 성경의 깊은 뜻을 어떻게 알겠냐고 걱정하는 부모도 있겠지만, 창조형 아이는 재미 속에서 하나님을 찾는다. 사사기에서 맨손으로 사자를 찢고, 나귀의 턱뼈로 1,000명을 때려잡았다는 삼손처럼 독특한 이야기가 아이의 흥미를 일으킬 수 있다. 또한 아이가 성경을 읽다가 교리에서 벗어난 질문이나 이야기를 해도 그렇게 생각할 수도 있겠다며 일단은 받아주어야 한다. "어떻게 그런 생각을 다 했어?"라고 말하며 용납해야 한다. 아이는 그렇게 받아 주는 부모를 통해서 자신의 엉뚱한 생각을 받아 주시는 정말 좋으신 하나님을 간접적으로 느끼며, 하나님을 더 좋아하게 된다.

STEP 04
창조형 내 아이의 학습법은 이렇게!

전략적 관계로 아이의 공부 비위를 맞춰라

창조형 아이는 전반적으로 공부를 좋아하지 않는다. 공부를 하더라도 자신이 재미있어하는 과목만 주로 하고, 그날그날 감정에 따라서 하고 싶은 공부와 하기 싫은 공부가 달라진다. 기본적으로 끈기 있게 공부하는 편이 아니다.

워낙 개성이 강하고 자기주장 또한 강해서 부모가 아이를 다루기가 쉽지 않고, 도통 종잡을 수 없어 힘이 들 수 있다. 따라서 부모가 공부에 대해 좌지우지할 생각을 애초부터 하지 말아야 하고, 부모 입장에서 마음에 들지 않더라도 일단 화를 참고 아이의 행동 방식을 존중해 주어야 한다. 창조형 아이의 학습에서 조금이라도 효과를 보기 위해서는 부모와 아이의 관계가 좋아야 한다. 자기 세계가 뚜렷하고 고집이 센 편이라 부모와의 관계 정립이 제대로 안 된 상태에서 작은 잔소리라도 듣는다면 공부를 더 안 하고 엇나갈 수 있다. 그렇기에 부모가 아이의 공부 비위를 잘 맞춰 주는 것이 포인트다.

창조형 아이는 누워서 공부를 하거나, TV를 틀어 놓고 책을 읽고, 다리를 까딱거리고 장난을 치면서 공부한다. 부모 입장에서는 공부를 하는 것인지, 마는 것인지 이해가 안 간다. 하지만 아이의 입장에서는 가장 편안한 상태로 공부하고 있는 것이다.

물론 지나치게 공부를 등한시하거나 도저히 부모 입장에서 용납할 수 없는 상황이 되면 부모가 분명하게 아이를 훈육할 필요가 있다. 이때 부모는 부드럽고 차분한 말투로 차근차근 대화해야 한다. 신경질을 내거나 부모의 생각만 쏟아내면 아이 스스로 잘못을 인지했다 하더라도 반항할 수 있다. 따라서 잘못한 것 '딱 한 가지' 사실에 대해서만 명확하게 지적하고 아이가 그 부분에 대해서 인정할 수 있게 만드는 것이 중요하다. 그리고 잘못을 지적하면서 무턱대고 공부와 연계해서 야단치면 안 된다. 이때 아이는 결국 부모가 공부하지 않는 자신을 야단치는 것이라고 오해해 공부에서 더 손을 뗄 수 있으니 조심해야 한다.

부모는 창조형 아이와 전략적 관계를 잘 맺어야 한다. 아이 공부 좀 시키자고 전략적 관계까지 맺어야 하나 싶겠지만 어쩔 수 없다. 전략적 관계에서 중요한 것은 부모가 아이로부터 원하는 것만 얻어 내는 것이다. 이를테면 아이가 조금이라도 성적이 올랐다면, 아이가 보는 앞에서 친구에게 전화를 걸어 아이가 성적이 올라서 정말 행복하다고 자랑하는 등 동네방네 아이를 칭찬하면서 떠들 필요가 있다. 창조형 아이는 스타 의식이 있다 보니 자신이 무엇인가를 대단히 잘했다고 여기고는 으쓱해져서, '엄마를 위해서 공부 좀 더 해줄까?' 하고 생각하게 된다. 그러면 부모는 전략적으로 성공한 것이다.

만약 부모 입장에서 기대에 못 미치는 성적을 받았다 할지라도 아이가 조금이라도 노력을 했다면, 성적에 대해서는 무시하고 아이의 노력에 대해서 다소 과장이다 싶을 정도로 높은 평가를 해주어야 한다. "내가 네 나이 때는 절대 그렇게 못했다", "성적이 유지된 것만도 감사해"라는 식으로 아이가 노력한 과정을 인정해 주는 것이 효과적이다.

감성적이고 열정적인 창조형 아이는 부모가 자신의 수고를 알아준다고 느끼면 부모의 마음에 조금이라도 감동을 주기 위해서 더 의욕을 보인다. 따라서 전략적 관계를 잘 유지하면 아이의 공부 동기나 학습 유지력을 높일 수 있다.

아이의 특기를 살릴 수 있는 큰 그림부터 그려라

대개 창조형 아이는 다른 유형에 비해 자신만의 재능과 특기가 분명하게 드러나기 때문에 아이의 특기와 공부를 함께 하는 '실기 병행 학습'이 가장 효과적이다. 예를 들어, 그림 그리기나 캐릭터 그리기를 좋아하는 아이는 국·영·수 주요 과목 공부와 미술 공부를 병행하면 학습 동기를 유지할 수 있고 공부 스트레스도 풀 수 있다.

창조형 아이는 공부를 한다고 해도 과목에 대한 호불호가 심한 편이므로 모든 과목을 골고루 시킬 수 없다. 가장 먼저 아이의 관심 분야나 재능에 맞는 진로부터 정한 뒤 그에 맞게 학습 계획을 짜는 것이 현명하다. 아이가 원하는 진로를 위해서나 대학에 진학하는 데 필요한 최소한의 과목이나 점수, 등급을 어필하면 자기 관심 대상에는 깊이 몰입하는 성향상 공부를 조금이라도 하게 된다. 따라서 부모는 아이의 진로에 대한 큰 그림부터 그려야 한다. 특히 컨디션에 따라 집중력 정도나 기분이 자주 바뀌므로 바이오리듬을 세심하게 체크했다가 컨디션이 좋을 때는 부진하거나 싫어하는 과목을 적당한 분량이라도 하게 하는 것이 좋다.

창조형 아이는 감수성이 풍부하므로 공부 환경이나 인테리어도 신경 써야 한다. 하지만 잘 어지르는 편이므로 정리 정돈을 너무 요구하지 말고, 아이의 감성과 개성과 자유로운 사고가 늘 살아 숨 쉴 수 있도록 공부방을 꾸며 줄 필요가 있다.

> **창조형 내 아이의 학습법 POINT!**
> - 아이와 전략적 관계를 맺으며 공부하게 하면 효과적이다.
> - 재능과 특기부터 파악한 뒤 실기 병행 학습을 하라.
> - 진로에 필요한 과목만 공부하며 학습 동기를 살려라.

STEP 05

창조형 성경 인물
: 무에서 유를 창조하는 아이디어의 대가 '솔로몬'

솔로몬은 이스라엘의 세 번째 왕이다. 40년간 통일 이스라엘 왕국을 명실상부 대국으로 이끈 솔로몬은 태어날 때부터 지혜(아이디어)가 있는 아이였다. 그의 재능을 알아본 사람은 바로 아버지 다윗왕이었다. 다윗은 죽기 전 "너는 지혜 있는 사람이므로 그에게 행할 일을 알지니"(왕상 2:9)라고 유언했을 정도로 아들의 재능을 정확하게 알고 있었다.

솔로몬이 즉위한 뒤 겸손한 마음으로 하나님께 간구하자 하나님은 그의 재능(지혜)을 더욱 강화시켜 주셨다. 한 아기를 두고 서로 자신의 아기라고 우격다짐하는 두 여인 사이에 일어난 난제를 지금까지도 회자될 만큼 기발한 아이디어로 해결한 솔로몬은 '지혜의 왕'으로 불린다(왕상 3:16-28). 이스라엘 최초로 가장 영화로운 성전과 아름다운 왕궁을 디자인할 정도로 미적 감각이 뛰어나고 창의적인 왕이었다.

03

실용형

손해 보면 예민해지고
필요한 것만 따지는
내 아이는
최고의 가성비 인재

STEP 01

최소의 노력, 최대의 효과를 통해
자신의 목표를 이룬다

실용형 아이는 어떤 상황이든 효율성을 따지고, 손해를 보는 일에 민감하다. 항상 필요한 것과 불필요한 것을 구분해서 행동하며 '주고받기'(Give & Take)를 당연하게 여긴다.

문제가 발생하면 핵심부터 파악해 잘 해결하는 편이고, 복잡한 것을 싫어하기 때문에 의사 결정도 빠르다. 하지만 자신의 이익이 걸린 상황에서는 손해 보지 않기 위해 매우 신중해진다. 매사 단순하게 생각하기 때문에 자칫 다른 사람의 감정을 잘 이해하지 못해서 가끔은 주변 사람들에게 인정머리가 없다는 말을 듣기도 한다.

교우 관계도 자신이 필요할 때만 친하게 지내고, 동아리 활동도 원하는 만큼의 소득이 없으면 그만두어서 계산적이라는 말을 듣는다. 또 사사로운 인정에 끌려서 자신이 원하지 않는 일을 억지로 하는 경우가 별로 없고, 부모가 시킨다고 해서 무조건 따라 하지도 않는다. 용돈을 받으면서 자신이 애쓴 만큼 대가를 더 달라고 해 부모를 당황하게 할 때도 있다.

필요하다면 자기감정을 잘 조절하고, 큰 대회나 시험을 앞두고 긴장하거나 떠는 일도 별로 없으며, 시험에 대한 압박감이나 스트레스가 적어 의외로 자기 실력을 발휘하는 편이다.

실용형 내 아이의 성향 POINT!

- 최소한의 노력으로 최대의 효과를 노리는 가성비형
- 이익 앞에서는 신중해지는 실리형
- 긴장하지 않고 큰일도 잘 치러 내는 담담형

STEP 02

실용형 내 아이의 재능과 직업은?

실용형 아이는 자신에게 이익이 되는 부분을 정확하게 포착하고, 필요한 것을 선택하는 능력을 타고났다. 본능적으로 어떤 상황에서도 손해와 이익이 되는 상황을 잘 판단하기에 숫자와 셈에 강하고, 경제적인 이익을 중시한다. 이른바 하나님 나라를 확장하는 데 필요한 물질을 채우고, 관리하고, 사용하는 능력을 하나님으로부터 받았다.

"여호와는 나의 산업과 나의 잔의 소득이시니 나의 분깃을 지키시나이다"(시 16:5).

정확하고 빠른 숫자 감각으로 존재감을 드러내는 계산력

'계산력'은 실용형 아이의 가장 기본적인 재능이라고 할 수 있는데, 단순히 수학을 잘하는 것이 아니라 수의 개념을 잘 이해하고, 수의 성질이나 계산 법칙을 잘 다루며, 빠르게 통계를 내거나 암산으로 간단하게 해결하는 능력도 여기 해당한다. 숫자를 주로 다루는 회계학, 세무학, 통계학 등을 전공해 세무사, 회계사, 통계분석가, 보험계리사, 관세사, 빅데이터전문가 등으로 활동하는 것이 재능을 발휘하는 데 적합하다.

실용적 마인드로 자신의 이익을 극대화하는 이재 능력

'이재 능력'은 자기 분야나 일에서 손해 보는 상황을 만들지 않고, 자신이 가진 정보와 판단으로 새로운 수익을 창출해 내고 관리하는 능력이다. 어떤 대상이나 건물, 토지, 또는 사업 아이템에 대해서 다른 사람들은 미처 알지 못하는 경제적인 가치를 금방 찾아내며, 어떤 상황이든 돈과 관련된 경제적인 이익을 잘 만들고, 관리도 잘하는 능력이다. 이런 재능은 경영컨설턴트, 경제연구원, 금융상품개발원, 손해사정사, 신용분석가, 리스크관리사, 은행원, 자산관리사, 감정평가사, 경매사, 투자가, 애널리스트, 유통관리사, 재무설계사 등에서 활동하면 두각을 나타낼 수 있고, 경영학, 경제학, 경영정보학, 무역학, 유통물류학, 국제통상학, 국제무역학, 보험금융학, 금융학 등을 전공하면 실질적인 도움이 된다.

STEP 03

실용형 내 아이의 신앙 교육은 이렇게!

부자 하나님

실용형 아이에게 하나님은 가진 것이 많고 부족함이 없으신 분이다. 실용형은 다른 어떤 유형보다 돈에 민감하고, 돈을 좋아한다. 어릴 때부터 돈을 밝히는 것이 세속적으로 보이고 나중에 커서 뭐가 될까 염려도 되겠지만, 이 아이는 돈을 통해 하나님이 세상의 모든 부와 물질을 가지신 분임을 의심 없이 믿는다. 그래서 하나님의 자녀인 자신이 구하면 언제든지 물질을 주시는 분으로 하나님을 바라본다. 자신에게 아직 물질이 적은 이유는 제대로 구하지 못한 믿음의 부족 때문이라고 여기는 아이에게 하나님은 물질을 통해 사랑을 표현하는 부자 하나님이시다.

그렇기에 실용형 아이는 재물에서 신앙 정체성을 찾고, 돈을 통해 하나님을 알고 만나게 된다. 부모 입장에서는 아이가 굉장히 세상적이고 믿음도 없어 보이겠지만, 하나님은 실용형 아이가 이런 방식으로 하나님을 찾아오게끔 만드셨다. 하나님은 실용형 아이를 통해 재정적으로 어려운 곳에 도움을 주시고 하나님 나라를 확장해 나가신다. 실용형 아이가 돈을 많이 벌어 구제, 선교, 복음 전파에 쓰임 받기를 바라신다. 세상의 재물이 하나님의 사역에 공급되도록 실용형 아이를 재정 사역자로 만드신 것이다. 믿지 않는 사람들은 물질의 주인이 자신이라고 생각하지만, 하나님이 만드신 실용형 아이는 물질의 주인이 하나님이심을 고백하며 경험적으로 철저히 믿는다. 내가 뭔가 필요할 때 하나님을 찾으면 나에게 필요한 것을 모자람 없이 주시는 분임을 알고 있다.

자신에게 이익이 되는 것과 이익이 되지 않는 것에 대한 구분이 정확하게 이루어지는 실용형 아이는 하나님이 기도에 응답해 주시고, 나의 필요를 공급해 주시는 경험을 하게 되면 하나님을 믿는 것이 자신에게 이익이라고 여겨 하나님을 떠나지 않는다. '이렇게 필요한 하나님을 왜 안 믿나?'라고 생각한다. 하나님을 믿는 것이 안 믿는 것보다 훨씬 유리하다고 여기며, 교회도 열심히 다닌다. 교회에서 친구들이나 선생님들과 유익한 인맥을 쌓고 마음의 평안까지 얻을 수 있으니 더없이 기쁘다.

교회에 갈 때도 '예배드리는 시간이 나에게 도움이 된다'고 생각하면 어떤 상황이라도 예배드리러 간다. 예를 들어, 시험 기간에 공부할 시간을 뺏기니까 교회 가는 것이 도움이 안 된다고 생각하는 실용형 아이의 경우에는 교회에 가지 않고 공부를 할 것이고, 시험을 잘 보게 해달라고 하나님께 기도드리기 위해 예배에 빠지지 않는 것이 필요하다고 생각하는 실용형 아이의 경우라면 시험 때라도 주일성수를 할 것이다.

왜냐하면 실용형 아이는 매사를 자신에게 이익이 되는 것이 무엇인지 판단하는 성향이 있기 때문이다. 아이가 꾸준히 신앙생활을 잘할 수 있도록 돕기 위해서는 그래도 하나님의 울타리에서 벗어나지 않는 것이 자신에게 도움이 된다는 것을 깨닫게 해주어야 한다. 하나님은 막연하게 계시는 분이 아니라 아이의 삶 속에 실제로 함께하시고 지금도 도와주고 계신다는 점을 가르쳐 주는 것이 바른 신앙 교육이 될 수 있다.

하나님을 믿는 믿음이 이익이 되는가를 따져 가며 믿는 아이를 보며 '믿음이 얄팍하다. 교회를 이익 챙기려고 다니냐?'라고 생각될 수도 있겠지만, 그렇게 아이를 비난해서는 안 된다. 이런 욕구는 아이가 꾸준히 하나님의 존재에 관심을 가지고, 하나님께 나아가면서 하나님과의 관계를 유지하게 만든다. 또한 이것이 아이의 인생에 큰 이익이 된다는 것을 알려 주는 것은 아이의 지속적인 예배 생활에 큰 도움이 된다.

만나 신앙

실용형 아이의 신앙 성향은 '만나 신앙'이다. 이스라엘 민족이 믿음이 두텁지 않은 상태에서 처음 광야 생활을 시작했을 때 하나님은 그들에게 만나를 먹여 주시면서 하나님의 살아 계심과 그들을 향한 사랑을 보여 주셨다. 그들은 매일 하나님이 주시는 만나를 먹으면서 하나님에 대한 믿음을 조금씩 키워 갔다. 만나는 이스라엘 민족에게 하나님의 사랑이었다. 실용형 아이는 마치 이스라엘 민족과 같다. 하나님이 주시는 물질과 이익을 누리면서 하나님이 살아 계시며 자신을 사랑하신다는 사실을 느낀다. 필요와 이익을 통해서 하나님을 알게 되고, 믿음도 조금씩 자란다.

실용형은 다른 사람에게 내 것을 쉽게 내주지 않는 자신에 비해 하나님은 공짜로 무엇이든 주시기 때문에 대단한 분이시라고 믿는다. 자신은 도저히 할 수 없는 일을 하나님이 하신다고 생각하기 때문이다. 더구나 도저히 불가능할 것 같은 상황에서 필요한 것을 하나님께 간구했더니 하나님이 생각지도 못한 방법으로 공급해 주시는 응답을 경험하고 나면 하나님에 대한 믿음이 더욱 확고해진다. '하나님을 떠나 살면 자신에게 손해'라는 생각이 더 강해지며 하나님 곁을 떠나지 않는다.

여기서 아이가 느끼는 필요, 이익, 물질, 돈을 나쁘게만 생각하면 안 된다. 하나님은 실용형 아이에게 필요한 부분을 자극해 기도하게 하시며, 기도 응답을 통해 아이와 교제하시고, 아이의 신앙을 자라게 하시기 때문이다. 다만, 아이에게 하나님을 믿는 것에 대한 이익이 꼭 물질이나 돈, 필요가 충족되는 것만이 아니며, 마음의 평안, 하루하루 아무 탈 없이 잘 지내는 것 등도 이익이라는 사실을 인식시켜 주어야 한다. 그리고 하나님께 구체적으로 무엇이 필요한지, 그것을 얻기 위해서 자신이 무엇을 하면 좋겠는지 알려 달라는 기도를 드릴 수 있도록 가르쳐 주어야 한다. 더불어서 그 일이 하나님이 바라시는 것이자 하나님 나라를 위하는 일이 될 수 있도록 기도해야 한다고 알려 준다.

하나님은 이스라엘 백성에게 가르쳐 주셨던 것처럼, 실용형 아이에게도 만나를 먹이시는 이유가 '사람이 떡(물질, 필요, 이익, 돈)으로만 사는 것이 아니라 하나님의 말씀으로 산다'는 사실을 알려 주시기 위해서라는 점을 차차 깨닫게 해주신다. 하나님은 실용형 아이가 하나님의 말씀을 믿으며 살게 하고자 아이의 필요를 채워 주시는 것이다. 이를 통해 하나님의 말씀이 곧 만나임을 알려 주시고, 만나 신앙을 통해서 생명의 떡이신 예수님을 만나게 하신다.

"너를 낮추시며 너를 주리게 하시며 또 너도 알지 못하며 네 조상들도 알지 못하던 만나를 네게 먹이신 것은 사람이 떡으로만 사는 것이 아니요 여호와의 입에서 나오는 모든 말씀으로 사는 줄을 네가 알게 하려 하심이니라"(신 8:3).

일용할 양식에 만족하라

하나님은 이스라엘 백성에게 한 사람당 한 오멜의 만나만을 취하라고 말씀하셨다. 1오멜은 10분의 1에바인데, 가루, 보리, 볶은 곡식 등의 양을 재는 단위로 약 22L에 해당한다. 원래 에바는 '바구니'라는 뜻으로, 한 바구니에 넣을 수 있는 정도의 양을 말한다. 따라서 '한 사람당 한 오멜'이란 한 사람에게 충분한 양이라는 의미를 내포하고 있다. 어떤 사람은 주님의 말씀에 순종하지 않고 한 오멜 이상을 가져갔다. 남은 만나는 다음 날이 되자 냄새가 나고 벌레가 생겼다. 무엇이든 하나님이 내게 정해 주신 몫보다 더 가지려고 욕심을 부리면 결국 내 몫도 챙길 수 없게 되고 탈이 난다. 실용형 아이에게는 재물에 대한 하나님의 생각을 제대로 알려 줄 필요가 있다.

"이는 나를 사랑하는 자가 재물을 얻어서 그 곳간에 채우게 하려 함이니라"(잠 8:21).

하나님은 하나님을 사랑하는 자에게 재물을 주셔서 곳간을 채우게 하신다. 그러므로 아이에게 하나님을 사랑하는 것이 우선임을 가르쳐 주어야 한다. 또한 자신이 부자가 되는 것에만 관심을 갖지 말고, 부자가 된 후 하나님을 위해 물질을 어떻게 사용할 것인지를 생각해 볼 수 있도록 돕는 것이 좋다.

실용형 아이가 신앙적으로 부족할 수 있는 부분은 물질에 욕심을 부릴 가능성이 높다는 것과 물질이 없어지면 신앙도 약해진다는 점이다. 부모가 사업에 실패하거나, 학비를 마련하기 어려워지거나, 돈을 버는 길에 대한 응답을 못 받으면 신앙에 위기가 올 수 있다. 더욱이 하나님을 믿었는데도 가난해지고, 부모가 경제적인 손해를 본다거나, 시험 성적이 계속 떨어질 때 믿음이 흔들린다.

실용형 아이에게는 심리적 고민이나 위기보다는 경제적 어려움에서 오는 물질의 시험이 신앙생활에 치명타가 될 수 있다. 단순히 돈이 부족해서 신앙의 위기가 오는 것이 아니다. 부자이신 하나님이 언제든지 자신에게 물질로 응답해 주실 수 있는데도 응답하시지 않는다고 생각해 하나님께 실망하기 때문이다. 시험에 들었을 때는 성향상 하나님을 단번에 떠나 버릴 수 있기 때문에 이런 상황을 빨리 포착해 하나님께 돌이키게 해야 한다. 그 방법은 구체적이고 실질적인 기도 제목을 정하고 기도하는 것이다. 즉 필요한 것을 공급해 달라고 기도하되, 구체적으로 자신이 어떻게 하면 좋을지를 알려 달라고 기도하게 한다. 마치 야곱이 얍복강에서 하나님과 씨름해 축복을 받아 냈듯이 간절히 기도하게 한다. 하나님은 실용형 아이의 이런 기도에 예기치 못한 도움의 손길을 만나게 하시는 등 다양한 방법으로 길을 열어 주신다.

하나님은 아이가 필요로 하는 모든 것을 알고 계신다는 것과 그것이 아이에게 정말 도움이 되는 것이라면 반드시 주실 것이라고 가르쳐 주어야 한다. 모든 것을 갖고 계신 부자 하나님이시기에 없어서 못 주시는 것도 아니고, 주기 싫어서 안 주시는 것도 아니며, 다만 아이가 자기만의 이익을 위해 구할 때는 주실 수가 없다는 점을 일깨워 주어야 한다. 이 깨달음을 실천하게 하는 것이 마태복음에서 예수님이 말씀하신 '일용할 양식을 구하는 것'(마 6:11)이다. '한 오멜의 만나'처럼 자신에게 주어진 몫에 만족하고 감사하는 법을 가르쳐 주는 것만이 실용형 아이가 물질로 인한 시험으로 믿음이 약해지는 상황을 막을 수 있다.

성경 속 부자를 찾아라

실용형 아이는 상품이 걸려 있는 성경퀴즈 대회에서 우승할 가능성이 유력한 후보자다. 성경퀴즈 대회에 출전시켜 성경 말씀에 자연스럽게 익숙하게 해주는 것이 좋다. 실용형 아이는 성경 읽는 것을 좋아하지 않기 때문에 일종의 보상이 필요하다. 상품은 아이에게 성경을 읽게 하는 동기가 된다. 나중에 하나님을 믿고 교회생활을 열심히 하거나 기도생활을 꾸준히 하게 되면 보상을 해주지 않아도 스스로 성경을 읽기도 한다. 부모들은 물질적인 보상을 주는 것을 꺼려하거나 신앙적이지 못하다고 여기는데, 실용형 아이의 경우는 다른 유형과 달리 물질이 하나님과 가까워지는 하나의 수단이다. 물질 자체를 추구하기보다는 물질을 통해서 하나님을 만나려는 것이기 때문이다.

성경 인물 중에서 무일푼에서 시작해 아내들과 자녀들, 많은 재산까지 얻어 성공한 야곱의 이야기나 노예의 신분에서 총리의 자리까지 오른 요셉의 이야기를 들려주는 것은 실용형 아이에게 성경에 대한 궁금증과 호기심을 자극하는 데 좋다. 워낙 돈과 부자에 관심이 많은 성향이라 큰 부자가 되거나 재산을 늘리는 데 성공한 사람들의 이야기가 성경에도 있다는 것 자체가 아이로 하여금 성경을 읽게 하는 또 다른 동기가 될 수 있다.

잠언에는 재물을 어떻게 관리하며, 어떻게 처세하는 것이 좋은지에 대한 실질적 지침이 들어 있다. 이 사실을 아이에게 알려 주는 것도 효과적이다. 왜냐하면 자신에게 실질적인 이익이 될 수 있는 부분이 성경에 있다는 것을 알면 관심을 갖고 그 부분을 읽어 볼 것이기 때문이다.

STEP 04

실용형 내 아이의 학습법은 이렇게!

아이와 합의 아래 '학습 계약서'를 써라

실용형 아이는 매우 실리적이기 때문에 공부나 학습도 꼭 필요한 경우에, 필요한 만큼만 실용적으로 한다. 더러 공부가 자신에게 필요하지 않다고 여기면 하지 않고, 학교 공부 자체가 자신에게 도움이 되지 않거나 시간 낭비라고 생각하면 자퇴 후 검정고시를 쳐서 대학에 가는 경우가 이 유형의 아이들이다. 하지만 공부가 자기 목표나 관심 대상에 꼭 필요하다고 판단되면 누가 시키지 않아도 알아서 필요한 만큼 공부한다.

따라서 실용형 아이에게는 누구보다 공부해야 할 이유나 동기를 갖게 해주는 것이 중요하다. 이를테면 이번 시험에서 성적이 오르면 용돈을 올려 주겠다는 식이 가장 무난하다. 물론 부모 입장에서는 이런 방법이 비교육적이라고 생각할 수 있겠지만, 실용형 아이의 성향상 가장 합리적이면서도 학습력을 높일 수 있는 가장 단순하고 확실한 방법 중에 하나다. 이때는 막연하게 성적이 오르면 용돈을 올려 주겠다는 약속을 하는 데서 끝나는 것이 아니라, 아이와 함께 일종의 '학습 계약서'를 쓰는 것이 더 효과적이다. 잘하는 과목에서 성적이 3-5점 오르면 용돈의 몇 %를 올리고, 좀 부족한 과목에서 15점 오르면 아이가 평소 갖고 싶어 했던 물건을 사 주는 식이다. 학습 계약서의 내용이나 보상 방법은 구체적일수록 좋다.

실용형 아이에게 막연하게 '너의 노력에 대한 보답'이라는 식으로 용돈을 올려 주면 원래 깊게 생각하지 않는 스타일인 아이의 입장에서는 너무 막연해서 실천력이 떨어질 수 있다. 그러므로 반드시 정확한 목표치와 확실한 보답에 관해서 서로 합의 아래 계약서를 작성해야 한다. 그래야만 아이는 자신이 공부하고 성적이 올랐을 때 자신에게 실질적인 이익이 생긴다는 사실을 알게 되며, 자발적으로 공부 계획을 세우고, 자신에게 필요한 것을 얻기 위해 더 적극적으로 변한다. 물론 적절한 수위 조절은 부모의 몫이다. 처음부터 한계치를 서로 명확하게 만들어 둠으로써 아이가 지나친 요구를 하지 않도록 주의한다.

실용형 아이는 손해 보는 것을 싫어하고 다소 욕심이 있는 유형이므로 어느 정도 성적이 나오는 편이다. 하지만 부모가 너무 기대하면 오히려 부담을 느껴서 공부를 안 할 수도 있으니 서로 합의하고 계약한 상황 외에는 더 이상 요구하지 않는 것이 좋다. 더도 말고, 덜도 말고 딱 필요한 만큼만 하는 아이이기 때문이다.

당장 점수에 도움이 되는 '거꾸로 학습'이 효과적이다

실용형 아이는 기초 개념이나 원리부터 공부하기 시작하면 공부 자체를 추상적이고 막연하게 생각해 시작도 하기 전에 공부와 담을 쌓을 수 있다. 부모가 보기에 아이의 기초가 좀 부족하더라도, 일단 기출 문제나 시험 문제 유형부터 먼저 확인하게 한다. 이것은 공부할 단원에서 우선순위를 정해서 학습하고, 공부 계획을 세우는 데 도움이 된다. 다시 말해, 자신이 무엇을 아는지 모르는지를 먼저 파악하게 하는 것이다. 개념 공부의 경우는 아이가 필요에 따라서 바로 정리하고 공부할 수 있도록 교과서와 참고서를 항상 비치해 두면 좋다.

대개 실용형 아이는 수리 과목에서 연산은 강하지만 도형 등은 약한 편이라 전반적으로 수학 점수가 높게 나오지 않는 경향이 있다. 따라서 연산 50%, 도형 50%로 수학 학습을 적절하게 배분할 필요가 있다.

국어 과목은 문학이 약하고, 비문학이나 숫자, 도표, 그래프 문제는 덜 약하므로 비문학에 집중하면서 문학은 주제나 장르를 묶어서 조금씩 학습하는 것이 좋다. 핵심을 잘 파악하는 능력이 있기 때문에 소설의 경우 긴 분량을 다 읽게 할 것이 아니라, 미리 요약 정리된 글을 읽게 해 내용을 짐작하고 주제를 찾아내는 연습을 꾸준히 하면 문학에 대한 거리감을 어느 정도 줄일 수 있다.

그 외 영어나 암기 과목은 무리하게 시키면 역효과가 날 수 있으므로, 학습 계약서를 활용해 조금씩 실력을 올리는 것이 좋다. 특히 실용형 아이는 자신에게 도움이 되지 않으면 학원 수업이든 일대일 수업이든 아예 하지 않으려는 경향이 있다. 그러므로 공부를 도와주는 선생님이 아이를 이끌어 줄 수 있고, 학력이나 성격보다는 수업 능력이 좋아서 아이의 수업 욕구를 실질적으로 채워 줄 수 있는 분이라면 더욱 좋다.

> **실용형 내 아이의 학습법 POINT!**
> - '학습 계약서'를 작성해 공부할 이유를 만들라.
> - 기본 개념이나 원리보다 기출 문제 위주의 '거꾸로 공부'를 하게 하라.
> - 핵심을 잘 파악하는 특징을 공부에 적용하라.

STEP 05

실용형 성경 인물
: '이익이냐, 이익이 아니냐? 그것이 문제로다!' 고민하는 '야곱'

야곱은 이삭과 리브가의 쌍둥이 아들 중 둘째다. 그는 어머니 배 속에서부터 쌍둥이 형 에서의 발목을 잡고 나올 정도로 지거나 손해 보기를 싫어하는 실용형이었다. 에서는 사냥을 좋아했던 반면, 야곱은 항상 어머니 옆에서 집안일을 도왔다.

주로 밖으로 돌던 에서와 달리 집 안에 있던 야곱은 어른들이 하는 이야기도 어렵지 않게 들을 수 있었다. 그러면서 장자의 축복에 대해 듣고 장자권이 자신에게 큰 이익이 될 것을 알게 되었다. 이후 야곱은 아버지 이삭을 속여 장자권을 빼앗았다. 그 정도로 야곱은 '이익'에 민감했다. 무슨 일을 하든 '이 일이 내게 필요한가, 필요하지 않은가? 이익이 되는가, 이익이 되지 않는가?'를 계산하며 움직였다. 심지어 하나님의 축복도 하나님이 복을 안 주고는 못 배기실 정도로, 밤새 씨름을 해서라도 많이 받아 내야만 직성이 풀릴 정도였다. 이렇듯 가성비 판단과 재테크에 탁월하며, 물질의 축복을 타고난 야곱은 실용형 인물이다.

04 운동형

욱하다가도
금방 잊어버리고
일단 놀기부터 하는
내 아이는
유쾌한 행동 대장

STEP 01

대담한 행동력과 특유의 낙천성으로 분위기를 주도한다

운동형 아이는 움직이는 것을 좋아하고 순발력이 뛰어나다. 몸으로 익힌 것을 잘 기억하고 몸이 먼저 반응하며, 몸으로 하는 것에는 탁월하다. 다소 욱하는 성질이 있고 솔직해서 불의를 보면 지나치지 못하는 점도 있지만, 위험한 상황이 닥치더라도 잔머리를 굴리지 않고 대범하게 행동하는 의로운 면이 있다.

깊이 생각하는 것을 좋아하지 않아 치밀하게 계산하고 정확하게 계획을 세워 일하는 편이 아니다. 복잡한 것을 싫어하고 단순명쾌한 것이 좋아서 한 번 내린 결론에 대해서는 더 이상 고민하지 않는다. 항상 패기가 있고, 유쾌하며, 에너지가 넘친다.

가끔은 남들이 보기에 무모하거나 황당한 일을 즐기기도 하고 무슨 일이 잘못되면 대충 넘어가려는 경향이 있다. 하지만 운동형 아이는 계산하지 않는 순수함과 특유의 낙천성으로 인해 모두에게 즐거움과 활력을 선사하는 긍정 에너지원이다.

운동형 내 아이의 성향 POINT!

- 온몸으로 반응하고 온몸으로 행동하는 활동형
- 불의를 보면 지나치지 못하는 의리형
- 특유의 낙천성으로 긍정 에너지를 전파하는 무한긍정형

STEP 02

운동형 내 아이의 재능과 직업은?

운동형 아이는 신체를 움직이는 감각과 활동 능력이 탁월하고, 자신의 에너지를 몸 밖으로 분출해야 삶의 의미를 찾고 행복해진다. 다른 사람보다 뛰어난 근력, 지구력을 갖고 있어 몸으로 활동할 때 자신의 능력을 최대치로 발휘할 수 있는 유형이다. 하나님이 아이의 팔과 다리, 온몸에 재능을 주셨으므로 주로 몸으로 표현하는 직업인 무용가, 댄서, 모델에 최적화된 유형이라고 볼 수 있다. 운동형의 대표적인 재능은 '운동 감각'과 '활동력'이다.

"값으로 산 것이 되었으니 그런즉 너희 몸으로 하나님께 영광을 돌리라"(고전 6:20).

레전드를 넘어 세상을 놀라게 할 운동 감각

'운동 감각'은 신체 균형 감각, 순발력, 근력, 운동 지구력, 심폐 지구력, 속도 지각력 등 신체 동작에 따라 감각을 잘 인지하는 능력이다. 운동형 아이는 일찍부터 자신이 잘하는 분야인 육상, 수영, 무용, 구기 등 운동 종목 중에서 전공을 선택하고 그 종목에 집중하면 자기 분야에서 최고가 될 수 있다. 주로 체육학과, 골프학과, 태권도학과, 태권도선교학과, 생활체육학과, 사회체육학과 등 자신의 전공 분야가 개설된 학과에서 공부하고, 해당 종목에 진출해 국가대표나 실업 팀 선수로 활동할 수 있고, 이후 코치나 감독, 심판, 지도사, 태권도선교사 등으로 스포츠 경력을 활용하면 능력을 발휘할 수 있다.

순발력과 지치지 않는 근성으로 상황을 제압하는 활동력

'활동력'이란 운동선수가 될 만큼 운동 감각이 뛰어난 것은 아니지만, 신체활동력이 좋아서 몸을 움직이는 분야에서 일하면 두각을 나타낼 수 있는 신체 능력을 의미한다. 활동력이 좋은 운동형 아이의 경우 조종사, 다이버, 무술인, 스턴트맨, 소방관, 경호원, 경찰, 헬스트레이너, 레저스포츠전문가, 스포츠에이전트, 운동처방사, 레크리에이션강사 등의 직업을 가지면 좋다. 이 분야로 진출하려면 레저스포츠학과, 레크리에이션학과, 응급구조학과, 무술학과, 경찰학과, 스턴트과, 경호학과, 항공조종학과, 운동처방학과 등에서 공부하면 전문가로서의 소양을 기를 수 있다.

STEP 03

운동형 내 아이의 신앙 교육은 이렇게!

승리하시는 하나님

스코틀랜드 출신의 올림픽 육상 금메달리스트이자 중국 선교사로 헌신한 에릭 리델(Eric Henry Liddel)의 이야기를 한 번쯤 들어 보았을 것이다. 그는 자신의 국가를 포함해 전 세계가 주목한 1924년 파리 올림픽에서 주일성수를 위해 주일에 열린 100m 경기를 포기해 국민들의 지탄을 받았다. 하지만 다른 날 열린 400m 경기에 출전해 세계 신기록인 47.6초를 획득하며 금메달을 목에 걸었고, 육상 영웅으로 기록되었다. 에릭 리델의 일생을 영화로 만든 〈불의 전차〉는 1981년 아카데미상을 수상했다.

"하나님은 나를 빠르게 달릴 수 있도록 만드셨어요. 나는 달릴 때 하나님의 기쁨을 느껴요."

에릭 리델 선수의 이 고백은 운동형 아이가 갖는 전형적인 생각이다. 운동형 아이는 가만히 있을 때보다 자신의 신체 기관을 움직일 때 하나님을 더 체감한다. 자신의 신체 능력을 월등하게 만들어 주신 하나님께 감사하며, 그 재능을 쓸 때 하나님께 영광이 된다는 것을 잘 알고 있다. 자신의 신체 능력을 다른 사람에게 하나님의 위대하심을 알리는 도구로 사용하는 것이다.

운동형 아이는 에릭 리델처럼 하나님이 자신에게 주신 재능으로 경기에서 이길 때 그 승리를 가져다주신 분이 하나님이시라는 것을 온몸으로 느낀다. 승리를 위해 고통도 잘 참아 내는데, 신체의 고통이 클수록 강렬한 의지로 이겨 내 몸으로 승리하며, 그 승리를 통해 하나님을 만난다. 운동선수가 될 정도의 운동 감각은 다소 적은 아이라 할지라도 몸을 움직이는 순간에 하나님이 만들어 주신 자신을 온전히 느끼고 경험한다. 운동형 아이는 다른 유형보다 많이 생각하고 따져서 하나님을 믿는 것이 아니라 본능적으로 하나님을 느끼며, 믿고, 따른다. 그래서 믿음이 순전하고 순수할 수밖에 없다. 따라서 하나님의 사랑을 많이 받으며 신앙인으로서 승리하는 삶을 살 수 있다.

이 아이에게 하나님은 어느 한 곳에 가만히 계시는 분이 아니다. 신체 활동을 통해서 움직이는 곳곳에 하나님의 손길이 역사한다. 하나님은 아이의 심장을 뛰게 하고, 발로 달리게 하고, 팔 근육을 강하게 하는 활동적인 에너지를 주시는 분이다.

"푯대를 향하여 그리스도 예수 안에서 하나님이 위에서 부르신 부름의 상을 위하여 달려가노라"(빌 3:14).

월계관 신앙

에릭 리델은 올림픽이 끝난 뒤 중국에 선교사로 지원해 헌신했다. 제2차 세계대전 때 스파이 누명을 쓰고 일본 포로수용소에 끌려갔다가 결국 순교했다. 그의 순교를 계기로 중국에서는 선교사들을 중심으로 복음 전파의 불길이 일어났고, 중국인들을 향한 복음의 물결이 무섭게 스며들기 시작했다.

운동형 아이는 이렇듯 믿음이 한 번 자리를 잡으면 성향상 곁눈질하지 않고 단순하게 믿는다. 흔들림 없는 믿음으로 담대한 가운데 어떤 두려움에도 굽히지 않으며, 순교까지도 감당할 수 있는 믿음을 소유하게 된다. 한 번 확신을 얻으면 하나님의 사역을 끝까지 감당해 하나님의 영광을 드러내는 자리까지 무한질주한다. 그렇다 보니 신앙의 과정이나 삶의 여정에서 고난과 어려움을 겪게 되는데, 운동형 아이는 하나님을 믿는 믿음으로 그런 어려움들을 긍정적으로 생각하면서 버티고 이겨 낸다.

하나님이 하라고 하시고, 하나님이 기뻐하시는 일은 무엇이든 하지만, 하나님이 싫어하시는 일은 결코 하려고 하지 않는다. 또 하나님을 위해서 나서야 할 때 주저 없이 행동으로 나서는 행동파인 운동형 아이는 '하나님의 영광'이라는 단순한 목표를 위해 살아간다. 아이에게 하나님은 지금 살아서 움직이시고, 나에게 충만한 에너지를 부어 주셔서 달음질하게 하시는 분이다.

마라톤 선수는 운동장 트랙에서 오직 승리라는 목표를 향해 뛴다. 마찬가지로 '하나님을 위해 사는 삶'이라는 목표를 향해 교회 트랙과 학교

트랙을 뜀박질하는 운동형 아이에게 하나님이 주시는 신앙의 선물은 '승리'라는 '월계관'이다. 운동형 아이에게는 경기에서의 승리도 하나님이 주시는 것이고, 믿음에서의 승리도, 일상생활에서의 승리도 하나님이 주시는 것이다. 따라서 금메달리스트가 승리의 징표로 월계관을 받듯, 신앙에서도 승리의 월계관을 받고자 끝까지 달려간다. 승리자에게 주어지는 상징인 월계관은 하나님의 승리를 위해 사는 운동형 아이에게 신앙의 상징이다.

"그가 아름다운 관을 네 머리에 두겠고 영화로운 면류관을 네게 주리라 하셨느니라"(잠 4:9).

이단을 분별하라

운동형 아이는 원래 학습 자체를 좋아하지 않고, 다른 사람이 이야기하는 내용을 건성으로 듣는 경향이 있다. 그래서 목사님이나 전도사님이 전하는 설교나 기독교 교리를 잘 이해하지 못할 수 있다. 하나님은 좋아하지만, 왜 하나님을 좋아하는지 구체적 이유를 다른 사람에게 설명하기는 어려워한다. 아이에게 하나님은 그냥 좋으니까 좋은 것이다.

신앙의 기초가 되는 중요한 교리에 대한 지식이 약해서 이단에 빠질 위험이나 잘못된 교리에 노출될 확률이 높다. 따라서 신앙의 기본 교리인 '삼위일체'와 예수 그리스도의 대속과 구원, 부활과 영생에 대해 이해하기 쉽게 알려 주어야 한다. 이와 다른 말을 하는 사람들이 이단임을 확실히 인식시켜 주는 것이 중요하다. 간단명료하게, 예수님보다 사람을 높이면 반드시 이단이라고 가르쳐 준다.

운동형 아이는 진지한 대화를 나누기보다는 몸을 쓰며 운동하고 활동하는 것을 좋아하기 때문에 신앙에 대해 깊은 이야기를 주고받는 경우가 상대적으로 적다. 따라서 나눔을 통한 신앙 성숙을 기대하기보다는 함께 하는 스포츠 활동을 통해 자연스럽게 신앙을 나누는 것이 필요하다.

활동적인 신앙생활을 추구하라

학교에서의 공부는 주로 정해진 시간 동안 가만히 앉아서 받아들이는 콘텐츠 위주다. 따라서 움직임이 많고, 활동적이며, 단순한 운동형 아이는 힘들어한다. 그런데 가정이나 교회에서조차 성경 공부를 같은 방식으로 접근한다면 아이는 신앙마저도 지루하고 재미없는 것으로 느끼기 쉽다.

하나님은 운동형 아이에게 학습하는 능력보다는 팔다리에 재능을 심어 주셨기 때문에, 성경 공부를 하기 위해 앉아 있는 것 자체가 아이에게는 스트레스다. 하나님이 아이에게 가만히 앉아서 공부하고 연구하는 재능을 주시지 않았음을 인정해야 한다. 따라서 읽어도 무슨 말인지 모르겠고 읽기도 힘든 성경을 '공부'라는 말까지 붙여서 지도하려고 할 때 운동형 아이는 그 상황에서 도망치고 싶어 할 뿐이다. 성경에 대한 흥미만 떨어뜨린다. 운동형 아이의 경우 한 달 동안 외울 성경 구절 1개만 제시하는 것이 효율적이다.

운동형 아이에게 성경 공부는 예배 때 듣는 말씀과 설교와 예배 후에 또래끼리 잠깐 가지는 공과 공부 시간에 다루어지는 정도로 충분하다. 예배를 마치고 나면 친구들과 스포츠 활동이나 놀이를 함으로써 공부한 것에 대한 보상이 이루어지게 해야 한다. 그래야 교회에 나와 성경 공부 하는 것을 싫어하지 않게 된다.

스포츠 활동이나 스포츠 동아리 등 교회에서 이루어지는 프로그램에 참여하거나, 교회 스포츠 행사나 경기에 빠지지 않게 하는 것이 운동형 아이의 신앙생활에 도움이 된다. '하나님은 정말 좋은 분이시다'라는 인식만 심어 주면 운동형 아이의 신앙생활은 성공한 것이다. 부모가 알려 주고 싶은 성경 내용을 밥 먹을 때나 아이와 이야기할 때 잠깐잠깐 들려주면 좋다. 이때 아이가 집중해서 듣지 못할지라도 실망하지 말아야 한다.

기도도 성경 공부와 마찬가지로 정해진 시간에, 정해진 장소에 앉아서 하기보다는 좀 더 활동적으로 할 것을 권한다. 운동하기 전에 잠깐 마음속으로 기도하거나 경기에서 이기거나 시험을 잘 보는 등 작고 큰 승리의 순간에 하나님께 올려 드리는 '세리머니식 기도'를 추천한다. 이런 활동적인 신앙생활은 운동형 아이의 믿음이 자라고 성숙하게 하는데 더 효과적이다.

운동형 내 아이의 학습법은 이렇게!

아이의 특기부터 파악하고 공부의 개념을 바꿔라

운동형 아이는 운동 감각이 좋아서 늘 몸을 움직이고 활동을 해야 자기 존재감을 느끼는 유형이다. 책상 앞에 가만히 앉아서 공부에 집중하는 것 자체가 힘들다. 어렵게 책상 앞에 앉았더라도 눈으로만 책을 볼 뿐 팔다리는 연신 떨거나 움직이고 물을 마시러 왔다 갔다 하는 등 산만하기가 그지없다. 부모 입장에서는 아이에게 주의력결핍과잉행동장애가 있는 것은 아닌가 걱정이 될 수도 있다. 하지만 그러한 행동은 운동형 아이의 타고난 성향이지 문제가 있는 것이 아니다. 오히려 부모는 아이의 특성과 재능을 먼저 파악하고 신체적인 능력을 인정한 뒤 그 방향대로 지도해 주어야 한다. 대개 운동형 아이의 부모들은 아이의 성향을 무시한 채 공부만 할 것을 강요하면서 운동은 취미로 하라고 한다. 그렇다 보니 욱하기 잘하는 운동형 아이는 부모로부터 등을 돌리게 된다. 부모와의 관계가 틀어지고 중학교에 입학해 사춘기까지 겹치면 그야말로 부모와 아이는 전쟁을 치르게 될 수도 있다.

운동형 아이는 모태에서부터 하나님이 팔과 다리에 재능을 주셨다. 부모는 이 사실을 빨리 인정하고, 남들과 똑같이 공부하고 좋은 성적을 낼 것이라는 기대는 접는 것이 낫다. 운동 감각이 좋은 아이에게 '공부'란 필기 시험이 아니라 운동 능력과 실기 시험이라는 사실을 깨달아야 한다. 따라서 아이가 잘하는 운동 분야를 빨리 파악하고 진로와 목표를 세우는 것이 중요하다. 이 유형의 진로는 대개 스포츠 관련 학과나 운동학과가 많으므로 무리한 학습보다는 철저한 실기 훈련에 비중을 더 두는 것이 현명한 방법이다.

하루에 2시간 이상 공부시키지 말라

운동형 아이는 아이의 재능에 맞게 태권도, 수영, 탁구, 배구, 농구, 축구 등의 운동을 배우도록 하는 것이 먼저다. 그런 후에 해당 종목이 학과로 개설된 대학에 가려면 적어도 국·영·수 중 두 과목은 공부해야 하고, 어느 정도 등급을 받아야 한다는 사실을 아이가 받아들일 수 있게 충분히 설명해야 한다. 아이가 결심을 하면 그나마 덜 싫어하는 두 과목 위주로 실기와 병행하면서 공부할 수 있도록 도와주되, 실기와 두 과목을 8 대 2 비율로 계획표를 짜면 된다. 아이가 익숙해지면 차차 과목에 대한 시간 비율을 늘려 가야 하는데, 실기가 더 많은 비중을 갖도록 6 대 4까지만 늘린다. 운동형 아이의 경우 공부보다는 실기 쪽에 더 비중을 두어야 공부도 하기 때문이다.

공부는 실기나 신체 활동부터 한 뒤 하도록 한다. 어떤 부모의 경우 공부부터 하고 실기 활동을 하는 것이 낫다고 생각할 수 있다. 하지만 운동형 아이는 먼저 몸을 풀어야 머리도 풀리므로, 실기 활동을 먼저 하고 공부하는 순서를 지키는 것이 중요하다. 아무래도 땀을 흘리면서 실기에 집중했기 때문에 아이가 힘들 수 있으므로, 한 번 공부하는 시간이 1시간을 넘지 않게 한다. 운동형 아이는 집중력이 짧으므로 잠시 쉬고 다시 공부하되, 하루 공부 시간을 최대 2시간 정도로 잡는 것이 좋다. 너무 길게 잡아 봐야 머릿속에 들어가기보다 자리보전만 할 가능성이 크다. 하루 2시간이라고 해도, 학습이 매일매일 이루어지기 때문에 일주일, 한 달, 일 년이면 공부한 양이 제법 쌓인다. 따라서 부모 입장에서 욕심을 부리거나 조급하게 아이를 닦달해선 안 된다.

학습 동기를 좀 더 높이기 위해서는 아이가 잘하고 좋아하는 운동 종목의 롤 모델이 성공한 이야기를 기록한 책이나 다큐멘터리를 보여 주는 것이 좋고, 자기 분야에 대한 배경지식을 넣어 주면 효과적이다. 운동형 아이는 기숙형 시스템도 맞지만, 조금이라도 성적을 올릴 필요가 있을 때는 일대일 수업이 비교적 효과적이다. 공부를 도와줄 선생님을 선택할 때는 참을성이 많고 성품이 온유한 분이 좋다.

운동형 내 아이의 학습법 POINT!

- 운동형 아이에게 '공부'란 운동 능력과 실기 시험이다.
- 성공한 롤 모델과 배경지식으로 학습 동기를 살려라.
- 하루 공부 시간 2시간을 넘기면 공부 효과는 '제로'다.

STEP 05

운동형 성경 인물
: 말보다 행동으로 교회의 손과 발이 되어 준 '베드로'

베드로는 갈릴리 바다의 어부 집안 출신으로, 본명은 시몬이다. 예수님의 수제자로도 알려진 활동적인 운동형 베드로는 운동형 성향답게 가만히 앉아 있거나 차분하게 말로써 복음을 전하는 사도가 아니었다.

베드로는 예수님이 갈릴리 바다 위로 걸어오시는 모습을 보고는 자신도 물 위를 걷게 해달라는 청을 드렸고, 예수님이 들어주시자마자 바로 물 위에 발을 내디뎠다. 뿐만 아니라 물고기를 낚던 중에 부활하신 주님을 보자마자 다른 제자들은 가만히 있는데 혼자 물속으로 풍덩 뛰어들어 헤엄을 쳐서 예수님께 제일 먼저 갔던 인물이기도 하다. 성령의 권능으로 환자를 고칠 때도 긴 말 하지 않고 운동형답게 단순하게 "일어나 걸어라!"라고 말하며 이적을 행했다. 베드로는 주후 60년경 로마 네로 황제의 기독교 박해로 순교할 때 감히 예수님처럼 십자가에 똑바로 못 박혀 죽을 수 없다며 십자가에 거꾸로 못 박아 달라고 요청했다. 그만큼 베드로는 죽음의 순간에도 담대했던 운동형이다.

05

규범형

되든 안 되든
시작하면 끝까지 가는
내 아이는
인내의 달인

STEP 01

옳고 그름을 따지고 규칙을 지키며 공동체의 가치를 실현한다

규범형 아이는 또래 아이들보다 규칙을 잘 지키고, 항상 일정한 패턴대로 생활하며, "아이답지 않게 고지식하다"는 말을 자주 듣는 편이다. 참을성과 끈기가 좋아서 한 가지 일에도 오랫동안 최선을 다한다. 어떤 문제가 생기면 가장 안정적인 해결책을 찾기 때문에 다소 융통성이 부족한 면은 있지만, 항상 기본에 충실하고 신중하게 생각한다. 충동적이거나 일시적인 기분에 좌우되지 않아 누구에게나 신뢰를 받는 유형이다.

대개 규범형 아이는 반듯하고 예의가 바른 모범생 스타일이다. 평소에도 자신이 계획했던 대로 행하며, 반복적인 일도 지루해하지 않고 꾸준히 잘한다. 또래 집단에서 리더보다는 묵묵히 뒤에서 힘을 실어 주는 존재감을 보여 주며, 현재에 충실하고 미래를 대비하는 성실함의 대명사다.

변화를 싫어하고, 새로운 일에 도전하기를 주저하는 편이기도 하며, 다른 사람의 생각을 잘 수용하지 못하는 면이 있다. 하지만 자신이 좀 손해를 보더라도 공동체의 가치나 신념, 목표를 위해서 의무를 다하는 우리 사회의 신실한 청지기 같은 존재다.

> **규범형 내 아이의 성향 POINT!**
> - 단순한 일에도 인내를 가지고 최선을 다하는 성실형
> - 공동체의 가치와 목표를 중시하는 신념형
> - 변화보다 안정을 추구하고 기본에 충실한 원칙형

STEP 02

규범형 내 아이의 재능과 직업은?

규범형 아이는 한 번 결정한 것은 중간에 잘 바꾸지 않고 끝까지 밀고 나가는 '인내력'이 남다르다. 그래서 반복되는 일도 지루해하지 않고 해낸다. 약속과 원칙을 지키고 자신이 한 말이나 행동에 책임을 지려는 면이 있기 때문에 그런 특성을 살릴 수 있는 분야에서 일하면 두각을 드러낼 수 있다.

"자유롭게 하는 온전한 율법을 들여다보고 있는 자는 듣고 잊어버리는 자가 아니요 실천하는 자니 이 사람은 그 행하는 일에 복을 받으리라"(약 1:25).

어떤 상황에서도 자기 몫을 다하고 끝까지 완성해 내는 지구력

'지구력'은 반복되는 일이나 상황에도 싫증 내지 않고 꾸준히 정해진 방향대로 밀고 나가고 잘 참고 견디는 재능으로, 규범형의 대표적인 재능이다. 따라서 지구력이 좋은 규범형 아이는 응용력이 요구되거나 변

화가 많은 일보다는 한결같고 일관된 일에서 능력을 발휘할 수 있다. 이러한 재능이 필요한 직업으로는 공무원, 행정가, 사무원, 사서 등이 있고, 도움이 되는 학과는 행정학과, 문헌정보학과, 공공인재학과, 도시행정학과 등이다.

공동의 선(善)과 가치를 지키고 세상을 정화시키는 규범 능력

'규범 능력'을 타고난 규범형 아이는 학교나 가정, 사회에서 기본적으로 지켜야 하는 규칙이나 원칙을 고수하고 옳고 그름을 따져서 보편적인 기준과 상식에 따라 행동한다. 쉽게 말하면, 공중도덕이나 법질서를 잘 지킨다. 따라서 명확한 기준과 공통된 법규를 수행하는 일에 최적화된 능력을 발휘할 수 있는 규범형 아이는 군인, 법조인, 교도관, 변리사, 법무사, 저작권관리인, 주택임대관리사, 생명윤리전문가 등에서 발군의 실력을 뽐낼 수 있다. 이 분야로 진출하기 위해서는 법학, 교정학, 군사학, 부사관학, 윤리학 등을 공부하면 용이하다. 그 밖에 4차 산업혁명 시대에 AI(인공지능)윤리전문가도 각광받는 직업이다. AI가 기계의 윤리가 아닌 인간의 윤리를 습득할 수 있도록 기획하고 기준을 세우는 데 있어서 규범 능력은 최적화된 재능이다.

STEP 03
규범형 내 아이의 신앙 교육은 이렇게!

질서의 하나님

규범형은 자신이 규칙을 만들기보다는 이미 만들어진 규칙과 원칙대로 사는 것을 좋아한다. 그렇다 보니 사회가 정한 법규와 질서를 지키는 것을 당연하게 여긴다. 질서를 중요시하는 규범형 아이는 하나님도 질서의 하나님이시라고 생각한다.

성경을 보면, 하나님은 세상을 창조하실 때 땅과 하늘, 동물과 식물, 남성과 여성 등 만물을 순리와 질서에 따라 만드셨다. 규범형 아이는 그러므로 사람 사이에도 지위가 높은 사람과 낮은 사람이 존재하며, 지위가 낮은 사람은 지위가 높은 사람의 말이나 행동을 따라야 한다고 믿는다. 하나님이 세상에서 가장 높으신 분이므로 그분을 따르는 것이 마땅하며, 하나님이 정하신 십계명과 성경이 말하는 율법을 지키는 것이 당연한 도리라고 본다.

규범형 아이는 원칙적이며, 반듯하고, 옳으신 하나님이 우리가 어떻게 살아야 하는지를 성경 말씀과 목사님의 설교를 통해 알려 주고 계시니, 자기 자신은 물론이고 부모님도, 다른 친구들도 당연히 그 가르침대로 살아야 한다고 믿는다. 즉 하나님이 이미 바른 기준을 만드셨기 때문에 우리는 그 기준을 따라서 살기만 하면 된다고 생각한다. 정해진 원칙과 기준대로 사는 것을 편안해하는 규범형 아이는 삶의 원칙을 제시하시는 질서의 하나님을 존경하고 깊이 신뢰한다. 또한 그런 하나님의 말씀을 따르고 지키며 사는 자신에 대한 자부심이 크다.

한편 이러한 성향 때문에 규범형 아이는 부모를 포함한 크리스천들이 하나님의 말씀에 어긋나는 말이나 행동을 하는 모습을 보면 이해할 수가 없다. 그런 이유로 규범형 아이는 교회와 가정에서의 모습이 이중적인 부모를 보면 매우 실망한다. 특히 아이는 교회에 빠지지 않고 나가는데, 부모가 예배를 드리지 않으면 마음속으로 부모를 존경하지 않게 된다. 그래서 규범형 아이의 부모는 신앙생활에 있어서도 아이에게 모범이 될 수 있도록 교회와 가정에서 스스로 자신을 살펴야 한다.

"이 정해진 질서가 내 앞에서 사라지지 않는 한, 이스라엘 자손도 내 앞에서 언제까지나 한 민족으로 남아 있을 것이다. 나 주의 말이다"(렘 31:36, 표준새번역).

법궤 신앙

법궤(法櫃, the ark)는 하나님의 임재를 상징하는 상자로서 '언약궤', '증거궤'라고도 부른다. 아카시아나무(조각목)를 재료로 했으며, 길이는 1m가 조금 넘는 114cm(2규빗 반), 높이와 너비는 모두 약 68cm(1규빗 반)로 순금을 덧씌워 만들어졌다. 법궤에는 하나님의 법인 십계명이 새겨진 두 돌판과 하나님이 광야에서 이스라엘 백성에게 주신 일용할 양식인 만나가 들어 있었다. 또한 모세의 형 아론의 제사장으로서의 권위가 하나님으로부터 온 것임을 확인시켜 주는 징표인 아론의 싹 난 지팡이도 함께 들어 있었다.

법궤는 예루살렘 성전이 지어지기 전까지 하나님이 이스라엘 백성과 함께하고 계심을 나타내는 상징이었다. 광야를 지날 때, 요단강을 건널 때, 여리고 전쟁 때 레위 자손은 법궤를 어깨에 메고 백성 앞에 나아가며 하나님의 주권과 영광을 보였다. 다윗은 법궤를 맞이하면서 정말 기뻐서 사람들이 보거나 말거나 몸을 드러낸 채 덩실덩실 춤을 추었다.

규범형 아이는 하나님의 법과 언약을 중시한다. 이스라엘 백성이 어디를 가든지 법궤를 앞세웠듯 규범형 아이도 삶의 우선순위에 하나님을 두고 생활한다. 규범형 아이는 하나님의 말씀을 매사에 기준으로 삼는데, 하나님의 법에 "거짓말하지 말라"라고 하면 거짓말하지 않으려고 하며, 거짓말하는 크리스천은 진짜 크리스천이라고 생각하지 않는다. 하나님과의 약속을 지키면서 하나님을 신뢰하고 자신을 신뢰하면서 신앙이 자란다.

자신이 스스로 원칙이나 기준을 정하는 것이 아니라 하나님이 이미 정해 놓으신 원칙과 하나님의 생각을 그대로 따른다. 따라서 규범형 아이가 자신의 행동과 다른 사람들의 행동을 판단하는 기준은 성경이나 예배를 통해 들은 하나님의 말씀이다. 하나님의 말씀이 곧 법이다. 자신이 따를지 말지를 선택하는 차원이 아니라 무조건적으로 지켜야 하는 의무이자 책임으로 여기는 것이다. 하나님의 법을 잘 지키면 축복을 받고, 지키지 않으면 벌을 받는다고 철저하게 믿기 때문에 하나님으로부터 벌을 받지 않고자 법궤의 테두리에서 벗어나지 않는다.

규범형 아이는 자신이 살아가는 존재의 의미를 성경과 예배에서 찾으며, 이를 통해 하나님의 존귀하심과 임재하심을 체험한다. 교회를 가도, 학교에 가도 늘 마음속에 있는 하나님의 법궤를 따라다닌다. 마음의 법궤에서 공부하는 자세, 양심, 삶의 판단 기준을 꺼내어 수시로 사용한다.

다시 말해, 규범형 아이의 신앙은 법궤를 따라가는 '법궤 신앙'이다. 법궤를 따라간 이스라엘 백성이 젖과 꿀이 흐르는 가나안 땅으로 들어간 것과 같이, 자신도 하나님을 따라가기만 하면 공부도 잘하고, 원하는 대학에도 갈 수 있으며, 취업도 잘할 것이라 믿는다. 이것은 기복신앙이 아니라 책임감과 준법정신이 투철한 규범형 아이가 하나님을 늘 앞장세우는 성향에서 기인한 것이다.

"속죄소를 궤 위에 얹고 내가 네게 줄 증거판을 궤 속에 넣으라 거기서 내가 너와 만나고 속죄소 위 곧 증거궤 위에 있는 두 그룹 사이에서 내가 이스라엘 자손을 위하여 네게 명령할 모든 일을 네게 이르리라"(출 25:21-22).

율법에서 벗어나서 용서하라

규범형 아이는 교회생활이나 예배생활에 있어서 규칙적이며, 성실하고, 원칙을 중요하게 여기는 성향이라 반대 급부적으로 자신의 실수나 다른 사람의 잘못된 점을 보고 상당한 정죄감에 빠지기 쉽다. 심지어 죄책감이 심한 경우에는 하나님을 떠날 수도 있다. 하나님이 싫거나 하나님께 실망해서가 아니라, 하나님의 법을 지키지 못한 자신을 하나님이 용서하시지 않을 것이라 생각하기 때문이다.

하나님은 아무리 구제불능의 죄인일지라도 오래도록 참고 기다리시며, 돌이키면 용서하시는 하나님의 은혜를 알지 못할 때 이처럼 인과응보적인 율법주의 신앙에 빠질 수 있다. 이 점이 규범형 아이의 신앙생활을 힘들게 하는 약점이다. 더구나 자신이 그런 생각을 했다는 것 자체가 자신이 부족하고 연약하다는 뜻이라고 여겨져 부모나 다른 사람에게 감추는 것이 문제다.

이런 이유로 부모는 아이의 신앙적인 어려움을 알아차리기가 매우 어렵다. 따라서 관심을 갖고 때때로 아이의 신앙 상태를 점검해야 한다. 워낙 반듯한 모범생 스타일이다 보니 아이에게 무슨 문제가 있을 것이라는 예상을 하기 힘들다. 특별히 주의 깊게 살피지 않으면 신앙으로 인한 갈등 때문에 괴로워하는 아이를 방치하게 될 수 있다. 규범형 아이에게는 어떠한 잘못도 용서하시는 하나님, 기다려 주시고 품어 주시는 하나님을 가르쳐 주어야 한다. 하나님은 심판하시는 분이기 전에 자비와 긍휼과 사랑이 많은 분이시라는 사실을 깨닫도록 도와주어야 한다. 이를 위해서 부모는 자녀의 실수나 답답한 점을 일일이 지적하지 말고 포용하고 용납해 주어야 한다. 규범형 아이에게 부모가 해줄 말은 "그럴 수도 있어!"다. 왜냐하면 늘 자신이나 다른 사람에게 원칙을 갖다 대며 재단하기 때문이다. 또 아이가 부모나 형제, 친구, 또는 교회 어른을 용서하고, 그들로부터 용서받는 경험을 하게 하는 것도 유익하다.

규범형 아이에게는 설령 십계명에서 벗어난 행동을 하더라도 언제든지 진심으로 회개 기도를 드리면 하나님이 용서해 주신다는 사실과 하나님이 그렇게 하시는 이유는 아이를 사랑하시기 때문이라는 사실을 꼭 가르쳐 주어야 한다. 그리고 십계명이란 반드시 지켜야 하는 것이고, 지키지 않으면 형벌에 처해진다는 의미가 아님을 반드시 짚어 주어야 한다. 십계명은 모든 계명을 다 지킬 수 없는 연약한 우리를 잘 아신 하나님이 그런 자신을 인정하게 하려고 주신 명령이고, 그로써 우리에게는 우리의 죄를 대신해 죽으신 예수님이 필요하다는 것을 알려 주시기 위한 하나님의 사랑의 표현이라는 사실을 알려 주라.

나를 만드신 하나님이 나의 존재 자체로 기뻐하시고, 나를 사랑하시며, 매우 즐거워서 노래까지 부르신다는 사실을 알게 되면, 또 내가 잘하든지 못하든지 하나님은 나를 사랑하신다는 것을 깨닫게 되면 규범형 아이는 자신뿐 아니라 다른 사람의 허물도 용서하고 품을 줄 아는 아이로 성장한다.

전통적인 신앙생활을 하라

규범형 아이는 학교에서의 공부도 정해진 패턴대로 일정하게 꾸준히 하는 편이라 성경 공부도 크게 거부감을 느끼지 않는다. 성경 공부는 정해진 시간에, 정해진 분량을 꾸준히 조금씩 하는 것이 효과적이다. 규범형 아이는 변함없이 일정한 패턴을 가지고 성경을 읽는 것에 편안함을 느낀다. 반면에 성경 공부 시간이 자주 바뀌거나 성경을 읽는 분량이 들쭉날쭉하면 일관성이 없어 오히려 스트레스를 받는다. 따라서 창세기부터 일정한 분량을 차근차근 읽을 수 있도록 진행하는 것이 좋다. 토론식이나 드라마식의 성경 공부보다는 강의식 설명 방식을 선호하므로, 독특하고 창의적인 방법보다는 전통적인 방법으로 공부하게 하는 것이 좋다.

또한 성경을 문자 그대로 받아들이려는 경향이 있어, 그 안에 담긴 하나님의 뜻을 당시 시대 상황과 지금과 비교해 삶에 적용할 수 있도록 도와주어야 한다. 예를 들어, 마가복음 9장 43절은 "만일 네 손이 너를 범죄하게 하거든 찍어 버리라"라고 말한다. 규범형 아이는 이 말씀을 고지식하게 글자 그대로 받아들여 하나님을 무섭기만 하신 분이라고 오해할 수 있다. 이 말씀은 죄로 인해 천국에 들어가지 못하고 지옥으로 떨어질까 걱정하시는 하나님의 사랑을 강하게 표현한 것이라고 가르쳐 주어야 한다. 왜냐하면 규범형 아이는 숨은 뜻을 보지 못하고 글자 자체의 뜻만을 보고 자신이나 다른 사람을 정죄하고 자책할 수 있기 때문이다.

규범형 아이는 몸이 아픈 경우를 제외하면 무슨 일이 있어도 주일 예배를 드리게 하는 것이 중요하다. 원칙성이 강한 아이이기에 시험 기간이라고 한두 번 예배에 빠지거나, 학원에 간다고 교회에 출석하지 않으면 예배를 드리지 못했다는 죄책감 때문에 괴로워 공부는 공부대로 못할 수 있기 때문이다. 따라서 수요 예배나 금요 예배를 불규칙하게 드리기보다는 주일 예배에 규칙적으로 참석하도록 하는 것이 신앙생활에 효과적이다.

한편 아이가 신앙생활을 잘한다고 추가적인 예배 참석을 권하면, 뭐든지 한 번 시작하면 끝까지 하는 규범형 아이의 성향상 예배 시간에 대한 부담과 학업에 대한 부담이 가중될 수 있으므로 주의할 필요가 있다. 색다르거나 추가적인 일을 시키지 말고 늘 하던 대로 할 수 있도록 배려하는 것이 제일 좋다.

규범형 아이는 기도도 일정 시간에 꾸준히, 규칙적으로 하는 것이 좋다. 그러면 기도 시간을 더 안정적으로 누리게 된다. 예를 들어, 다니엘이 예루살렘을 향해 창문을 열어 놓고 늘 일정 시간에 세 번씩 기도한 것처럼 말이다.

STEP 04

규범형 내 아이의 학습법은 이렇게!

공부 패턴의 변화는 금물! 복습 위주로 공부시켜라

규범형 아이는 책상 앞에 오랫동안 앉아서 꾸준히 공부하는 편이므로, 매일 정해진 시간에 정해진 내용을 반복 학습하는 것이 좋다. 하지만 하루 종일 책상 앞에 앉아 있다고 해서 공부를 잘하는 것은 아니기 때문에, 부모가 관심을 가지고 아이의 학습 내용을 챙겨 볼 필요가 있다. 일단 부모가 해야 할 일은 아이의 성적이나 등수에 관심을 갖기보다는 아이가 학습 일관성을 꾸준히 유지할 수 있도록 환경을 조성해 주는 것이다. 규범형 아이는 갑작스런 환경의 변화나 상황을 만나면 주눅이 들어서 잘하던 일도 망칠 수 있으므로 이 점을 유의해야 한다.

무엇보다 규범형 아이는 낯선 것에 적응하는 데 시간이 다소 걸리는 유형이므로, 시험을 앞두고 갑자기 새로운 문제집이나 참고서를 권하기보다는 지금까지 공부해 왔던 책이나 문제집을 여러 번 반복해서 공부하게 하는 것이 좋다. 늘 보던 내용에서 심리적 안정감을 갖고, 반복을 통해 자신이 알고 있는 부분을 더 명확하게 확인하는 공부법이 좋다.

무엇이든 신중하게 오래 생각하는 편이므로 공부를 할 때 옆에서 재촉하거나 계획표를 너무 무리하고 빡빡하게 짜면 아이가 과제를 다 수행하지 못한 채 넘어갈 수 있다. 이것은 다시 아이에게 공부 스트레스가 될 수 있으므로 계획표는 조금 여유 있게 짜는 것이 중요하다. 계획표만 잘 짜면 부모가 보든지 안 보든지 정해진 시간에 알아서 자기주도학습을 하는 편이므로 크게 염려할 것 없다. 하지만 부모가 정기적으로 과제를 살펴보고 부족한 부분이나 넘치는 부분을 체크하고 조정해 주면 학습 관리에 도움이 된다.

오답노트보다 대충 맞힌 문제 검토에 집중해 성적을 올려라

규범형 아이는 내신형 학습에 강하므로 그날그날 배운 내용을 반복하는 복습 위주의 학습법이 가장 효과적이다. 혼자서도 스스로 공부하는 성향이라 부족한 과목은 인터넷 강의로 보충하면 좋다.

다만 응용력이 약해서 시험 문제가 살짝 변형되거나 새로운 문제 유형이 나오면 잘 틀리는 편이다. 이때 틀린 문제에 너무 집중해서 다시 풀거나 오답노트를 작성하는 데만 치중하면 자신감을 잃을 수 있다. 차라리 답을 맞히긴 했지만 자신이 없었거나 대충 찍어서 맞힌 문제를 검토하고 복습함으로써 자신이 알고 있는 문제나 유형에서만큼은 절대 실패하지 않도록 실력을 다지는 것이 성적을 올릴 수 있는 방법이다. 수학은 아이가 선택한 한 가지 기본서와 문제집을 반복해서 완벽하게 습득할 수 있게 하고, 영어는 비교적 약한 회화 부분을 인터넷 강의로 보강하면 된다.

부모는 아이가 공부는 열심히 하지만 성적이 상위권 이상으로 쑥 뛰지 않는다고 고민할 수 있다. 규범형 아이는 꾸준히 공부하는 편이라 중위권 성적은 웬만하면 유지하지만, 그 이상의 성적이나 등수까지 가기 위해서는 새로운 학습 내용을 숙지할 때까지 시간을 가지고 기다려 주어야 한다. 부모가 믿고 기다려 주면 규범형 아이는 학기와 학년이 바뀌고, 중학교에서 고등학교로 갈수록 꾸준히 공부한 효과를 드러낸다. 한꺼번에 점수가 오르지 않아도, 현재 성적을 유지만 해도 실력이 점점 늘어나므로 너무 조급하게 생각하지 말고 아이에게 자신감을 심어 주는 것이 좋다.

그리고 학원 수업은 아이들이 많고 복잡한 종합학원보다는 한 아이에게 보다 더 집중해 줄 수 있는 소수정예학원이 낫다. 만일 일대일 수업을 고려한다면 아이의 성향과 비슷한 선생님이 좋다. 역동적이고 재미있는 선생님보다는 좀 고지식해도 성실한 선생님과 공부해야 안정감 있게 자기 실력을 높일 수 있다.

규범형 내 아이의 학습법 POINT!

- 문제집과 참고서를 자주 바꾸는 것보다 한 가지 책으로 '반복 복습'하라.
- 여유 있는 학습 계획표와 정기적인 체크로 학습 일관성을 유지하라.
- 대충 맞힌 문제를 완벽하게 다지고, 부족한 과목은 인터넷 강의로 보충하라.

규범형 성경 인물
: 홀로 횡단보도 정지선을 지키는 모범시민 '다니엘'

다니엘은 남 유다의 왕족 출신이다. 남 유다가 바벨론의 침략을 받아 멸망했을 때 다니엘은 다른 귀족들을 비롯한 수많은 사람과 함께 바벨론에 포로로 끌려갔다. 바벨론은 효율적인 통치를 위해 포로들 중 재능이 있고 총명한 청년들을 선별해 바벨론에서 3년간 바벨론식 인재 양성 교육을 실시했다.

규범 능력과 원칙을 중시하는 타고난 규범형인 다니엘은 비록 문화와 관습이 전혀 다른 바벨론 땅에 살게 되었지만 하나님의 백성으로서의 신앙만큼은 철저하게 지켰다. 늘 습관대로 하루 세 번 예루살렘 성전을 향해 기도드리며 오직 하나님의 규례를 지켜 낸 다니엘은 사자 굴에 던져질지언정 하나님의 율법을 어기지 않았다. 전형적인 규범형 다니엘은 한결같이 법규를 지켜 온 규범 능력과 뛰어난 관리 능력으로 이방 왕국에서도 인정받았다. 따라서 느부갓네살왕과 벨사살왕의 통치 시절에는 바벨론의 셋째 통치자가 되었다. 또한 바벨론이 패망한 후에는 메대 왕국의 총리가 될 정도였다. 다니엘은 규범형의 완벽한 전형이다.

06 추리형

넘겨짚기 잘하고
걱정을 달고 사는
내 아이는
논리적 상상주의자

STEP 01

한 가지 단서만으로
상황을 잘 예측하고 간파해 문제를 해결한다

추리형 아이는 작은 단서나 정보만 있어도 끝없이 예측하고 상상하며, 사람들의 말이나 행동을 통해서 상대의 심리나 상황을 잘 짐작한다. 어려서부터 추리 소설을 즐겨 읽고, 범죄 드라마나 영화에 등장하는 프로파일러처럼 사건의 퍼즐을 맞춰 보거나 누가 범인인지 줄기차게 추적하는 일을 좋아한다. 실제 경험하지 않은 사실이나 정보를 머릿속에 이미지로 상상하는 일을 잘하고, 자신의 상상을 글이나 말로 끝없이 잘 풀어낸다. 따라서 추리형 아이는 이야기를 재미있게 잘 지어낸다.

주변 상황에 호기심이 많고 항상 모든 가능성을 열어 놓고 논리적으로 파악하기 때문에 남들이 미처 예측하지 못하는 부분까지도 잘 추측한다. 반면에 넘겨짚기를 잘해서 사실과 다른 엉뚱한 결론을 내리기도 한다. 평소 생각이 많고 불필요한 걱정을 많이 해서 문제가 발생하면 단순하게 핵심을 파악하지 못한 채 혼자 상상의 나래를 펼치다가 쉽게 결정을 내리지 못하기도 한다.

그럼에도 느낌이나 정황만으로 이후 상황이 어떻게 흘러갈지 잘 직감하고, 다른 사람이 무심코 넘기는 말과 행동에서도 뭔가 의미를 발견하는 추리형 아이는 논리적 상상력의 대가다.

> **추리형 내 아이의 성향 POINT!**
> - 한 가지 단서만 있어도 끝없이 생각의 꼬리를 물고 파고드는 프로파일러형
> - 다른 사람의 말이나 행동을 보고 상황이나 심리 상태를 파악하는 직감형
> - 이미지를 머릿속에 그리고 스토리로 풀어내는 논리적 상상가형

STEP 02

추리형 내 아이의 재능과 직업은?

추리형 아이는 어떤 사실이나 상황을 근거로 앞으로 일어날 일을 미리 간파하고 대처하며, 먼 미래의 일도 예측하거나 예지할 수 있는 능력을 타고났다. 하나님이 미리 상황을 파악해 대비할 수 있는 재능을 주신 것이다.

"나 지혜는 예지와 한 집에서 살고 있으니, 지식을 얻어 뜻을 세우려면 나에게 오라"(잠 8:12, 공동번역).

꼬리에 꼬리를 무는 생각으로 세상의 이면까지 읽어 내는 추리력

추리형 아이는 호기심이 많고, 추리하는 것 자체를 즐기기 때문에 어떤 정보나 자료만 있으면 예리하게 파악하고, 논리적으로 생각하며, 새로운 사실을 쉽게 알아내서 문제를 해결하는 '추리력'을 타고났다. 이 재능은 프로파일러, 화재감식전문가, 문서감정관, 범죄심리연구원, 임상심리전문가, 사이버수사요원, 유전자감식연구원, 법의학자, 정신과

의사 등에게 필요하다. 특히 정신과의사는 외적으로 보이는 질환을 다루는 것이 아니라 보이지 않는 부분인 내면을 보고 환자의 감정에 공감하면서 치료해야 하는 직업이므로 논리적인 추리력이 반드시 요구된다. 이들 분야에서 일하고자 할 때 필요한 전공은 법의학, 범죄심리학, 임상심리학, 과학수사학, 사이버국방학, 사이버정보학 등이다.

꿈을 현실로, 이미지를 스토리로 만들어 내는 상상력

'상상력'은 실제 경험하지 않은 현상이나 정보나 대상에 대해서 자유롭게 상상하고 공감하며 머릿속으로 연상하는 재능이다. 주로 추리소설가, 심리상담사, 심리학자, 신앙상담사, 치유사역자, 언어치료사 등에 꼭 필요한 재능이다. 여기서 추리소설가는 창조형에 속한 작가와는 성향과 재능 면에서 차이가 있다. 추리소설가는 주로 미스터리 또는 범죄와 관련된 부분에서 끝없이 추적하고 작은 단서만으로 머릿속에서 모든 경우의 수를 상상해야 하는 직업이므로 감수성과 예술성을 요구하는 상상력보다는 논리적인 상상력을 더 필요로 하기 때문이다.

이러한 능력을 좀 더 발전시킬 수 있는 학과로는 심리치료학과, 심리학과, 상담심리학과, 언어치료학과, 기독교상담학과 등이 있다.

STEP 03

추리형 내 아이의 신앙 교육은 이렇게!

하나님은 예언자

추리형 아이는 한 가지 단서만을 가지고도 '그다음은 어떻게 될까?

그리고 그다음은 어떻게 될까?' 하고 질문하고 그 너머의 상황들에 대해 꼬리에 꼬리를 물며 상상의 나래를 펴 간다. 그렇다 보니 넘겨짚기를 잘하는 편이며, 다른 사람이 무심코 내뱉은 말이나 행동에 대해서 허투루 여기지 않고 곱씹어 보는 스타일이다. 다른 사람의 행동을 추리해 보고, 했던 말을 통해서 다른 사람의 심리를 추측하는 버릇이 있다.

하나님께도 이런 성향대로 다가간다. 하나님의 의도가 무엇인지 파악하려고 하며, '하나님은 나에게 이렇게 하실 것이다'라고 추측하고 상상하는 경우가 많다. 그래서 하나님의 뜻을 추리하며 혼자 웃고 운다. 오직 자신만이 하나님의 뜻을 알 뿐 아니라, 다른 사람들이 하는 말과 행동을 통해 그들의 의중까지 잘 안다고 오버하기도 한다. 그래서 대인관계에서 오해를 잘 일으키며, 하나님과의 관계에서는 하나님의 뜻을 오해해 삐치거나 신앙에 슬럼프가 찾아오기도 한다. 때로는 별것 아닌 일에 기뻐서 혼자 흥분하기도 한다.

추리형 아이는 상상력이 풍부해서 하나님에 대한 풍부한 감정을 느낄 수 있다. 아이가 영적인 면에 민감할 수 있는 이유는 성령님의 임재하심을 지각하는 능력이 뛰어나기 때문이다. 신앙이 건강하게 성숙한다면 영성이 깊은 신앙을 소유할 수 있는 유형이다.

추리형 아이에게는 성향상 하나님의 여러 가지 모습들 중에 사람에게나 세상에 앞으로 일어날 일들을 예언하시는 부분이 매력적으로 와 닿는다. 추리하고 또 추리하며 정황을 판단하고 예측해 내는 성향인 추리형 아이는 성경에 나타난 하나님의 예언들이 정확하게 이루어졌다는 사실을 알 때 하나님을 더욱 신뢰하게 된다.

실제로 성경 말씀대로 이루어진 예언들 중에서 우리가 이미 잘 알고 있는 것들도 많다. 가장 확실한 것은 예수님에 대한 예언이다. 구약성경 중에 창세기 12장, 민수기 24장을 비롯해 이사야서, 미가서, 호세아서, 스가랴서, 시편 등에 20개가 넘는 예언들이 등장한다. 그리스도께서 이스라엘에서 나시며, 나귀를 타고 예루살렘에 들어가시고, 친구에게 배신을 당하시며, 사람들이 그분의 옷을 나눠 갖기 위해 제비를 뽑고, 죽은 자들로부터 일으켜지실 것이라는 구체적인 예언들이 모두 이루어졌다.

또한 역사적으로 바벨론의 패망, 헬라 제국의 쇠퇴, 로마의 멸망, 예루살렘의 파괴 등이 하나님의 예언대로 이루어졌음을 알 수 있다. 게다가 이스라엘 백성이 전 세계에 흩어져 살다가 예수님이 재림하시기 전에 다시 이스라엘 땅으로 돌아오게 될 것이라는 예언도 이루어졌다. 세계 각지를 떠돌던 이스라엘 민족이 1948년 정식으로 '이스라엘' 국가임을 선포하면서 성취되었다.

이처럼 역사적 사실과 함께 성경의 예언이 이루어진 경우를 추리형 아이에게 알려 주라. 하나님의 예언은 반드시 이루어진다. 다만 언제 일어날지는 우리가 알 수 없으며, 따라서 사람들은 하나님을 쉽게 의심한다고 말해 준다.

양털 신앙

추리형 아이는 성향상 의심이 많은 편이라 하나님을 믿는 데도 "자신이 정한 믿음의 시험을 하나님이 통과해 주셔야 믿겠다"고 말한 기드온과 같은 양털 신앙을 갖고 있다. 기드온은 하나님이 겁 많고 소심한 자신을 사사로 부르신 이유를 도저히 이해할 수 없었다. 그래서 하나님을 시험하기로 했다. 양털과 땅에만 번갈아 이슬이 내리게 해달라면서 하나님을 시험했던 것이다. 즉 기드온은 하나님의 명령이 맞는지 계속 확인했다.

이처럼 추리형 아이는 하나님에 대해서 계속 의심하며, 확인하고 또 확인하며 살아간다. 끊임없이 하나님에 대해 궁금해하는 아이는 자신의 감정과 행동에 대해서 하나님께 확신을 얻기를 늘 바란다. 그래서 걱정이 많아 믿음이 연약해 보이지만, 걱정을 통해서 하나님께 관심을 가지게 되고, 기도 응답도 잘 받는다. 자신의 생각이나 방향이 하나님의 뜻과 일치할 때는 다른 유형보다 그 감동이 매우 크게 전달된다. 하나님에 대한 확신이 생기고 신뢰가 쌓이면 그때부터 하나님에 대한 무조건적인 사랑이 시작된다. 누구보다 하나님을 믿고 사랑하며, 하나님이 가라 하시면 가고, 서라 하시면 서는 신앙을 갖게 된다. 그러면서 추리형 아이는 기드온처럼 수적 열세에도 불구하고 수많은 대적을 상대로 전쟁에서 승리하는 기적의 주인공이 된다.

그러나 거기까지 도달하는 데에는 무수한 양털 뭉치들이 필요하다. 부모 입장에서는 아이의 신앙 태도가 '내가 하나님을 믿어 드리는 거지'라는 식으로 느껴질 정도다. 하나님이 보실 때 치사스럽다고 하실지도 모를 일이다. 하지만 추리형 아이는 상상력과 추리력이 워낙 우수해서 무턱대고 믿기보다는 돌다리도 두드려 가며 믿는 스타일이기 때문에 어쩔 수 없다. 하나님에 대한 의심과 확신을 거듭 반복하면서 아이는 믿음을 쌓아 간다.

믿기 위한 의심은 불신앙이 아니다

추리형 아이는 하나님을 더 잘 믿기 위해 의심하는 것이며, 더 잘하기 위해 걱정하는 것이다. 이것은 불신앙적 요소가 아니다. 하나님이 추리형 아이에게 주신 고유한 성향이므로 부모가 긍정적으로 격려해 주어야 한다. 안 그래도 자신의 신앙 상태조차 스스로 추측하며 의심하는 아이이기에 부모가 지지해 주어야 그나마 의심을 덜 하면서 믿음이 자란다.

다시 말해, 추리형 아이는 처음에는 자신에 대한 하나님의 사랑을 잘 믿지 못한다. 하나님을 믿고 싶은데 그렇지 못한 자신 때문에 괴로워하기도 한다. 하지만 자신의 추리로 하나님의 사랑을 확증하면 누구보다 하나님의 사랑을 깊이 느낀다. 이때 추리형 아이가 느끼는 하나님의 사랑은 매우 뜨거운 사랑이다. 하나님이 독생자 예수님을 죄 많은 인간을 위해 내어 주신 사랑을 온몸으로 느낀다. 넘겨짚기를 잘하는 성향상 하나님과의 관계에서도 하나님의 뜨거운 사랑을 경험하고 나면 '하나님은 이 세상에서 나를 가장 사랑하신다'고 생각한다. 지구상에 살고 있는 70억 명의 사람들 중에서 자신만을 유독 사랑하신다는 독점적인 사랑을 쉽게 받아들인다.

추리형 아이에게 가장 좋은 신앙 교육은 부모가 일관된 사랑을 베풂으로써 하나님의 사랑을 체험하게 해주는 것이다. 부모의 사랑을 신뢰할 수 없을 때 하나님의 사랑도 흔들린다. 왜냐하면 아이들은 부모에게 하나님을 투영해 받아들이기 때문이다. 하나님의 무조건적이며 큰 사랑을 부모가 대신할 수는 없다. 하지만 부모는 하나님이 추리형 아이에게 주신 사랑의 예표라는 사실을 잊지 말라.

추리형 아이는 성적이 떨어지거나 생활 태도나 신앙 면에서 부족한 점이 보여 부모가 야단을 치거나 화를 내면 나를 사랑하지 않아서라고 오해한다. 그렇기에 훈육을 위해 야단은 치되, 사랑하지 않아서가 아니라 사랑하기 때문에, 아이가 잘되기를 바라는 마음에서 야단치는 것임을 아이가 느끼도록 해야 한다. 이를 위해서는 평상시에 부모의 일관된 태도가 중요하다. 아이로 하여금 부모의 행동을 예측 가능하게 해 부모의 사랑을 신뢰하게 해야 한다. 가뜩이나 사서 걱정하고 일어나지 않은 일들도 끌어다가 염려하는 추리형 아이에게는 매우 중요한 일이다.

추리형 아이는 처음 하나님을 알게 되었을 때는 의심이 많아서 매사에 의심하지만, 한 번 믿기 시작하면 덮어 놓고 믿는다. 하지만 다른 유형에 비해 영적으로 민감해 악한 영이 주는 생각도 하나님이 주시는 생각이라고 착각할 수 있다는 단점이 있다. 아이 스스로 영적 체험에 관심이 많은 편이다. 그래서 자칫하면 주변에서 일어나는 모든 상황을 영적인 것과 연결시키거나 자신에게 주시는 하나님의 메시지라고 해석하며 신비주의에 빠질 수 있다.

물론 하나님은 만물을 통해 하나님 자신을 보여 주시고 우리에게 말씀하시는 분이다. 하지만 아이의 영적 체험이 하나님의 성품에 맞는지, 성경적인지 반드시 확인해 봐야 한다. 부모는 무조건 아이의 영적 체험을 무시하거나 잘못되었다고 지적하기 전에 왜 그렇게 느끼게 되었는지 차근히 물어본 후 성경에 나타난 하나님의 성품과 비교해 가면서 아이가 스스로 분별할 수 있도록 도와주어야 한다.

아이의 영적 체험이 성령을 통해 이루어진 일이라면 그 체험을 잘 풀어서 이야기하거나 간증문으로 써 보게 하는 것이 좋다. 그러면 아이의 믿음을 성장시키는 데 일조할 수 있을 것이다. 글쓰기를 싫어하지 않는다면 영성 일기를 꾸준히 써 보는 것이 좋은 믿음의 훈련이 될 것이다.

스토리로 성경을 상상하라

추리형 아이에게는 하나님의 예언이 성취된 부분들을 찾아보게 하는 것이 도움이 된다. 앞에서 언급한 바와 같이, 예언하시는 하나님을 신뢰할 수 있도록 역사적인 사실과 비교해 가면서 성경을 보도록 하면, 성경에 대한 기본적인 지식을 쌓을 뿐 아니라 성경 말씀을 의심하면서 읽어 가는 추리형 아이에게 확신을 줄 수 있다. 그럼에도 의심이 생긴다고 하면, 아이에게 가장 의심되는 내용이 무엇인지 물어보고 부모가 적절한 답변을 해줄 필요가 있다. 부모가 설명해 주기 어려울 경우에는 교회 사역자나 말씀을 잘 아는 교회 직분자에게 도움을 구한다.

감정이 풍부해 다른 사람의 마음을 잘 헤아리며 공감하는 능력이 탁월한 추리형 아이에게 성경은 아이를 향한 하나님의 마음이며, 결국 사랑 이야기임을 알려 주라. 이 방법은 아이로 하여금 의심을 거두게 하는 좋은 방법이자 하나님에 대한 신뢰를 안겨 줄 수 있다. 상상력과 추리력이 우수한 추리형 아이는 어른들이 읽는 개역개정 성경보다는 이야기식 성경이나 만화 성경, 또는 성경 인물들의 이야기를 다룬 성경 드라마 등을 통해 성경을 접하는 것이 보다 효과적이다.

추리형 아이는 예배를 꾸준히 잘 드리다가도 시험 기간에는 성적 걱정이 유독 심해진다. 교회에서 예배를 드리는 중에도 머릿속이 시험 걱정으로 가득 차 있다. 예배도 못 드리고 공부도 못했다는 불안감에 시달릴 수 있다. 이럴 때는 교회학교 선생님과 담당 목회자에게 아이가 시험 때 교회학교나 예배 시간에 대해 민감해한다는 점을 먼저 알려 드리는 것이 필요하다. 그리고 부모도 아이의 불안한 모습을 보며 짜증 내지 말고, 아이의 성향상 그럴 수 있다고 이해하고 이야기를 들어 주는 것만으로도 아이의 걱정을 덜어 주는 데 도움이 된다. 아이의 불안함을 이해하면서 교회 출석을 권유해야 시험 기간에도 안정적으로 예배드릴 수 있다.

STEP 04

추리형 내 아이의 학습법은 이렇게!

틈틈이 '학습 브레이크 타임'으로 학습 스트레스를 줄여라

추리형 아이는 문제가 발생하면 혼자 넘겨짚기를 하면서 걱정을 버는 스타일이다. 따라서 성적이 기대치보다 못 나왔거나 조금 떨어졌다고 해서 야단을 치면 다른 유형에 비해 2배는 더 심리적으로 스트레스를 받는다. 평소에도 생각이 많은 유형이다 보니 부모의 기대에 자신의 능력이 못 미친다고 생각하면 시험 때 실력 발휘를 못할 수 있고, 학습 기복이 심하게 나타날 수 있다. 따라서 추리형 아이의 부모는 아이의 심리적인 안정부터 생각해야 한다.

부모의 입장에서 공부에 대해 이야기할 때는 부정적인 단어의 사용을 피하고, 잘할 수 있을 것이라는 믿음을 충분히 심어 주는 것이 중요하다. 더러 아이 앞에서 부부 싸움을 하거나 불화를 보이면 아이가 부모의 문제에 대해서 혼자 고민하고 상상의 나래를 펴면서 나쁜 방향으로 결론을 낼 수도 있기 때문에, 학습에 영향을 미칠 수 있는 부정적인 환경은 차단하는 것이 좋다.

추리형 아이는 책상 앞에는 오래 앉아 있어도 머릿속으로 딴생각을 하는 경우가 많다. 앉아 있는 시간 대비 성적이 안 나올 수 있다. 따라서 장시간 한 과목에 올인하기보다는 과목당 시간을 정해서 여러 과목을 골고루 섞어서 공부할 수 있도록 해야 효과적이다. 또한 공부 틈틈이 쉬는 '학습 브레이크 타임'을 활용해 학습 스트레스를 적절하게 풀어 주는 것이 효과적이다.

'스토리형 학습법'과 문제 유형 파악 훈련으로 고득점 전략을 세워라

추리형 아이는 상상력이 좋기 때문에 초등학교나 중학교 때 충분한 독서를 통해서 배경지식을 쌓아 두면 학습 능력과 성적 향상, 사고력 발달에 큰 도움이 될 수 있다. 물론 그 효과는 학년이 높아질수록 기대 이상으로 나타날 것이다.

국어나 영어는 비교적 잘하는 편이고, 국어는 비문학보다 문학 부분에서 더 강하다. 시나 소설 등 문학작품을 읽으면서 그 시대의 장면이나 등장인물의 캐릭터를 이미지로 그려 보며 책에 나오지 않은 부분까지도 자연스럽게 스토리를 예상하며 완성해 가는 '스토리형 학습법'으로 공부하면 도움이 된다.

같은 국어 과목이지만 비문학은 어려워하거나 긴 지문의 경우 대충 읽는 버릇이 있으므로 굳이 딱딱한 전개 과정이나 구조를 파악하려고 애쓰기보다는 문제 유형부터 파악한 뒤 문제가 요구하는 답을 찾아가는 훈련을 하는 것이 중요하다. 예를 들어, "본문의 주제는 무엇인가?", "본문에서 말하고자 하는 바는 무엇인가?", "본문에서 주장하는 바는 무엇인가?", "본문에서 화자가 강조하는 것은 무엇인가?" 등의 질문은 모두 형태만 변형시켰을 뿐 '본문의 주제'를 묻는 똑같은 유형의 질문들이다. 추리형 아이는 자칫 문제를 파고들다가 너무 골몰한 나머지 오버해서 헛다리를 잘 짚기 때문에, 반드시 문제 유형을 파악하고 비슷한 유형별로 묶어서 답을 찾아 가는 훈련을 해야 한다.

영어의 경우, 단어를 무조건 외우거나 영어 회화를 책으로 공부하는 것보다는 외화나 영어로 된 애니메이션을 보는 것이 효과적일 수 있다. 처음에는 잘 알아듣지 못해 힘들어하겠지만, 워낙 상상력이 좋아 어느 순간 보고 듣는 것만으로도 혼자 스토리를 짐작하면서 영화 한 편을 다

볼 수 있기 때문에 걱정할 필요는 없다. 영화를 다 보고 난 뒤 전체 줄거리가 정리되어 있는 문장을 읽어 보게 하고, 다시 한 번 영화를 보여 주면 자신이 상상한 스토리가 맞는지 확인하면서 몰입하게 된다. 특히 영어 자막이 있는 화면을 보여 주면 등장인물의 대사를 조금씩 따라 하면서 상상력을 자극할 수 있고, 스토리를 만드는 재능도 강화시켜 줄 수 있다. 게다가 영어 회화까지 잡을 수 있는 좋은 공부법이다.

추리형 아이는 전반적으로 수리가 약한 편인데, 수학 점수를 높이기 위해서 무리하게 수학에 올인하는 실수를 해서는 안 된다. 아이가 수용 가능한 학습 투자만 하기를 권한다. 차라리 수학에서 다소 모자라는 점수를 다른 과목에서 보충하는 식으로 학습 계획을 짜는 것이 현명하다.

추리형 아이는 문제를 풀 때 혼자 넘겨짚다가 남들이 다 맞히는 쉬운 문제는 틀리고, 어려운 문제는 잘 맞히는 다소 납득하기 어려운 상황도 연출하곤 한다. 이를 방지하기 위해서는 정답의 근거를 지문에서 찾는 연습을 하고, 문제에서 중요한 키워드를 확인하는 훈련이 도움이 된다.

추리형 내 아이의 학습법 POINT!

- 상상력을 살린 '스토리형 학습'을 하라.
- 충분한 독서로 배경지식과 사고력을 길러 주면 학년이 높아질수록 효과를 볼 수 있다.
- 문제 유형부터 파악하고 정답의 근거를 찾는 연습을 하라.

STEP 05

추리형 성경 인물
: 한 개의 단서로 기승전결을 풀어내는 '사도 요한'

사도 요한은 예수님의 열두 사도 중에서 핵심 인물 중 한 사람이다. '요한'이라는 이름은 '여호와는 은혜로우시다'라는 뜻이다. 베드로와 함께 갈릴리 출신의 어부이고, 세베대의 아들이며, 사도 야고보의 형제다. 그의 어머니 살로메는 예수님의 육신의 어머니인 마리아와 자매지간으로 알려져 있다. 사도 요한은 당시 예수님의 제자들 중에서 나이가 어린 편이었다. 예수님이 십자가상에서 마리아를 어머니로 모셔 줄 것을 당부하셔서인지 마리아를 모시다가 사도들 중 가장 마지막에 순교한 제자이기도 하다.

요한은 추리형 특유의 놀라운 추리력과 논리적인 상상력으로 예수님이 보여 주신 계시를 토대로 성경 중 가장 난해하다는 요한계시록을 쓴 바 있다. 사도 요한은 추리형 성향답게 한 가지 단서만으로도 다음 상황을 잘 유추하다 보니 넘겨짚기도 잘해 자신이 예수님으로부터 가장 사랑받는 제자라고 여긴 나머지 베드로의 질투를 사기도 했다. 사람들의 슬픔과 기쁨에 남다른 공감력을 지녀 '사랑의 사도'로 불린 사도 요한은 초대교회사에 신앙적, 신학적으로 큰 영향을 끼친 인물이다.

07

제작형

사물이나 기계만 보면
무조건 만지고 보는
내 아이는
미다스의 손

STEP 01

조립하고 해체하고 만들면서 AI 시대를 이끈다

제작형 아이는 기본적으로 손재주가 좋아서 어려서부터 퍼즐 맞추기를 잘하고, 혼자 만들기를 하면서 노는 편이다. 사물이나 기계에 관심이 많아서 물건을 해체하고 다시 조립하는 일을 놀이처럼 생각하기 때문에, 작게는 스마트폰부터 크게는 컴퓨터까지 서슴없이 파헤쳐 놓는 일이 다반사다.

뿐만 아니라 사물의 구성 원리나 수치를 정확하게 파악하고 눈썰미가 좋아서 한 번 본 것은 곧잘 그대로 만들어 낸다. 이러한 제작형 아이는 AI나 로봇 등을 다양하게 제작하고 접목시키는 4차 산업혁명의 주역들이다.

성격이 단순해 현실이나 사실을 있는 그대로 받아들이고 인정하며, 이미 결론이 난 것에 대해서는 더 이상 연연해하지 않는다. 하지만 이면에 감춰진 의미나 내용을 파악하는 데는 서툴기 때문에 종종 부모나 친구들의 감정을 헤아리지 못해서 오해가 생기기도 하고, 무심한 탓에 다른 사람들이 섭섭할 수 있다. 하지만 정작 본인은 그런 상황이나 사람과의 관계에 크게 관심이 없는 편이다.

무슨 일이든 명확하게 결론 나는 것을 좋아한다. 솔직담백해서 거짓말을 하거나 돌려서 말하지 못하는 성향이며, 누구보다 말없이 자기 일에 최선을 다한다. 기본적으로 성실한 편이라서 남에게 크게 민폐를 끼치는 일이 없으며, 주변 상황에 일희일비하지 않아 큰 시험 앞에서도 동요 없이 자기 실력을 발휘하는 유형이다.

제작형 내 아이의 성향 POINT!

- 사물이나 기계에 관심이 많고 손재주로 승부하는 미다스형
- 문제 상황에 동요하지 않고 명확하게 결론 내는 심플형
- 사물의 구성 원리와 수치에 탁월한 눈썰미형

STEP 02

제작형 내 아이의 재능과 직업은?

제작형 아이는 물건이나 기계를 만지고 제작하는 일을 좋아하면서 잘하고, 공간에 대한 지각력이 우수하며, 사물의 구성 성분에 대한 인식도 뛰어나다. 하나님이 인간 생활에 필요한 것들을 공급하고 만드는 재능을 주신 것이다.

"금과 은과 놋으로 제작하는 기술을 고안하게 하시며"(출 35:32).

사물을 정확하게 인식하고 필요한 것을 만들어 내는 손재주

손의 세밀한 감각을 사용해 원하는 의도대로 형태를 만드는 재능이

'손재주'다. 제작형 아이는 흙, 종이, 가죽 등의 재료를 사용해 만들고자 하는 방향으로 형태를 잘 만들어 가는 능력이 탁월하다. 종이접기지도사, 풍선아트전문가, 샌드아트전문가, 클레이아트지도사, 펠트공예지도사, 가죽공예전문가, 목공예기술자, 조각가 등으로 실력을 발휘할 수 있다. 이 분야에 종사하기 위해서는 공예학, 도예학, 도자기공예학 등을 전공하면 도움이 된다.

3차원의 세계를 지배하는 공간 감각

'공간 감각'은 사물의 위치나 상하, 전후, 좌우 등 공간 관계를 입체적으로 잘 파악하는 능력이다. 평면을 보면서도 입체적으로 이해하기에 처음 가는 장소도 잘 찾아가고, 주변 지리도 금방 파악한다.

주로 기계공학, 토목공학, 자동차공학, 메카트로닉스공학, 항공우주공학, 로봇공학, 항공정비학, 안경광학, 전기전자공학, 항공공학, 나노공학, 금속공학, 조선공학, 재료공학, 세라믹공학, 에너지공학, 화학공학, 광학 등을 공부하면 좋다. 기계엔지니어, 토목공학기술자, 교량설계사, 기관사, 정비사, 설비안전전문가, 연료전지연구원, 해양설비설계사, 로봇공학기술자, 자동차엔지니어, 안경광학사, 메카트로닉스공학기술자, 조선기술자, 나노공학기술자, 3D모델러 등에 종사한다면 재능을 탁월하게 발휘할 수 있다.

요즘 새롭게 부상하는 드론 관련 학과도 제작형의 공간 감각 재능을 가진 아이에게 적합하다. 드론개발자, 드론조종사 등도 떠오르는 직업이다.

제작형 내 아이의 신앙 교육은 이렇게!

엔지니어 하나님

하나님은 제작형 아이에게 무엇이든 잘 만드는 손재주와 제작하는 데 필요한 공간 감각을 재능으로 주셨다. 제작형 아이는 하나님이 세상의 모든 것을 직접 지으시고 만드신 분이기에 자신에게 주어진 재능이 하나님께로부터 온 것이라는 사실을 깨달을 때 하나님에 대한 관심과 함께 자신의 재능에 대한 자부심도 갖게 된다. 예를 들어, 전자제품을 분해하고 다시 조립하면서 손의 감각을 통해 하나님의 정밀하심을 느낀다. 또한 모든 물건이나 사물의 현상을 자세히 살펴보면서 그 속에 하나님의 제작 원리가 작동하고 있음을 알게 된다. 원자 한 개가 틀어지거나 개수가 하나라도 달라지면 물질의 형태가 바뀌고, 기계가 다르게 작동하며, 빠지는 원자 대신에 다른 원자가 달라붙어서 사물의 형태를 유지하게 되기도 하는 현상을 바라보면서, 눈에 보이지는 않지만 하나님이 이 원리들의 배후에 계심을 깨닫는다.

제작형 아이는 물질을 다루고 물건을 만지며 제작하는 재능과 우수한 수리력을 갖고 있다. 그렇다 보니 형체가 없고 정확한 답이 나오지 않는 하나님과 성경에 대해서 처음부터 쉽게 믿지는 못한다. 과학적인 원리로 납득하고 규명하면서 받아들이기에는 어려운 점이 많기 때문이다. 그러나 과학 현상을 바라보는 시간이 누적되면서 과학적이신 하나님을 실제로 발견하게 된다. 매우 정교한 시스템을 운영하시는 치밀한 하나님의 손을 느끼는 순간, 자연과 만물 속에 모든 공간을 만드시고, 끊임없이 새로운 공간이나 물질을 만들고 제작하시는 하나님에 대한 확고한 믿음이 생긴다.

제작형 아이는 단순하고 명쾌하게 하나님의 존재를 스스로 증명하며, 자신의 일이나 관심 영역에서 하나님을 기술로써 체감한다. 이 세상의 엔지니어이신 하나님의 명령을 그대로 받아들이며, 묵묵히 공부하고, 자신의 비전을 만들어 간다. 하나님께 더 바라는 것도 없이 그저 물건을 만들고, 금속을 연구하고, 원료를 분석한다. 기술을 가지신 하나님이 세상을 창조하고 만들어 가시듯이 자신이 직접 물건이나 기구를 제작하면서 하나님을 생각으로 만나는 것이 아니라 손으로 만난다. 제작형 아이에게 하나님은 머릿속에 존재하시는 분이 아니라 손끝으로 만져지는 하나님이시다.

"그들이 또 순금으로 거룩한 패를 만들고 도장을 새김같이 그 위에 '여호와께 성결'이라 새기고"(출 39:30).

방주 신앙

노아는 120년 동안 하나님이 일러 주신 그대로 어떤 홍수에도 쓸려가지 않을 방주를 만들었다. 더군다나 방주는 노아의 가족 8명과 지상의 모든 생물이 각각 암수 짝을 이루어 들어갈 수 있을 정도로 규모가 거대했다.

하나님은 방주를 짓는 데 노아에게 주신 재능을 십분 활용하셨다. 하나님은 우상 숭배와 타락의 죄악이 편만한 땅을 홍수로 멸하고 새로운 땅을 건설하고자 하셨고, 첫 시작을 노아가 감당하게 하고 싶으셨다. 그래서 노아에게 필요한 재능을 모두 넣어 주신 것이다. 노아는 단순히 하나님의 말씀만 듣고도 방주의 생김새를 정확하게 인식했고, 놀라운 손재주와 공간 감각으로 하나님이 맡기신 방주 제작 사명을 완벽하게 감당했다.

노아가 만든 방주는 길이가 300규빗, 폭이 50규빗이었다. '규빗'은 당시 히브리인들이 사용하던 길이의 단위로서 약 45cm다. 그러므로 방주는 길이가 대략 135m에 폭이 22.5m에 달하는 것으로, 오늘날로 치면 4층 건물 높이의 1,500톤급 선박이다. 오늘날 최첨단 조선공학적 기법으로 제작된 그 어느 선박보다 뛰어난 안정성을 갖고 있었다는 연구 결과가 나오기도 했다. 탁월한 숫자 감각과 뛰어난 제작 능력, 그리고 공간 감각을 가진 제작형 아이에게 노아가 만든 방주는 하나님이 인간의 재능을 통해 어떻게 일하고자 하시는지를 보여 주는 척도다.

노아는 방주를 제작하라는 하나님의 명령을 그대로 불평 없이 순종해 120년이라는 장구한 세월 동안 방주를 만들었다. 주위 사람들의 비아냥거림이나 비난에도 아랑곳하지 않고 방주의 제작을 완료했다. 방주를 통해 세상을 새롭게 펼쳐 나간 노아는 제작형 아이에게 자신이 어떤 제작자가 되어야 할지를 몸소 보여 준 롤 모델이다.

제작형 아이는 방주 제작자 노아처럼 단 한 번 사명을 받으면 평생 하나님을 믿고 자신의 인생을 살아간다. 방주를 만들 때 노아가 주위 사람들의 비웃음에도 묵묵히 방주 제작에 헌신한 것처럼 아이는 주변 사람들의 말이나 유혹에 흔들리지 않고 하나님이 주신 자신만의 길을 간다. 이렇듯 무언가를 성실하게 만드는 일 자체가 제작형 아이에게는 하나님을 향한 믿음의 표현이다.

"노아가 그와 같이 하여 하나님이 자기에게 명하신 대로 다 준행하였더라"(창 6:22).

처음 믿기는 어려워도 믿으면 오래간다

제작형 아이는 하나님을 믿게 되기까지가 힘들어서 그렇지 믿고 나면 신앙 교육이 매우 수월하다. 사고방식이 뚜렷한 논리 절차에 따라 과학적 결과치가 나와야 믿음을 가지는 성향이라 아이는 눈에 보이지도 않고, 정답이 있는 것도 아닌 하나님과 신앙이 낯설기 그지없다. 그래서 처음에는 성경을 아무리 많이 읽어 주고 기도해 주어도 하나님을 믿고 받아들이기를 어려워한다.

제작형 아이에게는 성경 속 과학과 관련된 사실을 알려 주어 성경은 소설이 아니며, 과학의 원리를 그 안에서 찾을 수 있다는 점을 발견하게 해주어야 한다. 과학적인 측면에서 만물을 분해하고 물건을 만드는 원리로 깊이 들어가면 그 속에 하나님의 손길이 있음을 깨닫게 된다. 또한 저명한 크리스천 과학자의 신앙 간증을 들려주는 것도 방법이다.

자신이 만들고자 하는 것, 또는 구현해 내고 싶은 어떤 비전이 뜻대로 잘 이루어지지 않을 때 세상 만물의 설계도를 갖고 계신 하나님께 기도하면 하나님이 방법을 알려 주신다고 확신한다. 또 그러한 경험을 할 때 제작형 아이는 하나님에 대한 신뢰를 더욱 견고하게 다지게 된다. 따라서 하나님을 믿는 데 시간이 오래 걸린다. 하지만 한 번 믿으면 옆에서 누가 뭐라고 해도 개의치 않고 자신의 신앙을 확신하고 지켜 나가는 스타일이므로, 처음에 신앙을 가질 수 있도록 돕는 것이 매우 중요하다.

하나님을 믿게 된 후 제작형 아이는 큰 슬럼프 없이 꾸준하게 신앙생활을 하지만, 성향상 교회 친구들이나 다른 사람들의 미묘한 감정을 헤아리지 못해 "크리스천이 왜 그렇게 차갑냐?"라는 말을 들을 수 있다. 가까운 사람들에게 자신의 성향이 원래 단순하고, 친밀한 관계를 맺는 데 서툴다고 솔직하게 말하고 이해를 구하는 편이 좋다. 그리고 사람들에게 의사 표시를 할 때 단답형으로 하기보다는 한두 문장으로 이야기 하도록 권유하라. 교회에 만들기 관련 행사가 있다면 참여시켜서 자신의 재능을 뽐내게 하는 것도 제작형 아이의 신앙생활과 교회생활에 도움이 된다.

성경 속 제작 이야기로 흥미를 일으켜라

긴 글이든 짧은 글이든 글을 읽는 것 자체를 좋아하지 않는 제작형 아이는 성경에 대한 호기심 또한 적은 편이다. 그래서 성경을 바로 읽는 것보다는 과학에 관심이 많다는 점을 이용해 성경과 과학의 관계를 다룬 책이나 영상을 먼저 보여 주는 것이 성경에 대한 흥미 유발에 도움이 된다.

과학과 성경의 관계를 다룬 설교나 크리스천 과학자들의 강연을 듣고 보게 하는 것이 좋다. 또 교회에 과학을 전공한 신실한 교인이나 청년, 선배들이 있다면 그들에게 과학과 신앙을 어떻게 관련지을지에 대해 묻고 들어 보는 시간을 갖는 것도 유익하다.

만들기에 관심이 많으므로, 성경에서 기술이나 제작에 관련된 부분을 찾아 읽어 보게 하는 것도 도움이 된다. 출애굽기에서 성막을 지은 기술자들의 이야기, 열왕기상과 역대하에서 솔로몬왕의 지시로 성전을 건축하고 왕궁을 짓고 악기를 만든 이야기, 창세기에서 노아가 방주를 만든 이야기 등을 읽게 한다면 성경에 기초적인 흥미를 갖도록 도울 수 있다.

제작형 아이는 글자를 오래 집중해서 읽기 힘들어하므로 매일 성경 공부를 하기보다는 주말에는 반드시 성경 한 장을 읽고 자는 습관을 들이는 것이 효과적이다. 학원과 학교 공부에 피곤한 평일보다는 주말이

상대적으로 시간적 여유가 있기 때문이다.

제작형 아이는 보이지 않는 하나님께 사람과 대화하듯이 기도하는 것을 어색하게 여긴다. 따라서 기도 제목을 써서 책상이나 자주 보는 책 앞표지에 붙이거나 스마트폰 배경화면에 저장해 볼 때마다 눈으로 읽어 가며 기도하게 한다. 소리 내면서 기도하는 것을 멋쩍어하기에 가족끼리 식사할 때라도 대표기도를 시키지 말고, 부모가 자녀를 위해서 기도해 주는 것이 더 좋은 방법이다.

교회는 꾸준히 다니는 습관을 들이는 것이 중요하다. 제작형 아이는 특별한 경우가 아니라면 한 번 교회에 출석하게 되면 계속 다닌다. 반면에 시험 때 시험공부를 하느라 예배에 빠지는 것을 크게 문제 삼지 않으며, 시험이 끝나고 나서 다시 교회에 나가면 된다고 단순하게 생각하는 경향이 있다. 그렇다고 해서 제작형 아이가 하나님에 대한 마음까지 가볍게 여기는 것은 결코 아니기에 하나님과의 만남의 자리를 놓치지 않도록 부모가 잘 이끌어 준다면 꾸준한 예배 생활을 유지하게 할 수 있다.

제작형 아이는 단순명쾌하게 하나님을 믿는다. 부모가 아이의 예배 생활에 대해 심각하게 생각하지 않는 것이 더 중요하다.

STEP 04

제작형 내 아이의 학습법은 이렇게!

최대한 단순 명료하게 하루 공부 계획표만 짜라

제작형 아이를 공부시킬 때 부모가 가장 벽에 부딪히는 부분은 아이의 성향상 자신의 감정을 잘 드러내지 않고, 누군가와 소통하는 것 자체를 부담스러워하기 때문에 도대체 아이가 무슨 생각을 하고 있는지 알 수가 없다는 점이다.

부모 입장에서는 답답하니까 아이를 붙들고 앉아서 말을 시켜 보고, 본의 아니게 잔소리를 하게 된다. 하지만 무엇을 묻든 아이는 단답형으로만 말하기 때문에 아이와 공부를 주제로 긴 대화는 기대하지 말아야 한다. 그것은 제작형 아이가 이상한 것이 아니라 타고난 성향이기 때문이다. 일단 부모는 아이의 그러한 모습을 인정하고 아이를 대해야 한다. 제작형 아이는 주변 사람의 감정 변화에 크게 개의치 않기 때문에 억지로 진지하고 심각한 학습 분위기를 만들어서 아이에게 부모의 입장을 어필하려는 것도 바람직하지 않다.

제작형 아이는 최대한 단순하게 공부 목록을 정하고 학습 계획표를 짜는 것이 중요하다. 장기 계획은 피하는 것이 좋다. 무리하게 공부 분량을 정하지 말고, 아이가 하루에 꼭 해야 할 분량만 정해서 하게 하라. 부모가 욕심을 내서 많은 분량의 학습 계획표를 짜 봤자 소용없다. 아이는 자기가 할 일만 하고 책상에서 물러나기 때문에 그런 일로 힘 빼지 않는 것이 현명한 방법이다.

제작형 아이와 공부에 대해서 이야기를 할 때는 단순하고 명쾌한 논리로 다가가야 한다. 예를 들어, 제작형 아이는 "국어 점수가 왜 이 정도밖에 안 나왔어?", "영어 공부는 왜 안 하니?"라는 식의 추상적인 접근을 싫어한다. 구체적으로 "국어 10점만 더 올리자", "매일 수학 문제 하나씩만 더 풀자"는 식으로 부모가 아이와 상의해서 학습 목표를 명료하게 정하고, 단순 명쾌하게 말해 주는 것이 좋다.

국어는 최소화, 수학과 과학은 집중, 목표 대학을 노려라

제작형 아이는 손재주가 좋아서 평소에도 늘 뭔가를 만들거나 자신이 좋아하는 일에 집중해 있는 경우가 많다. 따라서 아이의 학습 성취욕을 올리려면 좋아하는 일을 충분히 할 수 있도록 배려하면서 공부를 병행하게 해야 효과를 볼 수 있다.

기본적으로 제작형 아이는 공간 감각이 좋기 때문에 수학 과목에서 벡터나 기하 부분은 잘하지만 연산 부분은 약하다. 따라서 학습 계획표를 짤 때 아이의 약점을 일부 보강하도록 유의하면 좋다. 과학은 사물을 파악하고 인식하는 능력이 좋아서 이론보다는 실습에 강하기에, 실제로 과학 실험을 하거나 과학 체험을 할 수 있게 도와주면 효과적이다.

감성적인 이해력은 약한 면이 있어서, 상대적으로 국어 성적이 낮은 편이다. 특히 문학이 많이 약한데, 굳이 문학 점수를 올리기 위해 무리하기보다는 그나마 명확한 답을 찾을 수 있는 비문학에 집중하면서 하루에 몇 문제라도 꾸준히 풀도록 지도하는 것이 좋다. 목표 대학을 노리는 데 국어 점수가 걱정이 된다면 알기 쉽게 해설해 주는 선생님을 선택해 일대일 수업이나 소수정예학원 수업을 듣게 하는 것이 좀 더 낫다. 하지만 제작형 아이는 약한 국어보다는 차라리 강한 수학과 과학에 좀 더 집중하는 편이 더 유리할 수 있다.

평소에 학습 배분을 수학/과학 → 영어 → 국어 순으로 하고 시간 투자를 하면 좋다. 하루에 두 과목 이상 배정하는 것은 무리이며, 잘하는 과목 하나에 부족한 과목 하나씩 짝을 지어 하루에 각 과목당 1시간 반씩 공부하도록 정해 주는 것이 좋다. 제작형 아이는 단순하고 정확한 것을 좋아하기 때문에 처음부터 과목과 시간을 명확하게 정해 주고, 이

후에 자신이 원하는 일을 하게 해준다면 대체로 정해진 학습 계획표대로 공부하는 편이다.

> **제작형 내 아이의 학습법 POINT!**
> - 꼭 필요하고 단순한 하루 공부 계획표만 짜라.
> - 정확한 목표를 세우고 수학과 과학에 집중하라.
> - 좋아하는 분야와 학습 시간을 적절하게 배분해서 효과를 높여라.

STEP 05

제작형 성경 인물
: 뭐든 척척 만들어 내는 원조 맥가이버 '노아'

고대 근동의 문학에도 그 흔적이 남아 있는 '대홍수' 사건은 인간들의 우상 숭배와 타락으로 더럽혀진 세상을 하나님이 물로 심판하신 사건이다. 하나님은 이 땅을 물로 심판하신 후 하나님이 보실 때 '의인'으로 여겨진 노아를 통해 하나님 나라를 재건하고자 하셨다. 노아는 하나님으로부터 대홍수를 대비해 방주를 제작할 것을 사명으로 받은 후 무려 120년이라는 긴 세월 동안 방주를 제작했다.

노아는 제작형답게 손재주가 탁월하고 눈대중으로도 길이를 알아낼 정도로 수치력이 우수했다. 하나님의 말씀만 듣고도 방주의 생김새를 정확하게 인식했고, 하나님이 맡기신 사명을 완벽하게 감당했다. 당시

역청과 나무로 만들어진 길이 약 135m의 거대한 방주는 오늘날에도 제작하기가 결코 쉽지 않다. 제작형 노아의 월등한 재능인 손재주와 공간 감각, 그리고 주변의 멸시와 조롱에도 동요하지 않는 단순하고 담백한 성향은 하나님의 설계도 그대로 방주를 제작하는 사명을 완수하는 데 가장 적합했다.

08 생명형

평소엔 냉정한데
아픈 사람과 동물에게는
한없이 약한
내 아이는
박애주의자

STEP 01

생명에 대한 애정과 고도의 절제력으로 위기 상황을 타파한다

생명형 아이는 기본적으로 동물이나 사람 등 생명체에 관심이 많고, 생명 현상의 원리에 대해서 궁금해하며, 아픈 사람이나 동물을 보면 지나치지 못하고 치료하고 보살펴 주려는 따뜻한 감성을 가지고 있다.

하지만 위기 상황이나 생사가 달린 위급한 순간에는 오히려 침착하고, 냉철하게 생각하고, 감정을 조절해 복잡하게 얽혀 있는 상황을 잘 정리한다. 또한 무엇이 필요한 행동이며 적절한 해결책인지 정확하게 찾아낸다. 이런 점은 생명형 아이가 기본적으로 감성과 이성을 동시에 균형적으로 가지고 있기 때문에 가능하다. 아이는 두 감정을 자연스럽게 서로 결합시켜서 상황을 판단하고, 누구보다 빠른 결단을 내린다. 그렇기에 위기 상황일수록 오히려 냉철한 판단력을 발휘하게 된다.

주변 사람들은 냉정과 열정을 동시에 가진 생명형 아이의 성향을 잘 모르기 때문에 간혹 이중적이라고 말하기도 한다. 비교적 사람들 앞에 나서는 것을 좋아하지 않다 보니, 자신이 가지고 있는 고민이나 문제를 남에게 잘 털어놓지 못한다. 그러나 자신의 영역이나 자기가 맡은 분야에서는 최선을 다해 주어진 역할을 감당해 내고, 자신의 이상을 조용히 실현해 간다.

> **생명형 내 아이의 성향 POINT!**
> - 겉으로 냉정해 보이나 생명에 대한 따뜻한 마음을 가진 외강내유형
> - 위급한 상황에서 냉철하게 판단하고 문제를 해결하는 조용한 해결사형
> - 생명을 가진 모든 존재를 사랑하는 박애주의형

STEP 02

생명형 내 아이의 재능과 직업은?

생명형 아이는 아픈 사람이나 상처 입은 동물을 고쳐 주고 싶어 하는 마음을 타고났다. 이런 재능은 생명을 사랑하시고 아픔과 고통에 함께 하시는 하나님의 마음을 공유해 하나님의 마음으로 세상을 치유하라고 하나님이 주신 것이다.

"내 이름을 경외하는 너희에게는 공의로운 해가 떠올라서 치료하는 광선을 비추리니 너희가 나가서 외양간에서 나온 송아지같이 뛰리라"
(말 4:2).

생명 현상을 연구하고 파악하는 생명 탐구력

'생명 탐구력'은 생명 현상의 원리와 본질에 대해 호기심을 가지고 실험하고 깊이 연구하는 능력이다. 예를 들어, 토끼의 소화 과정이 궁금하면 먹이를 먹은 토끼가 어떻게 소화하고 배설하는지 관심을 가지고 공부해 보고, 직접 관찰하거나, 해부를 통해서 알아보는 것이다.

주로 백신연구원, 줄기세포연구원, 병리연구원, 생명공학연구원, 유전공학연구원, 생명정보연구원, 생물연구원, 미생물연구원, 식품공학연구원, 식품공학기술자, 영양사, 임상병리사, 의약품인허가전문가, 식생활지도사, 생물정보분석가 등으로 일하면 두각을 나타내는 재능이다. 이러한 일에 필요한 전공 분야는 생명공학, 의생명과학, 미생물학, 유전공학, 생물학, 생화학, 바이오공학, 식품공학, 식품과학과, 임상병리학 등이 있다.

감성과 이성을 적절히 발휘하는 하이브리드 능력

'하이브리드'(Hybrid)란 '혼합'이라는 의미인데, 두 개 이상의 성질을 동시에 가지고 있다는 뜻이다. 생명형 아이는 이성과 감성을 동시에 발현하므로 하이브리드 능력이 탁월하다. 특히 생명에 대한 박애정신을 타고난 생명형 아이의 하이브리드 능력은 환자나 동물을 돌보거나 질병을 치료하는 의학, 치의학, 한의학, 수의학, 간호학, 약학 등의 분야에서 발휘될 수 있다. 환자나 동물의 피나 배설물을 보고도 거부감 없이 다가갈 수 있는 것도 이 때문이며, 긴박한 위기 상황에서도 흔들림 없는 냉철한 판단으로 생명을 살릴 수 있는 것 또한 하이브리드 능력 덕분이다.

주로 의사, 치과의사, 한의사, 간호사, 수의사, 약사, 물리치료사, 치위생사, 작업치료사, 중독치료사, 동물행동심리사, 야생동물재활사, 반려동물관리사, 반려동물행동교정사 등으로 활동하게 되는데, 이러한 직업에 종사하기 위해서 필요한 전공은 의학, 치의학, 한의학, 수의학, 간호학, 약학, 물리치료학, 치위생학, 작업치료학, 재활학, 애완동물학 등이다.

STEP 03
생명형 내 아이의 신앙 교육은 이렇게!

치료하시는 하나님

생명형 아이는 아픈 사람이나 동물을 보면 피하기보다는 불쌍하게 여기며, 아픈 곳을 고쳐 주고 싶어 한다. 한때 우리나라에서 메르스 바이러스가 유행해 많은 사람이 목숨을 잃었고, 또 수많은 사람이 병원에서 감염되어 불안에 떨었다. 당시 메르스 환자들을 치료하던 의사와 간호사들은 바이러스 감염에 대한 공포에도 불구하고 환자들의 치료에만 전념한 고귀한 분들이다. 그런 그들의 마음이 생명형 아이의 마음이다.

생명형 아이는 하나님이 여러 이름 중에서 '여호와 라파', 즉 '치료하시는 하나님'으로 불릴 때 하나님과 가까이 있음을 느낄 수 있다. 내 육신의 아픔만이 아닌 영혼의 아픔이나 상처까지도 싸매 주시고 치유해 주시는 하나님을 만날 때 아이는 다른 사람을 향해서도 치유의 사랑을 전하고 싶어 한다. 또 아픈 사람만이 아니라 아픈 동물도 생명을 만드신 하나님의 마음으로 불쌍하게 여기며 고쳐 주고 싶어 한다. 이렇듯 생명형 아이는 자신이 돌봐 줄 대상을 보면서 하나님이 나 역시도 얼마나 긍휼하게 여기고 사랑하시는지, 나의 아픔을 얼마나 잘 돌봐 주시는지를 깊이 체험한다. 생명형 아이에게 하나님은 간호사요 의사이시며, 나의 생명을 주관하는 절대적인 분이시다.

주님의 사랑을 전할 수 있는 의료 봉사 현장에 동참하게 해보는 것은 생명형 아이의 신앙 교육에 큰 도움이 된다. 당연하게 여겼던 간단한 치료들이 선교지에서 얼마나 값지게 쓰이는지를 보여 주는 것이다. 그때 아이는 간단한 치료만 받으면 살 수 있는데 그런 치료조차 받지 못해 죽어 가는 사람들을 보면서 함께 아파하시는 하나님의 마음을 조금이나마 느낄 수 있다. 또 치료를 받은 환자들에게, 하나님이 치료의 자리를 마련하시고 고침을 받게 하셨다고 하나님의 사랑을 전함으로써, 하나님으로부터 자기 또한 동일한 사랑을 받고 있음을 새삼 확인할 수 있다. 생명형 아이는 생명에 대한 긍휼함과 상처를 직접 고쳐 주고 싶다는 열망을 동시에 갖고 있으며, 그 마음을 통해 하나님을 배우고, 만나고, 신뢰하게 된다.

"이르시되 너희가 너희 하나님 나 여호와의 말을 들어 순종하고 내가 보기에 의를 행하며 내 계명에 귀를 기울이며 내 모든 규례를 지키면 내가 애굽 사람에게 내린 모든 질병 중 하나도 너희에게 내리지 아니하리니 나는 너희를 치료하는 여호와임이라"(출 15:26).

놋뱀 신앙

하나님이 애굽에서 노예 생활을 하던 이스라엘 백성을 구원하시고 하나님이 약속하신 땅 가나안으로 인도하시는 과정에서 이스라엘 백성은 때마다 일마다 불평과 원망을 늘어놓았다. 물이 없으면 없다고, 더우면 덥다고, 굶주리면 배고프다고 투정했고, "이럴 줄 알았으면 그냥 애굽에서 노예로 살 걸 그랬다"라는 말까지 서슴지 않았다. 그 말은 하나님의 자녀로 살기 싫고, 배부르고 등이 따뜻하기만 하면 된다는 말이었다.

하나님은 정말 화가 나셨다. 내 자식이 아버지가 싫다고 남의 집, 그것도 원수의 집에 가서 살겠다니 기가 막히실 일이다. 하나님은 불뱀들을 보내 원망한 백성을 물게 하셨다. 이 사건을 통해 하나님은 육신의 병뿐만이 아니라 하나님을 거부하는 영혼의 병까지 고치고자 하셨다. 더 나아가 앞으로 오실 예수님에 대해서도 미리 알려 주고 싶으셨다. 그래서 불뱀들이 다 사라지게 해달라는 모세의 기도에 대한 응답 대신 더 수고로운 방법을 택하셨고, 그 방법에 사람들의 수고, 즉 하나님을 향한 순종이 들어가게 하셨다.

하나님의 지시대로 모세는 놋으로 뱀의 형상을 만들어 장대에 달아 올렸다. 독뱀인 불뱀에 물린 자들 중에서 놋으로 만든 뱀을 바라본 사람들은 모두 치료되어 살았다. 하나님은 장대의 높이가 낮으면 많은 사람이 볼 수 없으니 장대의 길이를 길게 해 놋뱀을 높이 매달아 모든 사람이 볼 수 있게 하셨다(민 21:1-9). 이것은 예수님이 달리신 십자가를 연상시킨다. 예수님도 자신을 놋뱀에 비유해 말씀하셨다(요 3:14). 의사라는 직업을 상징하는 상징물이 놋뱀에서 기인했다는 주장이 있으며, 생명 구호의 마크로 놋뱀을 쓰고 있는 나라도 있다.

생명형 아이는 하나님이 주신 재능이 생명과 관련 있다 보니, 하나님이 생명의 주관자가 되신다는 것을 잘 알고 있다. 나의 생사를 가르는 무조건적인 길이 하나님께 있음을 믿는다. 아이는 놋뱀을 쳐다보기만 해도 이스라엘 백성이 살 수 있었듯이, 예수님 한 분만을 바라보면 죄를 사해 주심에 감사해 자신의 생명까지 내어 놓는다. 자신이 예수님을 바라봄으로써 구원을 얻었듯이, 자기 속에 있는 예수님을 바라보며 환자들이나 아픈 생명들의 생명을 구해 주는 치료의 사역자다.

"모세가 광야에서 뱀을 든 것같이 인자도 들려야 하리니 이는 그를 믿는 자마다 영생을 얻게 하려 하심이니라 하나님이 세상을 이처럼 사랑하사 독생자를 주셨으니 이는 그를 믿는 자마다 멸망하지 않고 영생을 얻게 하려 하심이라"(요 3:14-16).

헌신하고 봉사하는 낮은 자리를 경험하라

생명형 아이의 경우 생명을 다루는 일에 재능과 관심이 있다 보니, 자신의 재능에 사람의 생명이 달렸다는 교만한 마음이 생길 수 있어 주의해야 한다. 하나님이 아닌 내가 생명을 주관하는 자리에 있다는 교만이 틈타지 못하도록 헌신하고 봉사하는 낮은 자리를 경험하게 해야 한다. 1년에 한 번 방학 기간 중에 장애인, 어르신, 농촌 주민, 해외 오지 주민들을 대상으로 하는 의료 봉사나 의료 선교 팀에 소속되어 섬기게 한다면 좋은 기회가 될 것이다.

이성과 감성이 동시에 작용하는 성향을 가진 생명형 아이는 신앙생활을 하면서 말씀대로 사는 것이 쉽지 않아 교회 따로, 세상 따로 사는 자신을 보면서 신앙적 양심에서 비롯한 내면의 스트레스가 의외로 많을 수 있다. 따라서 주일 예배를 빠지지 않고 참석하게 하는 것이 좋다. 시험 기간에도 교회에 빠지지 않는 것이 아이의 신앙생활에 더 도움이 된다. 당연히 하나님을 예배하기 위해서이지만, 이성과 감성을 균형 있게 사용할 수 있도록 돕기 위해서다.

아이의 내적 스트레스 해소는 정서적인 면이나 신앙적인 면에서 필요한 부분인데, 부모가 아이의 속이야기를 들어 주는 시간을 정기적으로 가질 때 도움이 된다. 이때는 부모가 질문만 잘하면 된다. "요즘 학교는 어떠니? 어떤 게 힘드니?"라는 상투적인 질문을 피하고, "부모인 내가 너에게 하지 않았으면 하는 일이 있니?", "속상할 때는 뭘 하고 싶어?" 등 소위 영혼 없는 대답을 피할 수 있는 질문을 해야 한다. 아이와 대화하기 전에 좋은 질문 목록을 생각해 직접 만들어 보는 것이 좋다. 아이가 평소에 작은 슬럼프를 종종 겪으므로 아버지와 어머니 중에 아이가 좀 더 마음을 여는 부모가 대화를 시도하고, 함께 손을 잡고 기도를 드리면 마음이 진정되기도 한다.

생명형 아이는 사명을 일찍 깨닫는 것이 신앙생활과 학업 모두에 중요한 동기가 된다. 따라서 일반적인 기도도 해야겠지만, 하나님이 자신에게 주신 소명이 무엇인지를 발견하게 해달라고 부모와 함께 '소명 기도'를 드리는 것이 중요하다. 소명을 발견하면 파티를 열어 주고, 소명 선물도 주며, 주위 사람들에게 아이가 받은 소명을 알려 주어 격려받게 하는 것이 바람직하다. 이때는 꼭 좋은 대학에 가라고 강요하지 않는 것이 핵심이다. 좋은 대학에 가라고 강요하는 순간 순수한 소명이 '스트레스 소명'으로 바뀌기 때문이다.

말씀을 소명과 연결하라

생명형 아이는 성경을 싫어하지도, 좋아하지도 않는 편이다. 하지만 생물이 많이 나오는 창세기, 놋뱀 사건이 나오는 민수기, 하나님의 치료하는 광선이 비친다는 말씀이 나오는 말라기 등 소명과 연관 지어 성경을 읽는다면 성경에 대한 최소한의 흥미를 유발할 수 있다. 만약 의료계에 종사하는 어른이 성경 공부를 인도하면서 아이에게 사명과 말씀을 병행해 가르쳐 준다면 가장 효과적이다. 여의치 않으면 같은 소명을 가진 친구와 함께 성경을 공부하게 하는 것도 좋다.

성경에 나오는 동물 이름을 찾아보면서 성경을 읽거나, 질병 이름이나 의학 용어를 찾아보면서 성경을 읽으면 좀 더 관심을 가지고 성경을 대할 수 있다. 성경 완독에 성경 읽기의 목표를 두지 말고 특정 부분 위주로 읽어도 된다. 관심 있는 부분만 읽는 것을 두고 탓하지 말고, 그렇게

라도 성경을 읽는 아이에게 격려와 칭찬을 해주는 것이 좋다. 생명형 아이의 머릿속에 성경의 일부 지식이 사명으로 들어가면 아이의 성경 공부는 끝난 것이다.

STEP 04
생명형 내 아이의 학습법은 이렇게!

좋아하는 동물을 키우게 해서 학습 스트레스를 줄여라

생명형 아이는 이성과 감성을 동시에 균형적으로 가지고 있기 때문에, 학습 전략을 짜거나 전공을 선택할 때 인문사회 계열이 맞는지, 자연과학 계열이 맞는지 감을 잡을 수 없는 유형이다. 감성을 주로 사용하는 국어와 영어 등 언어 과목도 어느 정도 하고, 이성을 주로 사용하는 과학과 수학 과목에서도 기본적인 점수를 받는다. 따라서 다른 유형과 달리 진학할 학과를 먼저 선택하고 그에 맞게 학습 전략을 세우면 효과적이다. 예를 들어, 생명과학이나 생명공학과에 진학하기로 결정하면 수학과 과학에 좀 더 투자하고, 영어와 국어를 상대적으로 적게 학습하는 전략을 짜야 한다.

생명형 아이가 과학 과목이라고 해서 다 잘하는 것은 아니다. 하지만 대개 생물을 좋아하는 편이기 때문에, 공부 습관이나 흥미를 유지하기 위해서는 생물과 관련된 공부를 꾸준히 시키면서 다른 과목을 배정하는 방법이 필요하다.

생명형 아이는 비교적 학습 기복이 별로 없는 편이지만, 학습 의욕이 떨어졌을 때는 아이가 좋아하는 반려동물을 키우게 해주면 심리적인 면에서 안정감을 줄 수 있다. 사람들과의 관계보다는 동물들과의 관계를 더 편안해하기 때문이다. 이로써 내적인 스트레스를 줄여 학습 의욕도 회복시켜 줄 수 있다. 그 외에도 야외 생태 체험이나 관련 전시회와 박람회 참관도 분위기 전환에 도움이 된다.

이성과 감성을 동시에 사용하는 '반반 학습'을 하라

무엇보다 냉정과 열정을 동시에 가진 생명형 아이는 '반반 학습'이 효과적이다. 하루는 수학과 국어, 다음 날은 과학과 영어 등 다른 계열의 과목을 동시에 배치해 아이의 성향을 고루 사용해야 효과를 볼 수 있다. 하루 종일 수학만 하거나 국어만 하는 식의 학습 계획표로는 아이가 자신의 역량을 충분히 발휘하지도 못하고, 진도도 정체되어 성적이 오르지 않을 수 있다.

책상 앞에 앉아서 공부에 집중하면 특별한 일이 없는 한 주어진 공부 시간은 채울 수 있는 아이이므로, 과목당 학습 시간은 아이의 실력에 맞게 융통성 있게 가감하면 된다. 학습 중간에 특별한 휴식 시간을 주지 않아도 아이가 알아서 적당한 틈에 쉬겠지만, 만약 앞 시간에 수학 공부를 했다면 이성적인 뇌를 많이 사용했기 때문에 휴식 시간에는 음악을 듣거나 아이가 좋아하는 반려동물과 놀게 해주면 스트레스도 치유되고 다음 시간에 공부할 과목에 대한 감성이 워밍업되어 좋다.

친구들과 두루 친하게 지내는 편이 아니므로 무리하게 또래들과 그룹으로 묶어 공부하게 하는 것은 바람직하지 않다. 혼자서도 공부할 수 있으므로 자습을 하거나, 일대일 학습을 통해 배우고, 부족한 과목은 인터넷 강의로 보강하는 것이 좋다.

> ### 생명형 내 아이의 학습법 POINT!
> - 전공이나 계열을 먼저 파악한 뒤 학습 전략을 짜라.
> - 반려동물과 함께 지내게 하면 학습 의욕이 좋아진다.
> - 다른 계열의 두 과목을 동시에 배치하는 '반반 학습'이 효과적이다.

STEP 05

생명형 성경 인물
: 생명을 향한 무한한 애정을 소유한 '누가'

누가는 예수님의 제자도 아니었고, 복음의 사건들을 직접 본 적도 없는 그리스인이었다. 하지만 사도 바울의 주치의로서 바울의 전도 여행에 동행했다. 이후 바울이 로마에 투옥되었을 때는 바울을 떠나지 않고 보살피며 동고동락한 신실한 동역자였다.

훌륭한 의사였던 누가는 누가복음과 사도행전을 의사의 시각에서 저술한 것으로 잘 알려져 있다. 의사이기에 표현할 수 있는 '손 마른 사람' 등과 같은 독특하고 전문적인 용어들이 누가복음에만 등장한다. 그 외에도 의학 전문가만이 알 수 있는 식견과 의학 용어를 자주 사용했다. 또한 누가는 예수님의 사역을 본받아 질환을 가져서 아픈 자들뿐만 아니라 가난한 자, 소외된 자 등 사회적 약자에게 관심과 사랑을 가지고 직접 의술을 실천한, 뜨거운 박애정신으로 인류를 사랑한 생명형이었다.

09

분석형

결정적일 때
허당이지만 꼼꼼한
내 아이는
완벽주의자

STEP 01

작은 실수도 용납하지 않고, 미세한 차이까지 찾아내어 빈틈을 메운다

　분석형 아이는 아이답지 않게 성격이 꼼꼼하고 치밀하며, 학교나 집, 교회에서 생활할 때도 철저하게 계획을 세우고 행동하면서 매사 완벽을 추구하는 편이다. 어떤 일이든 일단 생각을 깊이 하고 자신의 논리를 정리해서 말하거나 행동으로 옮기기 때문에 다른 사람들에게 느려서 답답하다는 인상을 주기도 한다. 실수하지 않으려고 너무 이것저것 다 맞춰 보고 경우의 수를 따지다 보니, 정작 예상치 못한 상황이 닥치면 쉽게 당황한다. 또한 임기응변에 서툴러 그동안 공 들였던 일을 그르치기도 한다. 그렇다 보니 융통성이 부족하고 고지식하다는 소리를 듣는다.

　자신의 생각이 정립되고 나면 웬만해서는 다른 사람의 말을 듣거나 생각을 바꾸는 법이 없다. 일단 자신이 경험하고 직접 느끼고 난 뒤에는 꿋꿋하게 밀어붙이는 스타일이기 때문에 변화에 발 빠르게 대처하지 못하는 면이 있다. 하지만 또래보다 사회 문제에 관심이 많고, 꽤 어른스럽게 문제점을 짚어 내면서 비판을 잘하는 편이며, 사고가 논리정연해서 똑똑하다는 평을 듣는다.

　분석형 아이는 완벽주의 성향이 있어 세밀하고 미세한 부분까지 잘 파악하는 편이지만, 너무 세부적인 부분에 치우쳐서 전체의 흐름이나 맥락을 잘 놓치기도 한다. 실수하는 것이 싫어서 준비에 많은 노력을 기울이는 분석형 아이는 다소 관념에 치우치는 면이 있다 보니, 때로 결정적인 순간에 의외로 우유부단한 면을 보이는 '허당끼'를 발산한다. 그러나 뛰어난 분석력과 논리적 판단력으로 세상을 움직이는 최고의 브레인이기도 하다.

> **분석형 내 아이의 성향 POINT!**
> - 꼼꼼하게 계획하고 행동하는 치밀형
> - 남들이 보지 못하는 오류까지 찾아내는 분석형
> - 자신의 신념과 논리로 세상을 움직이는 브레인형

STEP 02
분석형 내 아이의 재능과 직업은?

분석형 아이는 꼼꼼하게 정보를 수집하고, 수집한 정보 사이에 어떤 관계가 있는지를 판단하고 구분해 기록하는 일을 잘한다. 이렇게 기록된 정보를 바탕으로 사회 현상을 분석하고 논리적으로 비판하는 재능을 타고났다.

"너는 나에게 기억이 나게 하라 우리가 함께 변론하자 너는 말하여 네가 의로움을 나타내라"(사 43:26).

이러한 능력을 살리기 위해서는 기록물관리사, 출판물편집자, 여론조사전문가 등으로 활약하면 좋다. 최근 사회, 정치 현상에 대한 국민의 의사를 파악해 정책에 적용하기 위한 여론조사전문가의 역할이 확대되고 있는데, 사회학과나 기록물관리학과 등에서 공부하면 해당 분야로 진출하는 데 도움이 된다.

자신의 생각을 납득시키고 분명한 기준을 세우는 논리력

'논리력'은 올바른 인식을 하기 위해 사고의 과정을 통해 무엇이 옳고 그른지를 사실에 비추어 따지고, 자신의 생각이나 주장을 목적에 맞게 정리하고 논하는 능력이다. 분석형의 우수한 논리력이 발휘될 수 있는 직업 분야로는 언론인, 칼럼니스트, 기자, 주필 등이 있다. 사회학, 언론학, 국문학 등을 공부하면 해당 분야에서 활동하는 데 필요한 이론적, 학문적 지식을 얻을 수 있다.

핵심을 파악하고 오류를 발견하는 분석력

어떤 대상이나 자료의 구성 요소를 세부적으로 나누고, 나누어진 부분 간의 관계를 파악하는 능력이 '분석력'이다. 분석력이 뛰어난 분석형 아이는 대상 간의 세부적인 차이, 쉽게 알아채지 못하는 숨은 뜻, 정보나 자료에서 드러나는 논리 오류나 모순을 잘 찾아내기 때문에 문화재감정사, 고미술품감정사, 학예사, 커리어컨설턴트, 정책연구원, 정치연구원, 사회연구원, 헤드헌터, 위폐감별사, 소비트렌드분석가 등에게 필요한 재능을 갖고 있다. 이런 분야에서 활동하고자 할 때 정치학, 사회학, 소비자학, 문화재학, 사학, 고고미술사학, 정책학 등을 전공으로 삼으면 그 분야에 필요한 소양을 익힐 수 있다.

분석형 내 아이의 신앙 교육은 이렇게!

로고스 하나님

논리적이고 분석적 성향이 있어 무엇이든 옳고 그름을 따지고, 남들이 보지 못하는 문제의 핵심과 오류를 간파하는 재능이 뛰어난 분석형은 이러한 재능으로 시시비비를 잘 따지고 비판을 잘한다. 하나님이 사람을 판단하시고 그 죄에 따라 심판하신다는 점에 크게 거부감을 갖지는 않지만, 그 과정이 자신이 볼 때 논리적이거나 합리적이지 않다고 생각되면 하나님께도 태클을 걸 정도로 자기 생각을 지나치게 확신하는 편이다.

하나님을 믿는 믿음도 합리적이어야 하기에, 설교를 통해 접하는 하나님의 말씀이 앞뒤가 맞아야 믿음이 생긴다. 또한 총체적으로 하나님을 분석한다. 하나님이 지으신 세계, 하나님의 말씀, 말씀을 대언하는 목회자의 설교, 하나님과 인간의 관계, 하나님과 로고스이신 예수님 등을 하나씩 분해하고 논리적 관계를 살펴보면서 하나님을 이해하고자 한다. 만약 분석하는 과정에서 합리적으로 맞지 않다고 생각되는 부분이 있으면 하나님도 판단의 대상이 되신다. 반면 하나님의 뜻이 하나씩 이해될 때 하나님을 향한 믿음의 크기가 자란다. 이렇듯 분석형 아이는 하나님의 말씀을 분석하고 논리를 세우면서 하나님을 알아 간다.

한편 분석형 아이는 스스로 납득이 되어 하나님을 믿게 되면, 이제는 반대로 하나님을 믿지 않고 비난하는 자들을 향해 타고난 논리력으로 차근차근 하나님을 변론하는 위대한 기독교 변증가로 돌변한다.

유명한 『나니아 연대기』를 쓴 20세기 최고의 기독교 변증가 C. S. 루이스(Clive Staples Lewis)는 영국의 평론가이기도 하다. 루이스는 지독한 무신

론자였으며 크리스천들을 비난하고 폄하한 인물이었다. 그의 어머니는 목사의 딸이었고, 아버지는 변호사였다. 어머니의 영향으로 어릴 적에는 교회에 나갔으나, 그가 9살 때 어머니가 암 투병 중 세상을 떠난 이후 그도 교회와 하나님을 떠났다. 아무리 분석해 보아도 그처럼 고통스럽게 어머니를 죽음에 이르게 하신 하나님을 이해할 수가 없었던 것이다. 그러다 『반지의 제왕』을 쓴 친구 J. R. R. 톨킨(J. R. R. Tolkien)과 아내의 영향으로 회심해 주님께 돌아왔다. 그 후 루이스는 그간의 무신론을 버리고 이제는 하나님을 설득력 있게 알리는 일에 모든 재능을 쏟았다.

분석형 아이는 하나님을 위한 대변인이다. 어떤 교리로 공격해 와도, 세상의 나쁜 생각들이 밀고 들어와도 하나님을 위한 정밀한 논리의 방패로 신앙을 수호한다. 하나님의 진리가 완전무결함을 믿으며, 하나님의 말씀의 진실함을 위해 싸운다.

"하나님의 도는 완전하고 여호와의 말씀은 진실하니 그는 자기에게 피하는 모든 자에게 방패시로다"(삼하 22:31).

소금 신앙

소금은 요리를 할 때 간이 되어 음식 맛을 더 좋게 해주는 역할을 하지만, 음식의 부패를 막는 데도 중요한 요소로 작용한다. 예수님은 크리스천인 우리에게 세상의 소금과 빛이 되어 세상이 부패하지 않게 하고 주님의 진리로 세상을 밝히라고 하셨다.

분석형이라는 재능 자체가 교회와 세상의 잘못된 점들을 잘 지적해 내고 비판하는 데 적합하게 맞춰져 있다. 교회와 세상의 잘못된 오류를 잡아 내는 과정에서, 설교에서도 잘못된 점이 있다면 망설임 없이 지적

한다. 잘못된 점을 찾아내 바로잡도록 도와주는 것을 사명으로 알고, 사람들이 잘못된 길로 가지 않도록 예방하며, 잘못된 길로 갔다면 다시 돌이키게 하는 데도 탁월한 역할을 감당한다.

성경에 나오는 인물 중에 나단 선지자를 예로 들 수 있다. 다윗은 부하 장군의 아내를 탐하고 나서는 그녀의 남편을 전쟁터로 내몰아 죽였다. 나단 선지자는 이 사건을 가난한 사람의 새끼 양을 빼앗아 자기를 찾은 손님을 대접한 부자의 이야기에 비유하면서 다윗의 죄와 하나씩, 하나씩 빗대었다. 그제야 다윗은 자신의 죄를 깨닫고 하나님 앞에 엎드려 회개했다. 나단 선지자의 비판이 논리적으로 다윗에게 전달되자 자신의 죄성을 깨달은 것이다. 이로써 다윗은 더 이상 죄를 짓지 않게 되었으며, 자신의 죄를 회개했다. 나단 선지자가 소금의 역할을 한 것이다.

이처럼 하나님은 세상에서 소금과 같은 역할을 할 수 있도록 논리력과 분석력에 기반한 날카로운 비판력을 분석형 아이에게 재능으로 주셨다. 분석형 아이는 교회가 하나님을 멀리하지 않도록 하는 사명, 세상이 썩지 않고 하나님께 돌아오게 하는 사명을 가진 것이다.

분석형 아이가 비판을 할 때 부모의 입장에서는 "비판하지 말라"(마 7:1; 눅 6:37)라는 성경 말씀에 불순종하는 것처럼 느껴져 부정적으로 보일 수 있다. 이때는 이유 없이 흠집을 내려는 비난인지, 생명을 살리기 위한 사랑이 담긴 비판인지 살펴볼 필요가 있다. 후자의 비판은 나단 선지자도, 사도 바울도, 예수님도 하셨다. 사랑의 비판은 소금의 짠맛이다. 적절한 비판은 음식의 딱 맞는 간처럼 영혼을 매우 건강하게 만든다. 음식에 조금만 들어가도 부패균을 억제하는 방부 작용을 하는 소금처럼, 분석형 아이의 논리적인 능력과 비판이 교회와 사회를 하나님께 돌이키는 신앙의 방부 작용을 하는 것이다.

"너희는 세상의 소금이니 소금이 만일 그 맛을 잃으면 무엇으로 짜게 하리요 후에는 아무 쓸데없어 다만 밖에 버려져 사람에게 밟힐 뿐이니라"(마 5:13).

완벽하려는 마음을 버리고 하나님의 자유를 경험하라

분석형 아이는 하나님을 완벽하게 이해하고 싶어 하며, 스스로도 완벽한 크리스천이 되고자 한다. 자신을 포함한 주변 사람들이 완벽하다고 느껴야 안심이 되는 심리적 배경에는 분석형의 완벽주의적인 성향이 깔려 있다. 그래서 스스로도 그렇고 주변 사람까지 피곤하게 한다.

신앙생활에서도 마찬가지다. 하나님이 완벽하게 믿어져야 교회를 다니겠다고 고집하는 유형이다. 지식과 정보를 수집하는 능력 또한 뛰어나다 보니 자신이 갖게 된 정보가 성경과 배치될 때 믿음에 혼란이 찾아온다. 말씀이 자신이 생각해 봤을 때 이치에 맞지 않다고 생각되면 하나님도 믿지 않으려 하거나 하나님을 믿다가도 시험에 든다. 자기 생각에 맞아야만 하나님이 살아 계신다고 생각한다.

그러나 하나님이 지으신 피조물에 불과한 우리는 세상의 이치를 창조주 하나님과 똑같이 이해할 수 없으며, 단 한 가지라도 완벽할 수 없다는 점을 인정해야 한다. 만일 우리가 하나님이 무슨 생각을 하고 계신지, 앞으로 어떤 일을 하실지를 낱낱이 알 수 있다면 그분은 이미 하나님이 아니시다. 우리가 하나님이다. 아이가 부모의 마음을 다 알 수 없는 것과 같은 이치다.

따라서 분석형 아이에게는 겸손함이 필요하다. 날카로운 분석력과 논리력으로 하나님의 뜻에서 벗어난 것, 성경적이지 못한 것, 그리고 세상의 불의를 판단해야지, 교만한 마음으로 다른 사람의 허물, 잘못, 실수를 판단해서는 안 된다. 이 사실도 아이에게 알려 주어야 한다.

아울러 분석형 아이에게는 하나님의 뜻을 다 몰라도 하나님은 계시다는 사실을 가르치는 것이 가장 중요하다. 또한 내 머리로 하나님을 다 알지 못해도 괜찮다고 말해 주어야 한다. 분석형 아이와 말싸움이나 논리 싸움을 벌이고, 신앙의 교리를 놓고 따지기 시작하면 질 수밖에 없다. 상황에 따라 적절하게 "네가 모르는 게 하나님께는 있어"라고 말해 줌으로써 스스로 겸손하게 하거나, "너는 하나님에 대해 많이 알고 있구나" 하며 격려하고 존중해 주는 것이 좋다.

성경, 토론하며 읽어라

분석형 아이는 글을 읽고, 쓰고, 말하기를 어려워하지 않으며 잘한다. 따라서 다른 유형에 비해 성경 공부에 큰 부담이 없다. 다만, 왜 성경을 공부해야 하는지 그 이유가 납득되어야만 성경을 읽는다는 것이 문제다.

혼자 성경을 읽게 하는 것보다는 공과 공부나 성경 공부 모임에 정식으로 참여해 성경을 공부하는 것이 좋다. 성경 공부를 하면서 사고력이 더 심화되고, 학교 학습을 위한 배경 사고력을 키우는 데도 도움이 된다. 이때 성경 교육 프로그램이 성경 교사의 일방적인 강의식으로 진행되면 분석형 아이의 경우 흥미가 쉽게 떨어진다. 왜냐하면 자신의 생각을 논리적으로 말할 수 있어야 재미를 느끼기 때문이다. 의견을 주고받는 토론식 성경 교육 프로그램이 도움이 된다. 또는 청소년들이 접할 수 있는 성경에 대한 에세이나 성경 관련 책을 읽게 해도 좋다.

성경 공부를 하고 온 날이면 배운 내용을 이야기해 달라고 하고, 이야기를 마치고 나면 칭찬해 주어 성경 학습 동기를 북돋워 주는 것이 좋다. 비판력이 좋아서 성경 교육 프로그램이나 진행하는 사역자에 대해 부족한 부분을 말할 수도 있다. 이때 지나치게 반응하기보다는 지켜봐야 한다. 시간이 지나면서 잘 적응하면 믿고 맡기고, 계속 불평하면 프로그램 변경을 고려해 보는 것이 좋다.

예배는 시험 기간에도 빠지지 않는 것이 좋다. 왜냐하면 분석형 아이는 학교에서도 인정받고 싶어 하고, 교회에서도 인정받고 싶어 하는 성향이 있기 때문이다. 따라서 시험 기간에도 예배를 드리고 나서 시험공부를 하게 하는 것이 스트레스를 줄이는 비결이다. 주일 예배를 지속적으로 드리게 하면서 동시에 학업에 힘쓰게 해야 한다. 완벽주의 성향이 있어서 시험 기간에 교회 생활에 시간을 많이 투자할 경우 교회 생활도 완벽하게 해야 한다는 강박감에 시달려 하나님을 향한 마음도 불안해질 수 있기 때문이다. 한편 학업에만 투자하고 교회생활에 참여하지 않으면 하나님과 사람들에게 인정받지 못할까 봐 스트레스를 받을 수 있으니 균형을 이룰 수 있도록 돕는 것이 중요하다.

기도는 혼자서 깊이 기도하는 시간을 마련해 주는 것이 좋다. 생각이 많은 편이므로 교회 내의 조용한 기도실에서 기도하거나 혼자 집에서 기도하게 한다.

생각나는 대로 기도 제목을 적게 하고, 그 기도 제목을 두고 부모도 기도해 준다. 기도 제목은 될 수 있는 대로 많이 떠올려 기도하게 해야 한다. 한두 개의 기도 제목을 두었을 경우 완벽해야 안심하는 성향 때문에 중요한 기도가 응답되지 않거나 기도 제목이 모두 응답되지 않으면 하나님께 크게 실망할 수 있기 때문이다. 이때는 아이에게 기도 응답은 천천히 이루어지는 경우도 있고, 응답이 안 된 것이 응답일 수도 있다고 가르쳐 준다. 내 생각대로 되는 것이 응답이 아니라 하나님의 생각대로 되는 것이 응답이라는 점을 분명히 깨닫게 해주어야 한다. 왜냐하면 자신의 생각대로, 자신의 기도대로 되지 않을 때 어떤 유형의 아이보다 스트레스를 많이 받기 때문이다.

STEP 04

분석형 내 아이의 학습법은 이렇게!

선행 학습 너무 시키면 고학년 때 학습 피로 찾아온다

분석형 아이는 스스로 완벽한 학습을 해야 마음이 놓이기에 알아서 자기주도학습을 하는 편이다. 자존심이 워낙 강하기 때문에 아무리 부모라고 해도 자신의 공부나 학습에 대해서 감 놓아라 배 놓아라 하면 용납하지 못한다. 잘되라는 의도로 하는 부모의 말을 자신에 대한 비판으로 받아들이기 때문이다. 자존심에 큰 상처를 입으면 갑자기 몸이 아프거나 우울해하고, 심하면 손에서 책을 놓을 수도 있으니 유의해야 한다. 평소에도 신경이 예민하므로 심리적으로 배려해 주는 것이 중요하다.

그렇지만 일단 뭔가를 하기 시작하면 대충 하지 않기 때문에, 대개 분석형 아이는 시험에서 100점을 맞거나 국·영·수 과목에서도 비교적 높은 성적을 받는다. 그래야 아이 스스로 자존심을 지켰다고 생각하고 만족하기 때문이다. 그저 아이를 신뢰하고 믿어 주기만 하면 되기에 다른 유형에 비해 부모의 역할이 상대적으로 적다고 할 수 있다. 더러 기대치에 못 미치는 성적을 받아 오거나 아이의 생활 태도가 만족스럽지 못하더라도, "그 정도는 괜찮아", "너 정도면 양호하지" 등 긍정적인 메시지를 전하는 것이 좋으며, 썩 내키지 않더라도 과하다 싶을 정도로 인정해 줄 필요가 있다.

분석형 아이의 완벽성은 공부하는 데 매우 강점이 되기도 하지만, 자신이 노력한 만큼의 결과가 나오지 않으면 자신을 닦달하고 스스로 공부 스트레스를 받는 약점이 되기도 한다. 너무 일찍부터 선행 학습을 시키거나 영재 수업을 받게 하겠다고 욕심을 부리면 안 된다. 초등학생 때까지는 부모의 기대대로 따라오지만, 학년이 올라갈수록 점점 학습 피로와 압박을 느끼게 되고, 완벽주의 성향이 부정적으로 작용할 수 있다. 가장 중요한 고등학생 때나 대학생 때 학습력이 급감할 수 있으므로, 부모의 지나치게 높은 기대와 요구는 자제해야 한다.

분석형 아이는 믿고 기다려 주면 고학년이 될수록 공부를 잘하고 자기 실력을 드러내는 유형이다. 따라서 저학년 때는 주로 기본기를 닦는 수준에서 학습하게 하면 된다. 텍스트에 강하므로 적절한 수준의 책을 읽게 해 사고가 편협해지지 않도록 도와주는 것이 바람직하다.

공부는 오만하게, 인성은 겸손하게

대개 부모는 아이가 어릴 때 책을 많이 읽게 하려고 욕심을 부린다. 그런데 분석형 아이는 텍스트에는 강하지만 의외로 책 읽기를 그다지 좋아하지 않는다. 생각하는 것을 더 좋아하기 때문이다. 책을 읽더라도 자신이 좋아하는 분야만 골라 읽으려 한다. 텍스트를 읽을 때도 한 문장, 한 문단, 한 바닥씩 일일이 분석하고 비판하며, 자기 생각을 정리해 가면서 읽기 때문에 책 한 권을 읽는 데 시간이 오래 걸린다. 따라서 독서 지도가 쉽지 않은 편이다. 중요한 것은 한 달에 몇 권을 읽느냐가 아니라, 한 달에 단 한 권이라도 제대로 읽게 하는 것이다.

분석형 아이는 논리적인 사고를 하는 만큼 책을 읽은 후 소감이나 생각을 논술문 형식으로 써 보게 하는 것이 좋다. 교내 백일장이나 논술

대회 및 토론 대회에 적극적으로 참가시켜 더 큰 무대에서 아이의 사고력을 다듬을 수 있는 기회를 마련하면 자신감이 상승하면서 자연스럽게 더 많은 책을 읽고자 동기 부여가 될 수 있다.

　분석형 아이는 자신이 최고라는 오만이 공부로 이어질 수 있다. 따라서 긍정적인 오만은 확장시켜 줄 필요가 있지만, 아이의 인성에 부정적인 영향을 미치지 않도록 지혜롭게 교육해야 한다. "하나님은 교만한 자를 가장 싫어하시고, 겸손한 자를 사랑하고 높이신다"고 강조한다. 분석형 아이는 완벽주의적인 면이 있어 하나님이 싫어하시는 일은 되도록 안 하고자 하기 때문이다. 또한 "네가 먼저 올바른 생각으로 모범을 보여야 너로 인해 사회가 달라진다"라는 식의 언급을 해줌으로써 아이에게 사회에 대한 책임감을 심어 줄 수 있다. 그러면 자신이 뭔가 대단한 일을 할 사람이 되리라는 생각 때문에 어긋나지 않을 수 있다.

　분석형 아이는 완벽주의 때문에 자신이 부족하다고 생각하는 과목에 대해서 집착하는 경향이 있다. 이 경우 꼼꼼한 성향을 이용해 잘 틀리는 문제 유형을 집중적으로 공부하거나 부족한 과목에 대해 오답노트를 만들어 공부하면 긍정적으로 활용할 수 있다. 특히 분석형 아이는 자신의 논리대로 사고하고 완벽하게 이해해야 다음으로 넘어가는 성향이므로, 시험 시간이 모자라 풀 수 있는 문제를 놓치기도 한다. 또한 잘해야 한다는 압박감 때문에 시험 당일에 갑자기 배탈이 나거나 어지럼증이 생기는 경우가 종종 있을 수 있다. 평소에 아이가 충분히 여유를 가지고 공부하고 안정감을 유지할 수 있도록 심신에 도움이 되는 족욕, 반신욕 등을 활용하면 도움이 된다.

분석형 내 아이의 학습법 POINT!

- 자기주도학습을 잘하는 유형이니 부모의 지나친 간섭은 자제하라.
- 분석하고 비판하느라 행동이 느린 부분은 타고난 습관으로 받아들여라.
- 완벽주의 성향상 시험일 전후에는 심신 안정에 신경을 써라.

STEP 05

분석형 성경 인물
: 격조 높은 신앙심으로 하나님께 올인한 '바울'

예수님을 만나 사도 바울이 되기 전 기독교 박해에 앞장섰던 인물로, 본명은 '사울'이다. 베냐민 지파인 유대인이자 당시에는 아무나 가질 수 없었던 로마 시민권까지 소유하고 있었다. 바울은 요즘으로 치자면 최고의 명문대학교에서 최고의 유대학자 랍비인 가말리엘 밑에서 공부한 엘리트 중의 엘리트였다. 공부라면 누구도 따라올 자가 없는 '공부 머리'를 가진 분석형 바울은 무엇을 하든지 철저하게, 완벽하게 해야 직성이 풀렸다. 그런 성향 때문에 과거에 아무도 시킨 사람이 없는데도 스스로 크리스천들을 잡으러 예루살렘에서 다메섹, 지금의 시리아 다마스쿠스까지 달려갔을 정도였다.

바울은 다메섹으로 가는 길 위에서 예수님의 음성을 듣고 회심한 뒤 타고난 분석형 성향답게 복음을 전파하는 데 완벽주의자가 되었다. 숱한 고난에도 불구하고 수많은 영혼을 구원하는 일에 크게 쓰임 받은 바울은 놀라운 분석력과 논리력으로 기독교 신앙의 정수인 로마서를 포함해 신약성경의 3분의 1 이상을 기록한 위대한 분석형 인물이다.

10 관찰형

자연 현상엔 흥미 있지만
친구에게는 관심 없는
내 아이는
탁월한 통찰자

STEP 01

자기 관심 대상을 꾸준히 관찰하고
자기 목표를 주도적으로 이루어 간다

관찰형 아이는 눈에 보이는 자연 현상에 흥미가 많고, 자연 현상 중에서도 자신이 관심 있는 분야에 집중하는 유형이다. 자기 관심거리가 아니면 주변 사람과 잘 소통하지 않거나 사회 현상에 관심이 적어서 사회성이 떨어지는 편이고, 또래 아이들과 어울리기보다는 자기가 원하는 일에 조용히 몰두하는 성향이다.

복잡하게 생각하는 것을 좋아하지 않고, 누가 어떤 말을 하건 상관없이 오직 자신이 직접 확인하고 경험한 결과에 대해서만 믿는다. 따라서 문제가 발생해도 다수의 의견을 무조건 따라가거나 섣불리 결론을 내리지 않고 신중하게 판단한다. 반면에 일단 결론을 내리면 바꾸지 않는 고집스러움이 심한 편이다. 변화를 그다지 좋아하지 않으며, 학교생활에 적극 참여하거나 동아리 모임을 활발하게 하는 편도 아니다. 자기 속내를 잘 털어놓지 않기 때문에 친구들 사이에서도 사귀기가 쉽지 않은 아이라는 평을 듣는다. 하지만 자신에게 맡겨진 역할이 있을 때는 높은 직관력과 통찰력을 발휘해 상황을 조망하고 해결책을 잘 찾아내 인정을 받기도 한다.

흥미 있는 대상을 꾸준히 관찰하고, 스스로 의문점을 해결하면서 성취감을 느끼고, 자신의 목표에 집중해 성과를 이루어 내는 관찰형 아이는 전문 분야에서 탁월한 능력을 발휘할 수 있는 유형이다.

> **관찰형 내 아이의 성향 POINT!**
> - 자연 현상에 관심이 많아 관찰로 탐구하는 통찰형
> - 자신의 관심 대상에 집중하고 천천히 목표를 이루는 대기만성형
> - 자신이 직접 경험한 것으로 결론을 내리는 실습형

STEP 02

관찰형 내 아이의 재능과 직업은?

환경과 우주에 대해 남다른 관심과 호기심을 갖고 있으며, 직접 눈으로 보고 실험하기를 좋아하는 관찰형 아이는 이상기온, 미세먼지, 지진, 쓰나미, 쓰레기 처리 문제 등 환경오염으로 인류가 위협받고 있는 현재와 미래에 그 능력을 가장 잘 발휘할 수 있는 재능을 타고났다.

상황이나 현상을 단번에 꿰뚫어 보는 통찰력

어떤 대상이나 현상을 사고하는 과정 없이 한 번에 꿰뚫어 보는 능력이 '통찰력'이다. 관찰형 아이는 하나님이 창조하신 우주의 원리와 복잡하고 심오한 대상이나 현상이 움직이는 원리를 순식간에 파악해내는 능력인 통찰력이 뛰어나다. 이 재능이 탁월하게 발휘될 수 있는 영역은 천문연구, 우주환경연구, 천체물리연구 등이고, 꼭 배워야 할

전공으로는 천문학, 천문우주학, 우주과학, 천체물리학, 우주공학 등이다.

사물이나 환경을 정확하게 파악하고 변화를 포착해 내는 관찰력

'관찰력'은 어떤 현상이나 사물을 주의 깊게 살펴서 객관적으로 파악하고, 대상의 본질과 원리를 발견해 내는 능력이다. 주로 지진전문가, 온실가스연구원, 환경연구원, 환경컨설턴트, 폐기물에너지연구원, 비파괴검사원, 소음진동기술자, 탄소배출권전문가, 대기기술자, 기상연구원, 해양연구원, 농림연구원, 임업기술자, 축산연구원, 산림연구원, 수목관리사, 생태학연구원, 귀농플래너, 정밀농업기술자 등에 종사하면 재능이 빛날 수 있다.

해당 분야에 적합한 학과로는 지질학과, 지구과학과, 지질환경과학과, 지구시스템과학과, 대기과학과, 해양학과, 환경공학과, 수산학과, 농학과, 임학과, 산림자원학과, 축산학과, 환경시스템공학과, 생태학과 등이다.

STEP 03

관찰형 내 아이의 신앙 교육은 이렇게!

나를 지켜보시는 하나님

하나님은 관찰형 아이에게는 눈에 재능을 주셨다. 관찰형 아이는 육안으로 자연을 유심히 보거나 하늘을 관찰한다. 무엇이든 자신의 눈으로 직접 봐야 인정하기에 하나님이 지으신 나무, 숲, 하늘의 달과 별 등 자연과 주변 환경을 통해 하나님의 존재를 느낄 수 있다. 그렇기에 하나님도 자신을 지켜보고 계실 것이라 생각한다. 『하나님을 경험하는 삶』을 쓴 헨리 블랙커비(Henry T. Blackaby)는 이렇게 말했다.

"'하나님의 자녀'인 당신은 결코 혼자가 아니다. 당신의 목자께서 당신과 항상 함께하신다. 당신이 있는 곳으로 그분을 부를 필요도 없고, 지금 그분이 어디 계시냐며 의아해할 필요도 없고, 그분이 당신을 버리실까 두려워할 필요도 없다. 그분은 당신 '앞'에서 가시며, 당신 '옆'에서 걸으시며, 당신 '뒤'에서 따라오시며, 당신을 '안전하게' 지켜보시며 보호하신다."

관찰형 아이는 언제나 함께하시는 하나님을 인정할 때 하나님에 대한 신뢰가 생긴다. 과학에 관심이 많고 자연 법칙과 우주에 호기심이 많은 관찰형 아이에게 하나님이 그 모든 것을 창조하셨고, 지금도 돌보고 계신다는 사실을 성경을 보여 주며 직접 확인시켜 주면 좋다. 아이가 자연과 천문 현상을 관찰하면서 그 속에 내재되어 있는 하나님의 과학 원리를 깨달으며 하나님을 만날 수 있기 때문이다. 관찰형 아이에게 하나님은 온 우주뿐만 아니라 아이를 주관하시는, 심오하면서 놀라운 섭리 안에 계시는 분이다. 따라서 아이에게 하나님은 오랜 시간 눈으로 관찰하며 알아 가야 하는, 즉 '과거-현재-미래'의 과정 속에 계시는 진행형의 하나님이시다.

관찰형 아이는 보는 것도 단지 보는 데서 그치는 것이 아니라 10년씩 지켜보고 또 지켜보면서 사물이나 자연, 우주에 존재하는 모든 현상에 들어 있는 하나님의 뜻을 본다. 그렇다 보니 하나님이 만드신 자연과 우주의 원리를 탐구하려는 연구력이 탁월하다. 평생에 걸쳐 새로운 별을 발견하는 과학자는 관찰형에서 나온다.

관찰형 아이는 사람과의 관계보다는 자연과 우주를 통해 하나님과 직접 관계를 맺는 방법이 더 수월하다. 자연과 우주를 통해 자신에게 음성을 들려주시는 하나님을 믿는다.

"여호와여 주께서 나를 살펴보셨으므로 나를 아시나이다"(시 139:1).

등대 신앙

관찰형 아이의 신앙 유형은 하나님과 함께 세상을 지켜보는 고요한 '등대 신앙'이다. 등대가 뱃사람들에게 심리적인 안정을 주듯이, 하나님은 아이에게 안정과 평안을 주시는 존재다. 관찰형 아이에게 하나님은 언제나 나의 앞과 뒤에서 나의 행동을 지켜보시고 나를 아시는 분이다.

때로 힘들거나 고통에 빠질 때면 마치 항구를 찾지 못해 헤매던 배가 등대의 불빛을 보고 길을 발견하듯이 하나님을 찾는다. 이때 잠잠히 불빛을 따라가지, 호들갑스럽게 빛을 찾아다니지 않는다. 등대가 비추어 주는 길을 따라 배가 유유히 움직이듯이 하나님이 성경을 통해, 예배를 통해, 기도를 통해 알려 주신 대로 인생을 살면 된다고 여긴다. 그래서 관찰형 아이에게 인생은 복잡하지 않고 단순하다. 어려움에 빠질 때도, 행복할 때도 자신의 삶과 학교와 세상 속에 계시는 하나님을 그저 바라보면서 살면 되기 때문이다.

관찰형 아이의 믿음은 늘 그 자리에 있는 등대처럼 한 번 믿음이 자리를 잡으면 어떠한 비바람에도 흔들리지 않는다. 오히려 고난과 시련이나 시험이 강하게 올 때 더 강력하고 변하지 않는 믿음을 보여 준다. 자신이 맡은 분야에서 묵묵히 최선을 다하는 것이 하나님을 올바로 믿는 것이라 생각하기에 비바람이 불고 파도가 거세도 요동하지 않는다. 마치 항상 그 자리에 서 있는 등대처럼 말이다. 관찰형 아이는 인생에서 가장 힘들고 위험한 때에도 믿음이라는 등대를 지켜본다. 등대와 같으신 하나님이 어떤 일에도 흔들리지 않으시며 나의 일거수일투족을 아신다고 확신하기에 두려워하지 않는다. 하나님 안에서 안전과 평강을 누린다.

관찰형 아이는 말을 많이 하는 스타일이 아니기 때문에 어떤 신앙을 가졌는지 주변에서 정확히 들어 보기가 어렵다. 하지만 관찰형 아이의 있는 듯 없는 듯 조용하면서도 한결같은 삶을 곁에서 지켜보면 대략 짐작할 수 있다. 관찰형 아이는 지나치게 신중해서 행동이 느린 편이라 교회 행사나 여러 활동에 소극적일 수 있으며, 수련회나 부흥회처럼 시끌벅적한 분위기를 즐기지 않는 편이다. 교회 내의 다채로운 프로그램이나 새로운 예배 형식보다는 정적이고, 조용하고, 편안한 예배를 선호한다.

자연에서 하나님을 경험하라

관찰형 아이는 가정에서나 교회에서 믿음이 자라고 있는지, 신앙생활에 문제는 없는지 도통 가늠하기가 어렵다. 워낙 말수가 적고 조용한 편이기 때문이다. 아이가 교회를 잘 다니고 있다고 해서 하나님과의 관계에 문제가 없다고 생각해서는 곤란하다. 모태신앙인 경우 더욱 그렇다. 하나님의 존재를 믿지 않으면서 단지 부모를 따라 교회를 다니는 경우도 있기 때문이다.

아이와 함께 한 번씩 자연으로 나가 하나님이 지으신 세상 만물을 바라보며 하나님에 대해 생각하고 나누는 기회를 가지는 것은 아이의 신앙에 큰 도움이 된다. 관찰형 아이는 일단 믿기만 하면 어떤 어려움에도 믿음을 꾸준히 지속하기에, 자연을 통해 하나님께 노출되는 기회를 자주 접하게 해주면 좋다.

관찰형 아이는 기도 시간에 단체로 드리는 기도나 통성 기도보다는 조용히 혼자 기도하거나 침묵 기도나 묵상 기도를 더 좋아한다. 이런 성향을 가진 아이에게 큰 소리로 기도해야 한다고 강요하는 것은 거부감을 일으킬 수 있다. 자신의 신앙 스타일이 간섭받는 것 같아 싫어한다. 또한 그렇게 강요한 사람에 대해 반감을 가지게 될 수 있다.

관찰형 아이의 경우 대화를 자주 나누지 않고 말수가 적어서 신앙에 문제가 있을지 모른다고 쉽게 단정 짓기 쉬운데, 꼭 그렇지는 않다. 하나님이 말수가 적고 차분히 지켜보는 아이로 만드셨다. 따라서 관찰형 아이는 사람들과 대화를 나누거나 자주 어울리기보다는 조용한 가운데 예배드리는 사람들을 지켜보는 것만으로도 신앙 유지에 도움이 된다. 교회에서 "이렇게 해라", "저렇게 해라" 하고 자꾸 일을 시키는 것은 관찰형 아이에게 부담이고 무리다.

관찰형 아이는 신앙의 방식이 상당히 독특해 교회에 1-2년 다녀서 신앙이 성장하기를 바라선 안 된다. 장기적으로 20대나 30대를 바라보면서 신앙 성장을 기대하는 것이 좋다. 관찰형 아이는 대기만성형이다. 일단 믿고 교회를 다니면 변함없이, 꾸준히 신앙이 성숙하는 성향이므로 서둘러 영적 체험을 하거나 신앙의 적극성을 보여 주기를 기대하기보다는 마음속 깊이 내재한 믿음이 여물어 가는지를 지켜보는 것으로 족해야 한다.

부모는 관찰형 아이가 말이 없어서 신앙이 매우 소극적일 것이라고 생각하지 말아야 한다. 이 아이는 자신의 관심 분야를 통해 하나님을 몇십 년씩 찾아가는 매우 집요하고 적극적인 신앙을 가지고 있다는 점을 기억해야 한다.

성경 속 과학으로 하나님을 증명하라

처음에 성경 공부를 시작할 때 관심을 끄는 부분을 찾아 주는 것이 중요하다. 창세기에서 하나님이 우주와 만물을 창조하신 부분을 읽게 한 후 궁금한 점이나 이해가 되지 않는 점을 떠올려 보라고 한다. "과연 아담은 인류 최초의 사람인가?", "진화론이 맞는가, 창조론이 맞는가?" 등 질문에 제약은 없다는 단서를 붙인다. 이때 과학적 사실로 밝혀진 성경의 내용들을 자신이 떠올린 질문들과 비교하며 찾아보게 하면 성경 공부에 대한 흥미를 유발하는 데 작게나마 시작점이 될 수 있다.

예를 들어, 이사야 40장에는 땅의 기초가 창조될 때를 설명하면서 '궁창'이라는 단어가 나온다. 궁창이란 '둥그런 창'이라는 뜻이다. 이는 '망치로 쳐서 넓게 펼치다'라는 뜻에서 유래된 말로, 하늘이 엎어진 사발처럼 둥근 모양으로 넓게 펼쳐져 있음을 말한다. 즉 땅이 둥그렇고 원 모양을 하고 있다는 설명으로, 성경에 지구가 둥글다는 과학적인 사실이 기록되어 있다는 것을 보여 준다. 이 이야기를 통해 지구와 관계된 책을 읽게 하고, 성경에서 창세기를 다시 펼쳐 보게 하면 된다. 관찰형 아이는 대개 쓰는 것을 싫어하므로 발견한 내용을 기록하는 것은 크게 도움이 안 된다는 점을 참고하라.

또한 지구가 우주라는 허공에 매달려 있음을 알려 주는 구절도 보여 줌으로써 성경에 나오는 구절들이 연구를 통해 입증된 과학적 사실이라는 점에 호기심을 갖게 해주면 과학 공부에도 도움이 된다.

여기서 주의할 점이 있다. 이러한 시도가 효과적이어서 아이가 해당 부분의 성경을 잘 읽었다고 해서 다른 부분도 읽어 가기를 무조건 강요하면 안 된다는 것이다. 교회학교에서 배우는 성경 지식만으로도 충분하다. 하나님이 지구와 우주를 과학적으로 창조하신 분이라는 사실만 아이에게 심어 주어도 신앙 교육은 성공한 것이다.

예배는 주일 예배를 일정한 시간에 지속적으로 드리는 것이 좋다. 시험 때는 교회에 빠지지 않고 나가는 것이 필요하다. 관찰형 아이는 하나님과의 관계를 꾸준히, 오래, 성실하게 이어 가기 때문에 시험 기간이라는 이유로 교회를 빠지면 일관성을 놓치게 된다. 의외로 신앙 패턴을 회복하기가 쉽지 않다.

관찰형 아이는 숲, 산, 하늘 등 자연을 보면서 하나님을 더 충만하게 느끼기 때문에 자연과 함께하는 수련회나 야외 예배를 통해서 하나님의 살아 계심과 내주하심을 직접 경험하게 하는 것이 좋다.

STEP 04

관찰형 내 아이의 학습법은 이렇게!

성적을 올리고 싶으면 대화로 귀찮게 하지 말라

관찰형 아이는 15가지 성향유형 중에서 가장 조용하고 자기 속내를 드러내지 않는 유형이다. 무엇을 물어도 대답을 잘 안 하거나 겨우 단답형으로만 답하는 경우가 대부분이다. 그래서 부모가 아이와 대화하는 것 자체가 '미션 임파서블'(Mission Impossible)이 될 수 있다. 그렇다 보니 아이의 학습력이나 진도를 파악하기도 쉽지 않은데, 이에 대해 아이보다 부모가 더 스트레스를 받는 편이다.

아이가 잘 표현하지 않는 이유는 자기 생각을 정립할 시간이 필요하고, 자신이 직접 보고 경험한 것이라야 정리가 되는 성향이기 때문이다. 부모는 아이의 이런 성향을 인정해야 한다.

여기서 중요한 사실은 아이가 생각을 오래 하고 그만큼 행동도 느린 편이라 단기 학습을 어려워할 수 있다는 사실을 인식해야 한다는 점이다. 즉 관찰형 아이는 하루에 다 끝내는 학습이나 시험 때 벼락치기, 제한 시간에 문제 다 풀기 등 빨리빨리 학습을 어려워한다. 무엇이든 천천히, 차근차근 읽고, 듣고, 생각하면서 풀어 나가는 스타일이다.

따라서 어릴 때 자칫 아이가 학습력이 떨어지거나 어떤 문제가 있다고 오해할 수 있다. 그렇지만 초등학교부터 고등학교까지의 과정을 포괄하는 장기적인 학습은 잘 따라오기 때문에 이 점을 감안해 학습 지도를 할 필요가 있다.

무엇인가 빨리 하기를 요구하면 아이가 긴장하므로, 아이와 마라톤을 한다는 생각으로 끝까지 기다려 주면서 여유 있는 자세를 취해야 소기의 목적을 달성할 수 있다. 관찰형 아이는 좀 더디고 느려서 그렇지 한번 머릿속에 입력된 학습이나 지식은 평생 기억하므로, 장기적으로는 매우 우수한 성적을 올릴 수 있다.

3년 장기 학습 플랜을 세워라

자연에 특히 관심이 많고 대상을 오래도록 관찰하는 특징이 있는 관찰형 아이의 경우 잠재력을 빨리 발견하고 아이의 학습 동기를 만들어 주는 것이 중요하다. 아이가 어떤 대상을 꾸준히 관찰한다면, 부모가 좀 더 적극적으로 나서서 다음 단계로 자연스럽게 유도하는 것이 좋다. 관심 분야에 대한 영상이나 자료를 찾아서 보거나 전시회 관람 등을 통해 흥밋거리를 만들어 주면 아이는 자신의 관심과 흥미를 자연스럽게 학습으로 끌고 갈 수 있다. 아이의 관심 분야를 지원해 주면서 관련 배경지식을 쌓도록 책을 함께 찾아 보는 등 독서하는 습관을 길러 주는 것은 학습에서 긍정적인 요소로 작용한다.

관찰형 아이는 자신이 흥미를 느끼는 대상이나 분야에 대해서는 궁금증이 해소될 때까지 파고들며, 매우 적극적으로 알아보는 경향이 있으므로 이 점을 학습에 이용하면 좋다. 이를테면 아이가 알고 싶어 하는 분야의 영상이 외국어로 제작된 것이 있다면 아이에게 보여 주는 식이다. 그러면 영상을 이해하기 위해서라도 외국어를 공부하는 계기를 마련해 줄 수 있다.

관찰형 아이는 사회성이 다소 부족하고 대인관계나 사회 문제에 별 관심이 없다. 따라서 자기의 관심 분야를 다룬 영상(영화)을 통해 자연스럽게 트렌드를 익히고 다른 사람들의 삶이나 사회에 대한 시각을 넓히는 효과를 가져올 수 있다.

앞에서도 언급했듯이, 관찰형 아이는 단기 학습에 약하므로 학습 계획은 최소 1년 단위로 짜는 것이 좋으며, 중고등학생 때는 3년 단위로 장기 플랜을 세우는 것이 필요하다. 벼락치기나 내용을 간단하게 요약하는 학습에는 약하기 때문에, 중간고사나 기말고사에 맞춘 공부 계획보다는 3년을 미리 내다보고 목표를 이루어 가는 데 초점을 집중시켜야 하고, 부모도 시험 성적이나 등수에 너무 연연해하지 않아야 한다. 어차피 마지막에 웃는 자가 성공한다는 사실을 늘 명심할 필요가 있다.

특히 관찰형 아이는 국어와 영어에 약한 편인데, 아이가 편안하게 느끼고 아이의 느린 부분을 잘 인내할 수 있는 선생님과 일대일 수업을 하면 효과가 있다.

> **관찰형 내 아이의 학습법 POINT!**
> - 오래 관찰하고 생각하느라 느린 성향부터 인정하라.
> - 관심 대상과 흥밋거리를 찾으면 자기주도학습이 가능하다.
> - 중간·기말고사에 연연하지 말고 3년 장기 학습 플랜을 세우라.

STEP 05

관찰형 성경 인물
: 매의 눈썰미를 가진 조용한 고수 '아브라함'

아브라함은 데라의 아들로, 갈대아 우르 지방의 족장이었다. 75세 때 하나님의 부르심을 받고 가족과 함께 하나님이 이끄시는 땅 가나안으로 떠났다. 100세에 마침내 언약의 아들 이삭을 낳고 '믿음의 조상'이라 불린 인물이다.

하나님이 아브라함을 약속의 땅으로 이끄시던 당시 고대 근동 지역은 여행을 하기에 적합한 여건이 아니었다. 큰 무리가 이동할 만한 교통수단이나 제대로 된 지도도 없는 시대였다. 아브라함은 그 길을 오직 하나님의 말씀에 순종해 하늘의 별들과 지형을 관찰하며 나아갔다. 다른 사람들은 그냥 스치고 말 풀 한 포기, 한 점의 그림자, 별들의 미세한 움직임까지 면밀한 관찰력으로 놓치지 않았다.

　타고난 통찰력으로 미지의 길을 걸어간 아브라함은 전형적인 관찰형이다. 하나님은 그런 아브라함의 성향을 존중하시어 '복의 근원'이 되고 '열국의 아버지'가 될 것이라는 비전을 하늘의 별들과 바닷가의 모래에 빗대어 제시해 주셨다.

11

원리형

혼자 생각하고,
혼자 공부하고,
혼자 노는
내 아이는
타고난 학자 스타일

STEP 01

자신의 학구열로 근본 원리를 알아내고 독창적 비전을 제시한다

원리형 아이는 지적 탐구심이 워낙 왕성하기 때문에 어떤 현상이나 이론을 깊이 파고드는 것을 좋아하고, 대상의 근본 원리를 알아 가는 것에서 지적 만족과 희열을 느끼는 유형이다. 책상 앞에 앉아서 혼자 골똘히 생각하거나 책에 집중하는 경우가 많고, 남보다 많이 알고 있다는 점에 자부심을 갖는다. 한 번 뭔가에 몰입하면 옆에서 난리가 나도 전혀 상관하지 않고 자기 일을 해내는 스타일이다.

궁금한 것이 있으면 알아낼 때까지 깊이 파고들면서 생각을 거듭하고, 무엇이든 결론을 내야 다음으로 넘어가기 때문에 응용력이나 융통성은 다소 떨어지는 편이다. 주관이 확실해서 남의 생각을 잘 수용하지 못한다. 혼자 생각하는 것은 좋아하지만 서로 소통하는 일은 귀찮아하기 때문에 다른 사람에게 자신의 의사를 표현하는 능력이 부족한 편이다. 신중하면서도 지적 능력이 높아 때로는 범접할 수 없는 아우라를 발산하는 원리형 아이는 무엇이든 혼자 하기의 달인이다.

한 가지에 너무 집중하다 보니 일상적이고 소소한 일들에는 서툴고 사소한 실수도 잘한다. 하지만 내적인 의지와 신념, 높은 지적 능력으로 시대를 앞서가는 선구자적 마인드의 소유자다.

> **원리형 내 아이의 성향 POINT!**
> - 현상의 원리를 깊이 연구하는 학자형
> - 확실한 의지로 지적 호기심을 충족해 가는 지식 욕망형
> - 새로운 사실을 알아내 세상을 선도하는 지식 선구자형

STEP 02

원리형 내 아이의 재능과 직업은?

원리형 아이는 관심 분야를 깊이 연구하며 몰입하는 성향이 있어 기초 학문 연구에 가장 적합한 재능을 가진 유형이다. 특히 최근 부각되고 있는 융합 학문에서 인문학과 사회 과학의 융합으로 파생된 문화인류학, 생명과학과 인지과학이 접목되어 인간의 뇌를 심층적으로 탐구하는 뇌과학과 같은 분야는 원리형 아이의 지적 탐구심을 자극하면서 지적 자부심을 안겨 주므로 도전해 볼 만하다.

"전도자가 이르되 보라 내가 낱낱이 살펴 그 이치를 연구하여 이것을 깨달았노라"(전 7:27).

궁금한 것은 알아낼 때까지 푹 빠지는 몰입력

관심 있는 대상에 깊이 빠져들고 어떤 잡념이나 방해도 허용하지 않는 고도의 집중력이 '몰입력'이다. 몰입력이 잘 발현될 수 있는 영역은 물리학, 수학, 화학 등과 같은 기초 과학 영역인데, 원리형 아이는 기초

과학을 다루는 학과에 진학해 해당 분야를 공부하면 된다. 물리학자, 수학자, 화학자 등 기초 과학을 깊이 있게 연구하는 학자의 길을 가는 것도 원리형 아이의 재능을 탁월하게 사용할 수 있는 길이다.

고도의 지적(知的) 사고로 원리까지 파악하는 인지 능력

'인지 능력'은 높은 사고력으로 지식이나 정보를 파악하고 이해하는 지적 능력이다. 학습에 매우 유리한 능력이며 기초 학문 연구에 가장 필요한 재능이기도 하다. 주로 글자나 개념으로부터 깊은 지식을 얻어내기에 철학, 종교철학, 언어학, 서지학, 고고학, 지리학, 윤리학, 미학, 신학 등에서 두각을 나타낼 수 있다. 해당 분야를 전공한 후 철학자, 종교철학자, 언어학자, 서지학연구원, 신학자, 윤리학자, 고고학자, 윤리학자 등으로 진출하면 높은 인지 능력을 마음껏 발휘할 수 있다.

STEP 03

원리형 내 아이의 신앙 교육은 이렇게!

진리이신 하나님

현상이나 본질에 관심이 많고 근본을 깊이 연구하는 능력을 가진 원리형 아이에게 하나님을 알아 가는 과정은 진리를 탐구하는 과정과도 같다. 기본적으로 궁금하고 관심 있는 부분은 끝까지 알아내야 직성이 풀리는 아이는 예배를 드리고 교회생활을 하면서 하나님을 믿는 것이 아니라 스스로 하나님을 연구하면서 믿는다. 예를 들어, 성경 구절 중에 이해가 되지 않는 문장이나 단어가 있으면 호기심을 가지고 정확한 원문의 뜻을 알고자 성경 어휘 사전을 찾아보고, 주석도 살펴보는 유별난 아이다. 교회 주일학교 선생님이나 담당 교역자를 찾아가 묻기도 한다.

원리형 아이는 하나님에 대해 배우고 연구하면서 하나님에 대한 신뢰가 생기며, 자신이 알아낸 하나님에 대한 지식만큼 믿음이 성장한다. 이 점이 신앙생활의 기준이자 기쁨이며, 신앙생활을 지속하게 하는 결정적 힘이다. 따라서 원리형 아이에게 성경 말씀이나 예배, 설교, 찬양 등은 모두 하나님에 대해 알아 가는 수단이자 자료가 된다. 알면 알수록 깊이가 있는 하나님의 존재와 그분의 진리는 원리형 아이에게 끝나지 않는 연구 주제라서 더 재미있는 프로젝트로 느껴진다.

원리형 아이의 하나님은 주로 성경을 통해 말씀하신다. 성경 말씀이 곧 하나님의 음성이다. 어려운 성경 어투가 다른 유형에게는 성경을 읽는 재미를 반감시키는 결정타이지만, 원리형 아이에게는 성경에 대한 흥미를 일으키는 호기심거리다. 모른다는 것 자체가 흥분을 안겨 준다. 알 때까지 물어보고, 혼자 찾아보는 과정 중에 기쁨을 느낀다. 자신이 다른 사람보다 더 많이 알고 있다는 사실에 자부심을 갖는 성향이기 때문이다.

하나님은 원리형 아이가 모르는 것을 질문하게 하시고, 또 알아 가게 하면서 다가가신다. 원리형 아이는 아이대로 자신이 몰랐던 하나님에 대해 하나하나 알아 가는 과정이 마치 보물찾기를 하듯이 재미있다. 그러는 사이 신앙은 성숙해지고, 믿음이 깊어진다. 예를 들어, '말씀이 육신이 된다'라는 말이 무슨 뜻인지 대부분의 아이들은 이해하지 못하고 그다지 궁금해하지도 않는다. 하지만 원리형 아이는 무슨 뜻인지 궁금해하고 설명해 주면 좋아한다. 따라서 원리형 아이에게 신앙 교육을 제대로 시키려면 가르치는 사람이 많이 공부해야 한다는 부담이 있다.

두루마리 신앙

진리와 원리 등 모든 현상이나 사물의 이치에 대해 본질과 근본을 알고자 하는 성향을 가진 원리형 아이는 하나님의 말씀을 통해 하나님을 만나기 쉽다. 진리를 끝까지 알아내는 데서 기쁨을 느끼며, 자신의 관심 분야에서 하나님이 세상을 통치하시는 원리를 발견하고 싶어 한다. 이런 작업을 즐긴다. 원리형 아이는 하나님을 알아 가는 방식이 가장 학구적이며 진지하다.

하나님의 말씀을 두루마리에 필사했던 옛 이스라엘 서기관들은 하나님을 글자를 통해 알아 갔다. 말씀을 한 글자, 한 글자 베껴 쓰면서 말씀에 몰입했으며, 하나님을 닮아 갔다. 당시 서기관들에게 성경을 필사한 두루마리는 그저 하나님의 말씀을 베낀 양피지 뭉치가 아니라, 하나님의 귀한 뜻이 담긴 소중하고 절대적인 보물이었다. 원리형 아이가 하나님을 알아 가고자 해온 작업들은 마치 서기관들의 두루마리와 같다.

연애편지를 받으면 한 자, 한 자 보고 또 보며 행간의 의미까지 떠올리며 행복해한다. 원리형 아이도 하나님의 이야기를 들으면서 하나님의 사랑을 찾아내고 연구한다. 아이에게 성경은 하나님이 보내신 사랑의 편지다. 성경에 새겨진 글자에서 하나님의 사랑과 은혜를 하나하나 찾으며 하나님을 알아 가고 사랑하게 된다. 부모는 아이가 순수한 열정으로 하나님을 평생 사랑하며 살도록 응원하고 기도해 주어야 한다.

예수님 당시 많은 사람이 예수님의 말씀을 들었다. 그중에서 원리형은 그 말씀을 외워서 파피루스와 양피지에 써 가면서 그분을 사랑했다. 기록자들이 그 사랑을 땀과 눈물, 기쁨으로 두루마리에 아로새겼기에 그 사랑이 지금까지도 전해져 수많은 사람의 영혼을 살리고 있는 것이다. 이 사랑의 기록 릴레이를 오늘도, 내일도 이어 가는 아이가 원리형 아이다.

"너는 두루마리 책을 가져다가 내가 네게 말하던 날 곧 요시야의 날부터 오늘까지 이스라엘과 유다와 모든 나라에 대하여 내가 네게 일러 준 모든 말을 거기에 기록하라"(렘 36:2).

머릿속 하나님을 생활로 꺼내라

원리형 아이는 지적으로 우수하고 뛰어난 인지 능력을 갖고 있다 보니 성경 말씀의 행간에 담긴 의미까지도 잘 파악하는 탁월함을 보인다. 특별히 부모가 성경이나 예배, 설교 말씀에 집중하라는 말을 할 필요가 없을 정도로 신앙생활을 성실하게 하는 편이다. 한편 하나님의 진리에 빠져 주님을 만나는 경우도 있지만, 반대로 지식으로만 하나님을 접하고 말 수도 있다. 머릿속에서 관념으로만 하나님을 알 뿐 자신을 둘러싼 삶의 문제에 하나님을 개입시키지 않는 것이다. 하나님을 지식적으로 알아 가는 재미만을 추구한 나머지, 실제 자신의 삶에 적용할 때는 하나님을 찾지 않는다. 이때 신앙은 절름발이가 되어 더 이상 자라지 못한다.

원래 혼자서 지식적으로 하나님을 알아 가는 것이 쉬운 성향이다 보니 사람들과의 관계나 대화를 통해 하나님을 경험한다는 것이 생경할 수 있다. 그렇기 때문에 교회 주일학교에서 친구들과 선생님들과의 관계를 통해 하나님의 사랑을 경험하도록 도와주어야 한다. 하나님을 아는 진리를 평소 삶에서도 실천해야 한다는 점을 강조해야 한다. 자신이 알게 된 진리를 친구들에게도 전해야 하고, 삶에서도 진리의 말씀대로 살아야 한다고 말해 주어야 한다. 즉 원리형 아이가 하나님을 머리뿐만 아니라 몸으로도 알도록 해야 한다. 그렇게 할 때 하나님을 더 많이 알게 되고, 지식과 감정이 하나가 되어 하나님에 대한 사랑을 진정으로 배우고 느낄 수 있다.

신앙 편식, 깊은 믿음으로 유도하라

성경 공부를 싫어하지 않으므로 성경을 혼자서도 잘 공부한다. 또한 교회에서도 공과 공부 시간에 빠지지 않고 잘 참석한다. 그런데 아이는 스스로는 뭔가 부족하다고 여긴다. 왜냐하면 성경 공부가 그룹으로 이루어지기 때문에 자신이 궁금한 점을 질문하고 대답을 들을 기회가 없기 때문이다. 따라서 원리형 아이에게 효과적인 성경 공부 방법은 일대일 제자 양육을 받는 것이다. 다른 유형의 아이보다 깊이 있는 성경 지식을 배울 때 더 좋아하므로, 성경을 잘 아는 선생님이나 교역자에게 성경을 배우면 공부 효과가 좋다. 아이에게 교회에서 함께 성경을 공부할 수 있는 성경 짝꿍을 찾아볼 것을 제안하는 것도 좋은 방법이다.

원리형 아이는 평소 학교 공부도 자신이 좋아하는 분야에만 몰입하는 경향이 있어서 학습 편식이 있다. 마찬가지로 성경을 읽을 때도 자신이 좋아하는 부분만을 집중적으로 읽기를 원한다. 이럴 때는 아이가 읽지 않은 부분에서 궁금증을 가질 법한 내용을 찾아 질문을 던져 본다. 한번 궁금하면 궁금증이 풀릴 때까지 온갖 방법을 동원해 연구하고 찾아내는 성향이므로, 차근차근 성경을 읽는 범위를 넓혀 나가는 데 도움이 된다. 이때 질문이 중요한데, "왜 신약성경에 기록된 사복음서는 내용이 조금씩 다를까?" 등 대답이 간단하지 않은 질문을 던져 더 깊이 있는 공부를 통해 믿음이 깊어지도록 유도한다. 이러한 방법은 성경이나 신앙에 대한 편식을 줄여 준다.

만일 성경을 더 공부하고 싶어 하면 성경 공부의 수준을 높여서 성인들이 읽는 성경 관련 책을 추천하라. 지적 자극에 도움이 될 것이다. 이러한 활동은 학교에서의 학습력과 사고력 개발에도 도움이 되는데, 성경 학습이 학습 자세와 학습 태도를 기르는 데 효과적이기 때문이다.

원리형 아이는 교회 예배에 결석하지 않도록 권한다. 하나님을 더 알고 싶어 한다면 도서관에서 아이가 신앙과 성경과 관련된 책들을 보도록 하는 것이 낫다. 혹시 아이가 다른 교회에서 선포된 설교 동영상이나 말씀에 대한 강연을 인터넷에서 찾아서 시청할 때는 이단이나 잘못된 사상에 노출되지 않도록 시청 전에 부모가 점검해 주어야 한다. 한번 빠지면 깊이 빠지는 성향이 있으므로 순수한 호기심이 잘못된 믿음으로 엇나가지 않도록 살펴 줄 필요가 있다.

생각이 깊고 혼자 있는 시간을 좋아하기 때문에 합심 기도나 통성 기도 외에 혼자 조용히 깊고 오랫동안 기도할 수 있는 시간을 별도로 갖는 것이 좋다. 집에서 혼자 기도하는 시간을 갖도록 도와준다. 묵상 기도가 효과적이다. 개인적인 기도 제목을 적어 기도하도록 하고, 자주 기도하지는 않더라도 한 번 기도할 때 오래 기도하는 것이 도움이 된다.

연구하는 것을 좋아하므로 기도 제목에 "평생 관심을 가지고 연구해 하나님을 기쁘시게 해드릴 수 있는 분야를 알려 주세요"라고 적을 수 있도록 지도하면 좋다. 부모가 조언해 줄 수도 있다. 자녀의 평생 연구 과제를 알려 달라고 같이 중보하라. 자녀를 위해 기도하는 모습을 보여주는 것이야말로 아이를 깊은 믿음으로 이끄는 비결이다.

STEP 04

원리형 내 아이의 학습법은 이렇게!

성공시키려면 노는 물을 바꿔라

원리형 아이는 15가지 성향유형 중에서 공부를 가장 좋아하는 유형이다. 단순한 공부가 아니라 깊이 파고들고 원리를 알아 가는 공부를 좋아한다. 그렇다 보니 부모가 공부하라는 말을 하지 않아도 알아서 학습 목표를 세우고 책상 앞에 앉아서 종일 공부에 몰두하는 경우가 많다.

하지만 원리형 아이는 자신이 좋아하는 과목에만 지나치게 몰입한 나머지 학습 편식이 심하다는 점이 문제다. 우리나라 입시는 모든 과목을 고루 잘해야 원하는 대학에 갈 수 있는 확률이 높다. 이런 입시 제도에서 원리형 아이의 공부 스타일은 당연히 맞지 않을 수밖에 없다. 공부를 매우 좋아하고 열심히 하는데, 자신이 하고 싶은 과목에만 몰두해 끝장을 보려는 것은 향후 아이가 상급 학교로 진학할 때 단점으로 작용할 수 있다. 부모는 아이가 학습 편식을 줄이고 공부에 대한 관점을 바꿀 수 있도록 도움을 주어야 한다. 어려서부터 유학을 보내는 것이 좋은 방법이기는 하지만 현실적으로 어려운 문제다. 따라서 지방에서 서울로 보내는 국내 유학이나 학사에서 석사로 진학하거나 석사에서 박사로 진학하는 등 공부의 노는 물을 바꾸는 것이 좋다.

학습 편식, 연계 학습으로 극복하라

원리형 아이는 관심 분야에 깊이 파고드는 성향이 있다. 이 점을 학습에 이용하면 좋은데, 아이가 역사에 집중하고 있다면 시대별로 정치, 사회, 문화, 경제 등으로 분류해 해당 과목과 연계시키는 것이다. 예를 들어, 기본 원리나 원인을 깊이 파고들며 파악하기를 좋아하는 아이의 성향에 맞추어 시대별 경제 변천사를 그래프나 도표로 공부하게 하는 것이다. 그래프나 도표의 수치 계산을 자연스럽게 유도해 수학과 연계하고, 시대별 사회 흐름을 공부하는 것과 더불어 각 시대별 과학의 발달과 현재까지 이어지는 다양한 트렌드를 연계해 찾아보게 하는 것도 효과적이다. 또 시대별 문화 변천사를 찾아보고 문화를 관통하는 핵심 사건이나 키워드를 짚어 가면서 비문학을 푸는 연습을 하거나, 문화를 반영한 문학 작품과 인물을 찾아보는 식으로 연계 학습을 하면 좋다.

원리형 아이는 원래 공부를 좋아하는 유형이므로 다양한 영역으로의 흥미 확장을 유발해 학습 편식을 줄일 수 있다. 다시 말해, 아이가 좋아하는 과목을 학습 견인차로 삼아 다른 과목까지 흥미를 느끼고 파고들 수 있도록 연계 학습을 시켜 학습 추진력을 높인다.

부모는 학습에 도움이 될 수 있도록 인터넷에서 필요한 영상을 검색해 보여 주고, 학습 견인차 과목을 다른 과목과 어떻게 연계할 것인지 정보를 제공하는 역할을 해주면 좋다. 처음에는 다소 번거롭거나 어려울 수 있지만, 어느 정도 수준이 되면 아이가 스스로 알아서 찾게 될 것이다. 그러므로 혹시 부모가 능력이 부족해 아이가 더 발전하지 못하는 것은 아닌지 걱정할 필요는 없다.

기본적으로 지적 탐구심이나 호기심이 많은 성향이므로, 관심 분야의 권위자에 대한 기사를 읽거나 직접 강연을 듣게 하는 것도 학습 동기를 높이는 데 도움이 된다. 요즘은 인터넷 환경이 다양해져서 MIT나 하버드대학 등 유수 대학의 강의를 온라인으로 들어 볼 수 있다. 이를 활용해 아이가 좋아하는 영역의 공부를 확장해 가는 것도 좋은 방법이다.

성향 자체가 혼자 공부해야 잘하는 유형이므로, 섣불리 학원에 보내거나 일대일 수업을 듣게 하는 것은 바람직하지 않다. 작더라도 조용한 자기만의 공부 공간을 만들어 주는 것이 도움이 된다.

> **원리형 내 아이의 학습법 POINT!**
> - 좋아하는 과목만 공부하려는 학습 편식부터 바로잡으라.
> - 관심 있는 과목을 중심으로 연계 학습 플랜을 짜라.
> - 혼자서 공부해야 효과적이다.

STEP 05

원리형 성경 인물
: 원리를 파고드는 독립적 연구가 '에스라'

에스라는 주전 6세기경 인물로서 인류 역사 최초로 대대적인 종교개혁을 이끈 율법학자요, 제사장이었다. 제2차 포로 귀환 때 바벨론에서 이스라엘 백성 약 8,000명을 이끌고 예루살렘으로 돌아왔고, 하나님의 율법을 회복하고 재정비하면서 신앙 부흥 운동을 주도했다.

에스라는 원리형의 고유한 재능인 뛰어난 연구력과 인지 능력으로 하나님의 규례들을 깊이 있게 연구하고 이해해 백성에게 자세히 전했다. 심지어 아닥사스다왕이 이스라엘 포로들을 본국 예루살렘으로 돌려보내는 포로 귀환의 임무를 포로로 끌려온 학자 에스라에게 맡길 정도였다. 아닥사스다왕은 예루살렘으로 가는 길에 에스라가 원하는 것은 무엇이든지 다 허락하라는 조서를 내릴 정도로 에스라의 능력을 신임했다. 뿐만 아니라 이스라엘로 돌아온 뒤 이스라엘 백성과 제사장들은 본래 율법의 의미를 듣기 위해서 앞을 다투어 율법학자 에스라를 찾아갔다. 에스라의 율법에 대한 이해와 지적 능력과 높은 사고력이 인정받았음과 동시에 뛰어난 학자로서 그의 존재감을 보여 주는 대목이다.

12 봉사형

어려운 친구를 돕느라
정작 자기 일은
소홀한
내 아이는
수호천사

STEP 01

대가를 바라지 않는 착한 마음으로 세상을 정화시킨다

봉사형 아이는 기본적으로 사람에 대한 관심과 애정이 깊어서 자신을 위해 살기보다는 타인을 위해 봉사하고 불쌍한 사람들을 돕는 것에 보람과 만족감을 느끼는 유형이다. 워낙 타인을 잘 배려하기 때문에 자신보다 다른 사람의 감정과 기분을 더 중요시하고, 자신이 손해 보는 것도 개의치 않으며, 이해타산을 따지지 않는다. 예의가 바르며, 겸손하고, 온화하며, 욕심이 없다. 자신의 희생을 당연하게 생각하며 희생의 대가를 요구하지 않는 이타주의자다.

주변 사람에게 좋은 일이 생기면 자기 일인 것처럼 좋아하고, 나보다 다른 사람이 더 잘되어도 기분 나빠하지 않는다. 하지만 다른 사람의 아픔이나 약점을 감싸고 덮어 주나, 정작 자신의 감정은 외부로 표현하지 않고 절제만 해서 내적 스트레스가 많은 편이다.

때로 봉사형 아이의 착한 성품을 두고, 부모는 이 험한 세상을 어떻게 살아갈까 걱정하지만 누군가를 돕고 양보하면서 살아가는 봉사형 아이는 각박하고 이기적인 사회를 정화시키고 건강하게 만들어 주는 단비 같은 존재다. 따라서 봉사형 아이의 진면목을 알아본 사람들은 결코 그를 외면하지 않는다.

봉사형 내 아이의 성향 POINT!

- 양보하고 봉사하면서 존재감을 드러내는 희생형
- 자신의 손해나 이해타산을 따지지 않는 이타형
- 각박한 세상을 정화시켜 주는 힐링 메이커

STEP 02

봉사형 내 아이의 재능과 직업은?

봉사형 아이는 봉사심과 이타심 등 착한 마음씨와 훌륭한 인성을 가지고 태어났다. 그런 것이 어떻게 재능이냐고 반문하는 사람이 있을지 모르지만, 착한 것도 재능이다. 그 재능은 훌륭하고 귀하신 하나님의 성품을 닮은 재능이기도 하다.

> "선한 눈을 가진 자는 복을 받으리니 이는 양식을 가난한 자에게 줌이니라"(잠 22:9).

약자와 소외된 사람을 돕고 보람을 찾는 봉사심

'봉사심'은 어떤 이익이나 목적을 추구하지 않고 순수한 마음으로 다른 사람을 도우며, 내가 가진 것을 함께 나누는 재능이다. 다른 사람을 섬기는 능력을 타고난 봉사형 아이는 사회복지사, 아동복지사, 장애인복지사, 노인복지사, 요양보호사, 간병인, 국제봉사단원, 자원봉사단원, 수화통역사, 특수학교교사 등의 직업에 종사한다면 재능을 편안하게 펼칠 수 있다. 그러기 위해서 사회복지학과, 아동복지학과, 청소년학과, 노인복지학과, 특수교육학과 등에 진학한다면 사람들을 더 잘 섬기기 위한 이론도 겸비할 수 있다.

봉사심 중에는 다른 사람을 먼저 생각하고, 배려하며, 원하는 것을 미리 살펴서 챙겨 주는 서비스 재능도 포함되는데, 호텔직 종사원, 승무원, 여행사무원, 관광가이드 등의 서비스 직업군이 필요로 하는 재능이다. 호텔경영학과, 호텔관광학과, 관광학과, 관광경영학과, 항공운항학과, 항공서비스학과 등을 졸업하면 이론과 현장 경험을 동시에 얻을 수 있다.

남을 위해 희생하고, 살 만한 세상을 만드는 이타심

'이타심'은 자신의 안위와 이익보다는 항상 다른 사람의 안위와 이익을 우선시하며, 살신성인의 자세가 나타나게 하는 재능이다. 이타심이 발휘되는 직업 분야로는 종교 관련직으로 기독교인의 경우 목회자, 선교사, 교회행정간사 등이 있다. 타 종교인의 경우에도 종교와 관련된 성직자, 종교행정사무원 등이 여기 해당된다. 목회학, 선교학 등을 공부하면 신학적인 소양과 함께 실천적인 부분까지 배울 수 있다.

STEP 03

봉사형 내 아이의 신앙 교육은 이렇게!

희생하시는 하나님

나보다는 남을 먼저 생각하는 봉사형 아이는 하나님의 은혜로 주님의 마음을 품고 세상에 태어났다. 그래서 자신보다는 다른 사람을 더 위해 주고, 사랑하며, 희생한다. 봉사형 아이는 누구보다 하나님의 마음을 본능적으로 잘 알고 있으며, 하나님이 자신을 위해 예수 그리스도를 희생시키셨다는 사실 또한 온몸으로 느낀다. 봉사형 아이에게 하나님은 언제나 우리를 위해 자신을 내어 주시는 분이다. 그렇기에 예수님을 통해 구원의 역사를 이루시는 하나님의 희생과 헌신을 다른 어떤 유형의 아이보다도 온몸과 마음으로 이해할 수 있다.

하나님은 약한 자를 더 배려하시고, 우리를 위해 많은 것을 희생하고 버리신 분이다. 그래서 봉사형 아이는 자신도 하나님께 시간을 내어 드리고, 하나님처럼 다른 사람들을 돕고 싶어 한다. 봉사형 아이는 자신을 위해 희생하신 하나님을 알게 될 때 그분에 대한 신뢰와 감사가 깊어지며, 하나님만큼은 절대로 실망시켜 드리지 않겠다는 마음도 품게 된다. 하나님은 봉사형 아이와 함께 이 땅의 많은 사람을 도우신다.

봉사형 아이는 우리에게 귀한 목숨까지도 내어 주신 예수님을 닮아 자신이 가진 것을 다른 사람에게 기꺼이 내어 준다. 예수님은 언제나 자신을 위해 희생하셨기 때문에 그 헌신과 비교하면 자신은 아무것도 아니라고 생각한다. 이렇게 할 때 예수님께 조금이라도 사랑의 빚을 갚을 수 있다고 마음먹는 성향이다.

다른 사람을 돕고 배려하는 성향을 타고난 봉사형 아이는 예수님의 비유 중에 나오는 '선한 사마리아인'과도 같다. 길을 가던 사람이 강도를 만나 가진 돈과 물건을 다 뺏기고 심하게 다쳐서 정신을 잃은 채 쓰러져 있었다. 그런데 당시 거룩하고 선하다는 성경 교사인 레위인도, 목회자인 제사장도 그를 지나쳤는데, 믿음도 없고 선량하지도 않은 사람들만 산다고 소문난 사마리아 사람이 그를 일으켜 여관에 데려가 비용을 직접 내면서까지 돌봐 주었다(눅 10:27-37).

선한 사마리아인이 모르는 나그네의 상처를 싸매 주고, 시간과 노력을 들이고, 치료비를 제공하고, 여관비까지 지불한 것처럼 봉사형 아이는 하나님을 위해 기꺼이 손해 보는 아이다.

예수님은 이러한 희생의 사랑을 실천하며 살라고 하셨다. 누구라도 선한 사마리아인이 되어 주어야 한다는 의미다. 봉사형 아이는 그런 이웃 사랑이 몸속 세포마다 새겨진 유형이다. 그래서 인류를 구원하려고 아들을 희생시키신 하나님의 사랑을 누구보다 잘 알기에 더욱 그분을 믿고 따르게 된다.

십자가 신앙

'십자가 신앙'이란 목숨을 내어 주는 믿음이다. 이러한 믿음을 지닌 봉사형 아이의 마음은 십자가 위에서 우리의 죄를 대신해 십자가에서 피 흘리신 예수님의 마음이다.

하나님은 사랑의 하나님이시기도 하지만 공의롭고 정의로운 분이시다. 그래서 악함과 죄악이 그분께는 공존할 수가 없다. 세상에서도 죄를 지으면 벌을 받고 감옥에 가서 세상과 격리되듯이, 하나님 나라에도 죄는 들어갈 수 없다. 죄로 인해 하나님의 자녀가 아버지이신 하나님과 함께하지 못하고 지옥에 가게 된다면 하나님의 마음이 얼마나 찢어지겠는가! 그래도 질서의 하나님이시기에 죄에 대한 처벌은 필요했다. 하나님은 큰 결단을 내리셨고, 성자 예수님이 인간의 몸을 입고 세상에 오셔서 그 모든 죄를 지고 대신 죽으셨다. 그리고 죽음의 권세와 세상을 이기고 부활하시어 지금은 우리와 함께 계시며, 세상 끝 날에는 영원히 얼굴을 마주하며 함께 살게 될 것이다.

봉사형 아이는 이 믿음을 다른 어떤 성향유형보다 더욱 구체적으로 받아들인다. 왜냐하면 자신의 성향과 재능 속에 하나님의 그러한 성품이 들어 있기 때문이다. 그렇기에 봉사형 아이는 십자가를 바라보는 느낌이 남다르다. 십자가의 사랑이 어떤 설명 없이도 그대로 자신의 삶 자체로 전해지기 때문이다.

'십자가 신앙'은 또한 자기를 부인하는 신앙이다. 봉사형 아이는 십자가를 지고 가시는 예수님을 바라보며 내가 하고 싶은 일과 이기적인 욕망을 버리고 다른 사람들이 하고 싶어 하는 일, 다른 사람들에게 부족한 것을 채워 주려고 헌신한다. 자신을 위해 살면 좋을 것 같은 순간에도 다른 사람을 위해 사는 길을 선택한다. 늘 이기적인 상황을 부인하고 이타적으로 십자가 사랑의 삶을 산다.

자신이 배가 고파도 다른 사람에게 빵을 내어 주는 사랑이며, 자신은 빵 대신 사랑을 먹음으로써 만족한다. 자신의 이익보다는 손해를 적극적으로 택함으로써 예수 그리스도의 십자가 사랑을 경험하고, 그 십자가 사랑을 사람들을 향해 몸소 실천한다. 죄를 대속하신 생명의 예수님처럼 봉사형 아이는 우리의 이기심을 대속하는 이타적인 믿음의 아이다.

> "너희 안에 이 마음을 품으라 곧 그리스도 예수의 마음이니 그는 근본 하나님의 본체시나 하나님과 동등 됨을 취할 것으로 여기지 아니하시고 오히려 자기를 비워 종의 형체를 가지사 사람들과 같이 되셨고 사람의 모양으로 나타나사 자기를 낮추시고 죽기까지 복종하셨으니 곧 십자가에 죽으심이라"(빌 2:5-8).

베풀다가 다치면 위로하고 칭찬하라

봉사형 아이는 나보다 남을 먼저 배려하고 챙겨 주느라 정작 자신의 것을 챙기지 못할 때가 있다. 보통은 넘어가는데 주변에서 "왜 너만 항상 손해 보고 야무지게 챙기지 못하냐"라는 소리를 듣게 되면 갑자기 자신이 초라해진다. 또 자신의 배려를 이용만 하려 드는 사람들을 볼 때 내적 스트레스가 쌓인다. 손해를 많이 보고, 봉사를 많이 하는데 돌아오는 것은 오히려 함부로 대하는 사람들뿐이고, 이런 상황이 더군다나 교회에서 벌어진다면 더욱 큰 내적 상처가 될 수 있다. 심지어 부모로부터도 그런 대우를 받을 때 하나님에 대한 원망이 일어나며, 매우 심한 속앓이를 할 수도 있다.

아이가 이런 상황에 직면했을 때 "그러니까 바보같이 왜 그러고 살아!" 하며 속상해하고 야단칠 것이 아니라, 하나님이 주신 특별하고 귀한 재능인 '착한 마음씨'를 하나님이 다 보고 계시며, 결국 다른 사람들도 다 알게 되어 아이를 귀한 사람으로 여기게 될 것이라고 토닥여 주어야 한다. 하나님의 가장 귀한 성품인 '긍휼'을 하나님이 재능으로 주신 것이 얼마나 감사한 일인지 깨닫게 해주어야 한다. 다른 사람은 아무리 노력해도 도저히 가질 수 없는 재능이다. 다른 재능들은 비록 재능을 타고난 전문가는 되지 못할지라도 흉내는 낼 수 있다. 하지만 착한 마음씨와 봉사심, 그리고 나보다 남을 먼저 생각하는 이타심은 아무나 따라 할 수 없다.

봉사형 아이의 경우 보이는 능력이 적은 것을 탓할 것이 아니라 보이지 않는 위대한 능력을 볼 수 있어야 한다. 아이의 진가, 즉 모든 사람을 불쌍하게 여기는 마음은 하나님의 눈으로만 봐야 볼 수 있다. 세상적인 눈을 가졌거나 믿음 없는 눈을 가진 '신맹'(神盲)에게는 보이지 않는다. 믿음의 눈, 사랑의 눈, 예수님의 마음으로 보면 아이가 얼마나 훌륭하고 하나님의 마음에 맞는 자인지 볼 수 있다.

공부를 못하고, 남들이 알아주는 직업이 아니고, 자기 것을 야무지게 챙기지 못하더라도 하나님의 사랑은 더 없이 깊으니 사람의 말에 상처받고 힘들어하지 말라고 위로해 주라. 그 마음을 모두 하나님 앞에 가져가 기도로 다 쏟아 내라며 주님께로 이끌어 주는 것이 좋다.

봉사형 아이는 자신의 속내나 힘든 점을 부모에게조차 잘 알려 주지 않기 때문에 부모가 적어도 한 달에 한 번은 대화를 시도해 아이의 상황을 확인해야 한다. 혹시 왕따를 당하는 것은 아닌지, 상처받은 말이 있지는 않은지 관계나 공부 등을 주제로 대화를 나누어야 한다. 이때 문제를 해결하려 하기보다는 아이의 말을 충분히 들어 주고 야단치지 않으며 공감만 해주어도 아이에게 도움이 된다. 불만이나 스트레스를 말했을 때 무시하거나 다그치지 않고 잘 들어 주면 그 사실만으로도 치료가 되고 문제가 해결된다.

다만, 아이가 상황을 계속 힘들어한다면 심리 상담이나 음악 치료, 미술 치료 등 전문가를 통해 마음속 깊은 스트레스를 떨쳐버릴 수 있도록 돕는 것이 좋다. 마땅한 심리전문가를 만나기 어렵다면 교회 사역자 또는 주일학교 교사, 성도들 중에서 학교 교사나 청소년상담전문가로 일하시는 분들에게 상담을 의뢰해 보는 것도 바람직하다.

성경 이야기로 상담하라

봉사형 아이는 성경을 읽는 것을 썩 좋아하지 않고, 아무리 좋은 설교 말씀이라고 해도 크게 집중하는 편은 아니다. 콘텐츠에 강한 유형이 아니며, 이해가 가지 않거나 의심이 드는 부분에 대해 끈덕지게 물고 늘어지며 알고자 하는 마음도 별로 없다. 그래서 성경 공부를 해도 집중력 있게 말씀을 읽기가 어려우며, 납득이 안 되는 부분이 나와도 넘어

간다. 성경 공부에 집중시키고 일정 분량의 성경 학습을 시키려고 해도 어려워하며, 강의식 성경 해설도 큰 도움이 되지는 못한다.

봉사형 아이의 경우 성경을 주제로 상담을 하는 편이 낫다. 예를 들어, 주변 사람들이 자신에게 너무 이기적인 요청만 해와서 속상한 상태라면, 이와 비슷한 상황을 다루고 있는 성경 주제를 찾아 접근하는 식이다.

이를테면 구약성경에 등장하는 사르밧 과부에 대한 이야기다. 마을에 흉년이 들어 먹을 것이 귀해지자 가뜩이나 가난했던 사르밧 과부의 집에는 하나밖에 없는 아들과 한 끼 먹으면 끝날 양식뿐이었다. 그때 선지자 엘리야가 지나가다 사르밧 과부에게 배가 고프니 남아 있는 양식을 자기에게 달라고 했다. 어처구니가 없는, 너무나 이기적인 요청이었다. 그렇지만 과부는 마지막 남은 양식을 엘리야에게 주었다. 그러자 하나님의 복이 임했고, 흉년이 끝날 때까지 사르밧 과부의 집에는 양식이 떨어지지 않았다. 비록 사람에게는 이용당하고 베풀어 준 것이 잊힐지라도 하나님은 결코 잊지 않으시고, 아이의 섬김을 통해 하나님의 영광을 드러내신다고 이야기해 준다.

봉사형 아이가 성경 공부를 잘하게 하려면 부모가 항상 기억해야 할 것이 있다. 무엇보다 아이가 정말 귀한 심성을 가졌다는 사실을 인정하고, 진심으로 아이를 사랑하고 존중하는 마음을 품고 대해야 한다는 것이다. 왜냐하면 봉사형 아이는 존중받을 때 무엇이든 하고자 하는 용기와 동기가 생기기 때문이다. 존중은 아이 속에 내재된 신앙 에너지를 끌어내는 원동력이다.

봉사형 아이는 주일 성수는 물론, 가끔 선교 봉사 활동이나 어르신 식사 대접, 자원봉사활동, 중보 기도 등에 참여하게 하면 신앙 교육과 인성 교육을 동시에 자연스럽게 할 수 있다.

STEP 04

봉사형 내 아이의 학습법은 이렇게!

전공 선택은 아이가, 아이 칭찬은 부모가

　봉사형 아이는 부모가 학원을 가라고 하면 학원에 가고, 공부하라고 하면 공부하는 등 말을 잘 듣는 아이라 어지간해서는 부모와 갈등을 일으키지 않는다. 학교생활도 비교적 잘하고, 말썽을 부리지 않으며, 어디서나 크게 눈에 띄는 행동을 하지 않기에 그야말로 무난한 아이다.

　그렇다 보니 학습이나 공부도 무난히 하고, 학교 성적도 무난하다. 자기보다 어려운 친구들에게 더 마음이 쓰이지, 자신의 성적이 잘 나오지 않는 것에는 별로 신경 쓰지 않는다. 요즘 세상에 이렇게 착한 아이가 있다는 것이 기적 같은 일이지만, 부모 입장에서는 속이 터질 일이다. 교육에 관심이 많은 부모라면 아이가 공부는 안 하고 허구한 날 다른 사람을 챙겨 주는 모습을 보면서 속이 상할 수도 있다.

　봉사형 아이는 착하게 태어났기 때문에 인위적으로 바꾸려고 아무리 애써도 불가능하다. 따라서 부모는 아이가 원하는 대로 할 수 있도록 도와주고, 더 적극적으로 밀어 주는 것이 좋다. 그래야 그나마 자신감을 잃지 않고 공부할 수 있다. 사실 공부한다는 것 자체가 다른 아이들과 경쟁하는 것인데, 봉사형 아이는 다른 사람을 돕는 일에서 기쁨을 찾지, 다른 사람들을 누르고 이기는 것은 불편해한다. 경쟁을 아예 안 한다는 뜻이다. 심지어 자신도 공부를 못하면서 자신보다 더 공부를 못하는 친구를 걱정하는 아이다. 그러니 부모 입장에서는 웃어야 할지 울어야 할지 모르겠다고 하소연하는 경우가 많다.

　따라서 봉사형 아이에게 학습 경쟁력이나 성취욕 같은 것을 기대하는 것은 무리다. 부모는 이 점을 인정하고, 다른 방법으로 아이를 끌고 가야 한다. 봉사형 아이는 대개 자신의 성향을 살려서 봉사와 관련된 전공을 선택하게 되어 있으니, 처음부터 진로를 명확하게 정하고 그 방향대로 가게 하는 편이 낫다. 부모가 아이의 진로를 축하해 주고 격려해 주어야 아이의 학습 동기가 생긴다. 조부모나 친척들, 지인들에게 아이의 착한 성품을 따라 결정한 진로를 축복해 달라고 부탁하면 좋다.

욕심을 버리고 진학에 필요한 과목에만 올인하라

봉사형 아이에게 학습은 '봉사'이므로 부모가 아이의 봉사활동을 인정해 주고 함께 참여하면 아이는 자신이 인정받고 있다고 여겨 자신감이 생긴다. 그 자신감은 아이의 자존감을 회복시키며, 부모를 위해서 자신도 뭔가 해야 한다는 생각에 부모가 가장 원하는 공부에 집중하려는 동기가 부여되기도 한다.

그러나 봉사형 아이는 뭔가 생각만큼 잘 안 되면 자신의 무능을 탓하면서 우울해하고, 부모의 눈치를 심하게 보면서 주눅이 들 수 있으므로, 아이의 성적이나 결과에 대한 기대치를 높게 잡지 않는 것이 좋다. 아이가 얼마나 성실하게 공부했는지, 그 과정에 더 주목해서 이야기해 주면 정서적으로 안정감을 갖고 공부하는 데 도움이 된다.

간혹 너무 착한 나머지 학교에서 친구들 사이에 왕따를 당하거나 강압적인 상황에 놓일 수도 있으니, 항상 아이의 표정이나 생활 태도를 확인할 필요가 있다. 자기감정을 속으로 쌓아 두는 성향이라 내색을 안 할 때도 있으므로 평소와 조금 다르다는 생각이 들면 부모가 먼저 손을 내밀어야 한다.

봉사형 아이는 다른 사람을 두루 생각하고 자기가 손해 보는 것도 개의치 않는 따뜻한 인성을 가진 아이가 사회에서 크게 인정받고 행복할 수 있음을 보여 주는 아이다. 따라서 착하고 선한 마음 그 자체가 하나님이 아이에게 주신 큰 달란트임을 잊어서는 안 된다.

전반적으로 성적은 평이한 수준이기는 하나 수리력이 낮은 편이다. 무리하게 수학 점수를 올리려 힘을 들이기보다는 차라리 좀 더 하기 쉬워하는 국어나 영어, 역사, 사회 과목에 시간을 투자하는 편이 아이의 진로를 고려할 때 현명한 방법이다.

봉사형 내 아이의 학습법 POINT!

- 학습과 성취욕을 높이려면 아이가 원하는 전공으로 진로 선택부터 하라.
- 아이와 함께 봉사활동에 참여해 아이의 학습 열정을 높여라.
- 부족한 과목보다 잘하는 과목에 투자하라.

STEP 05

봉사형 성경 인물
: 365일 타인을 위해 사랑을 내뿜은 인간 천사 '사무엘'

사무엘은 사울과 다윗에게 기름을 부어 이스라엘의 왕으로 옹립하며 이스라엘 왕국을 여는 데 하나님이 쓰신 인물이다. 마지막 사사(師士)요, 제사장으로서 백성으로부터 큰 존경을 받았다. 매우 헌신적이고 순종적인 품성을 타고났기에 이스라엘 백성과 하나님의 관계를 위한 일이라면 무엇이든 성심을 다한 인물이다. 하나님이 부르시면 언제나 순종했으며, 백성을 섬기는 일에 있어서도 귀찮은 일, 험한 일을 마다하지 않고 봉사했다.

봉사형의 가장 큰 강점인 착한 성품과 넘치는 사랑을 지녔던 사무엘은 사울왕이 하나님께 불순종해 왕으로서 버림받았을 때도 사울을 향한 긍휼한 마음으로 매일매일을 눈물로 지냈다. 제사장이라는 직위에 있으면서 단 한 번도 사리사욕을 추구한 적 없이 평생을 섬김과 봉사의 모범을 보이며 살아온 사무엘은 '착한 것도 재능'이라는 사실을 몸소 보여 준 전형적인 봉사형이다.

13 교육형

남이 잘 못하는 것은
꼭 짚고 넘어가는
내 아이는
최고의 멘토

STEP 01

가르치고, 배우고, 이끌어 주며 사람을 성장시킨다

　교육형 아이는 다른 사람이 모르는 것이 있으면 넘어가지 못하고 가르쳐 주거나 잘못을 바로잡아 주어야 직성이 풀린다. 다른 사람을 바른 길로 이끄는 데서 보람을 찾는 유형이다. 교육형 아이는 다른 사람을 감화시키고 긍정적인 변화를 유도하는 진정한 멘토다. 비교적 이해력이 높고, 같은 과목도 자기 나름대로의 공부 노하우를 사용해 쉽게 잘 전달하는 능력이 있다. 자기가 아는 것을 친구들에게 가르쳐 주고 싶어 하며, 또래 집단에서도 마치 선생님처럼 행동하는 것을 즐기는 편이다. 그렇다 보니 남의 시선이나 이목에 신경을 많이 쓰느라 긴장을 잘해서 실수를 하기도 한다.

　평소 학식이나 덕망이 높은 사람을 존경하고, 선생님이나 웃어른에게 예의 바르게 행동하므로 모범생으로 인정받는 편이며, 칭찬받는 것을 좋아한다. 그러나 다소 권위적이라 다른 사람의 일에는 조목조목 잘 따지고 비판도 잘하지만, 정작 자신은 자존심이 강해서 누군가로부터 비난이나 지적을 받으면 용납하지 못하는 편이다. 또 다른 사람들이 자신의 말과 행동을 무시하면 예민해지기도 한다.

　부모든 누구든 자기 마음에 들지 않으면 먼저 가르치려고 들어서 사소한 갈등이 생기기도 하고, 자기 말에 수긍하지 않으면 불쾌해하면서 관계가 틀어지기도 한다. 그러나 이 모든 것이 사람에 대한 관심과 애정이 많은 성향 때문이다.

> **교육형 내 아이의 성향 POINT!**
> - 다른 사람을 가르치고 잘못된 것을 바로잡아 주는 길잡이형
> - 다른 사람의 존중이나 칭찬을 원하는 자존감형
> - 다른 사람을 감화시키고 변화를 유도하는 멘토형

STEP 02
교육형 내 아이의 재능과 직업은?

교육형 아이는 학교나 학원에서 만나는 선생님들을 통해 자신의 소질이나 적성을 파악할 만한 간접적인 기회가 많다. 그렇기 때문에 다른 유형보다는 자신의 진로를 비교적 일찍 설정하고 이를 위해 노력하는 편이다.

"지혜 있는 자에게 교훈을 더하라 그가 더욱 지혜로워질 것이요 의로운 사람을 가르치라 그의 학식이 더하리라"(잠 9:9).

어려운 것도 쉽게 가르치는 지식 전달력

'지식 전달력'은 교육형 아이의 대표적인 재능이다. 가르쳐야 할 내

용을 재미있게 구성하고, 이해하기 쉽게 표현하며 전달하는 능력으로 교사, 교수, 교육컨설턴트, 학원강사, 인터넷강의강사, 직업훈련교사, 진로컨설턴트, 학습컨설턴트, 교재연구원, 원격교육연구원, 이러닝개발자, 교육학자, HRD전문가, 평생교육사, 기독교교사 등에게 필요한 능력이다. 관련 전공 학과로는 교과교육과, 교육학과, 유아교육과, 초등교육과, 평생교육학과, 인적자원개발학과, 기독교교육학과 등이 있다.

다른 사람을 변화시키고 긍정적인 발전을 이끌어 내는 교화력

'교화력'은 다른 사람을 바람직한 방향으로 가르치고 이끌어서 종전보다 나은 변화를 일으키는 재능이다. 교화력을 타고난 교육형 아이는 스스로 타의 모범이 되기를 원하며, 사람에 대한 애정과 순수한 교육애를 가지고 있기 때문에 타인의 변화를 통해서 보람과 만족을 찾는다. 해당 직업 분야로는 장학사, 교관, 교육관리자, 교목 등이 있으며, 교육학과 관련된 전공을 이수한 뒤 활동을 하면 도움이 된다.

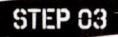

교육형 내 아이의 신앙 교육은 이렇게!

하나님은 나의 멘토

누군가를 올바른 방향으로 이끌어 주고 모르는 것을 가르쳐 주는 일에서 삶의 보람과 만족을 느끼는 교육형 아이는 하나님이 우리의 교사가 되신다는 점을 잘 이해한다. 왜냐하면 하나님은 우리가 구원을 얻을 수 있는 길을 예수님을 통해 가르쳐 주시고, 인도해 주시며, 우리가 하나님의 뜻대로 살 수 있도록 말씀으로 늘 깨우쳐 주시기 때문이다.

교육형 아이는 원래 자신의 지식으로 다른 사람을 가르쳐 주는 것을 좋아한다. 누가 시키지 않아도 동생이나 친구들에게 배운 것을 가르쳐 준다. 지식을 통해 사람들을 배움으로 인도하듯이 자신도 하나님의 지혜를 통해 인도받기를 바란다. 아이에게 하나님은 선생님이시다. 하나님은 우리가 제대로 모른다고 해서 비난하지 않으시고 성경 말씀으로, 예배로, 기도로 가르쳐 주신다. 우리는 하나님께 배워 그대로 행하면 된다.

교육형 아이에게 인생은 교실과도 같아서 하나님과 함께 한 교실에서 수업하고 있는 느낌을 갖기도 한다. 하나님은 선생님처럼 믿고 배우면 되는 분이시다.

교육형 아이는 하나님께 배운 것을 가르침을 통해 다른 사람들에게 흘려보내는 것을 사명으로 삼는다. 왜냐하면 조건 없이 배운 하나님의 무한한 지혜를 다른 사람에게 연결하는 '지식의 통로'가 되고자 하기 때문이다. 이것은 또한 하나님이 교육형 아이가 감당해 주기를 바라시는 하나님의 꿈이기도 하다. 교육형 아이는 하나님이 가르치는 일에 필요한 재능을 주셨다는 사실을 초·중·고등학생 시절을 거치는 동안 구체적으로 깨닫는다. 학교생활을 통해 가르침이라는 재능을 확신할 수 있는 환경에 매일 노출되어 있어 더욱 그렇다.

교육형 아이는 대체로 모범적인 신앙생활을 한다. 하지만 아이의 멘토가 하나님이신 이상 부모나 교회 선생님을 포함해 주변 사람들에게서 실망스러운 모습이 보이는 경우 신앙에 타격을 받을 수 있다. 왜냐하면 자신의 멘토가 하나님이시듯 그들의 멘토도 하나님이실 것이라고 여기기 때문이다. 깨달음을 주시는 멘토 하나님으로부터 어떤 깨달음도 얻지 못한 것처럼 행동하는 사람들을 보면 회의감이 드는 것이다.

교육형 아이는 학교에서든 교회에서든 멘토라고 생각했던 사람이 사라지면 또다시 멘토를 찾아 나서며, 결국에는 스스로 멘토를 만들고 만다. 또 멘토이신 하나님을 닮아서 사람들에게 멘토가 되어 주고 싶어 한다. 교육형 아이는 이처럼 가르치고, 가르침을 받는 것을 중요하게 생각하는 성향을 가지고 있는데, 가르치고 배우는 과정에서 하나님을 경험한다. 또 하나님은 교육형 아이가 지식의 통로로 쓰임 받게 하시며 그 과정 속에서 만나 주신다.

"주의 말씀은 내 발에 등이요 내 길에 빛이니이다"(시 119:105).

목자 신앙

하나님과 교육형 아이는 '목자 신앙' 관계다. 목자는 어디에 맛있고 영양이 많은 풀들이 자라고 있는지, 어디쯤 물가가 있는지, 언제 맹수들이 나타날 확률이 높은지 잘 알고 있다. 목자는 말이 통하지 않는 양들이 목자가 가고자 하는 방향으로 쉽게 잘 따라올 수 있는 방법을 모색한다. 어떤 경우에는 긴 지팡이를 이용하고, 어떤 경우에는 막대기를 사용해 양들이 목자의 마음을 잘 헤아려 따라올 수 있도록 지도한다.

목자의 마음은 교사의 마음과 다르지 않다. 목자의 표상은 예수님이시다. 예수님은 가시는 곳마다 사람들을 가르치셨고, 교화시키셨고, 복음을 전하셨다. 또한 무엇이든 사람들이 이해하기 쉽게 전달하셨다. 당시 사람들이 생활 속에서 흔하게 접했던 것들을 대상으로 마치 눈앞에 보이듯이, 손에 잡히듯이 구체적이고 분명하게 설명해 주셨다. 새나 꽃, 혼인잔치와 포도주, 무화과나무 등 누구나 잘 알고 있으며 문화 속에서 익숙한 것들을 예로 들어 말씀하셨다.

그러나 쉬운 비유 속에 준엄한 하나님 나라의 공의와 언약의 성취자이자 참 목자이신 예수 그리스도 자신의 정체성을 담아 가르치셨다. 이러한 예수님의 가르침에 사람들은 놀랐다. 쉬운 설명 속에도 진리가 서려 있었기 때문이다. 예수님은 비유의 달인이요, 누구와도 비교할 수 없는 최고의 교사이셨다. 비유를 통해 모르는 점을 깨달아 지혜를 얻도록 도와주신 것이다.

부모는 하나님이 이러한 예수님의 재능을 아이에게 주신 것에 감사하며, 하나님 나라를 위해 사용하도록 격려해야 한다. 하나님을 멘토로 삼고 예수님을 롤 모델로 삼아 이끄시는 대로 따라가도록 응원해 주면 아이는 신앙에 대한 안정감과 자신의 정체성을 확립하게 된다.

교육형 아이는 예수님을 자신과 같은 어린 양들을 어떤 상황에서도 끝까지 책임져 주시는 목자로 믿고 따른다. 양들이 풀을 뜯을 때 잘못된 길로 접어들어 낭떠러지로 떨어지지 않도록 지켜봐 주시고, 무리에서 뒤처진다 할지라도 절대로 홀로 남겨 두고 떠나지 않으실 것이라는 믿음이 있다.

교육형 아이가 이런 신앙을 갖게 된 이유는 예수님과 같은 목자로서의 재능을 하나님이 주셨기 때문이다. 아이는 이 사실을 본능적으로 아는 것이다. 가짜 목자는 있을지라도 진짜 목자이신 내 목자는 절대로 나를 버리지 않는다는 확신이 있다. 99마리 양들과 잃어버린 한 마리의 양 중에서 어느 하나 귀하지 않은 양이 없겠지만, 사랑의 목자이자 진정한 교육자이신 예수님은 낙오된 한 마리도 하찮다, 쓸모없다 여기지 않으신다는 것을 믿는다.

목자 신앙이 올바로 정립될 때 교육형 아이는 예수님의 모든 가르침을 기억하고, 자신도 교육 현장에서 본받은 대로 나타내리라고 다짐하고 실천하며 살아간다. 목자이신 하나님을 닮아 자신도 누군가에게 기꺼이 목자가 되어 주려고 나선다. 하나님이 주신 지혜와 지식으로 사람들을 안전한 길로 인도하는 소명을 받은 교육형 아이는 진정한 목자이자 선생님이다.

"여호와는 나의 목자시니 내게 부족함이 없으리로다"(시 23:1).

하나님을 의식하고 사랑을 담아 지적하라

사람들에게 관심과 애정이 많은 성향인 교육형 아이는 다른 사람의 시선에 신경을 많이 쓴다. 따라서 말이나 행동을 할 때 사람들을 의식하는 경우가 많다. 사람들 앞에서 잘 보이기 위해 자신의 행동이나 태도를 꾸미는 경우가 많아 늘 스트레스가 있다. 그래서 교회에서의 신앙생활이 하나님 앞에서 온전히 기뻐야 하는데 사람들의 평판을 의식하느라 정작 하나님이 주시는 평안을 누리지 못한다. 아이가 사람을 의식하는 것이 아니라 하나님을 의식하도록 관점을 바꾸어 줄 필요가 있다.

또한 다른 사람이 모르는 것을 넘어가지 못하고 꼭 알려 줘야 마음이 편하다. 잘못을 알도록 가르쳐 주고 바로잡아 주는 데 재능이 있다 보니 사소한 것에도 사람을 판단하고, 지적하며, 지나치면 정죄하기도 한다. 다른 사람이 더 이상 잘못을 저지르지 않도록 도와주는 것은 좋지만 그 마음에 애정과 사랑 없이 오직 비난뿐이라면 곤란하다. 크리스천에게 비난과 비판은 다르다. 비난은 잘못을 지적하는 당사자 안에 상대방에 대한 사랑이 없지만, 비판은 그 안에 상대방이 잘못을 깨닫기를 바라는 사랑이 들어 있다.

다른 사람의 잘못을 고쳐 주고자 하는 마음이 잘못된 것은 아니다. 특히나 하나님을 믿는 크리스천으로서 잘못된 길을 가고 있는 친구나 가족을 보면서도 가만히 있는 것은 상대방에 대한 사랑이 없기 때문이라고 말할 수 있다. 그래서 누군가를 교화해 바른길로 인도하고자 할 때는 그 동기와 마음의 중심에 사랑이 있어야 한다고 아이에게 알려 주라. 고린도전서 13장 1절 말씀처럼 아무리 "사람의 방언과 천사의 말을 할지라도 사랑이 없으면 소리 나는 구리와 울리는 꽹과리"가 될 뿐이다. 즉 쇳소리에 불과하다. 상대방을 진심으로 아끼고 사랑해서 해주는 말은 듣는 사람도 마음이 다치지 않고, 오히려 고마워한다.

또 부모나 교사가 잘못한 점을 알게 되었을 때 갑자기 신뢰를 잃는 경우가 있을 수도 있다. 따라서 부모는 아이에게 신뢰받지 못할 행동을 하지 않도록 조심해야 한다. 아이는 부모를 신뢰할 때 하나님도 신뢰하기 때문이다. 혹시 부모가 실수나 잘못을 했다면 비록 내가 낳은 자녀라 할지라도 그 자리에서 사과하는 것이 옳은 신앙 교육이다. "미안하구나", "좋은 생각이구나", "너를 믿어." 이 세 마디가 가장 확실한 교육법이다.

교육형 아이는 상대방이 존경할 만한지, 잘못하는 것이 있는지에 따라 비록 나이가 자신보다 많은 부모라 할지라도 다부지게 잘못을 지적하기도 한다. 학교생활이나 교회생활을 비교적 모범적으로 하는 편이지만, 앞서 말한 것처럼 상대방의 잘못된 점을 교정하고 고쳐 주려는 욕망이 크므로 사소한 갈등이나 마찰이 종종 일어날 수 있다. 이 사실을 부모와 아이가 공유해 모든 것이 사랑 안에서 협력해 행해지기를 함께 기도하라.

성경 공부를 인도하고, 교육으로 봉사하라

교육형 아이는 다른 사람을 가르치면서 자신도 배우는 성향이다. 왜냐하면 누군가를 가르치기 위해서는 자신도 그 내용을 알고 있어야 하기 때문이다. 또한 가르치고 설명하면서 자신도 스스로 정리가 되어 시너지를 얻는다.

따라서 성경 공부도 자신이 알고 있는 성경 지식을 교회 예배 후 공과 공부 시간에 '일일 교사'가 되어 반 친구들에게 가르쳐 주는 방법이 효과적이다. 자신보다 학년이 낮고 어린 동생들에게 '형아 교사', '언니 교사'가 되어 주는 것 또한 바람직하다.

상황이 여의치 않으면 가정에서 부모나 형제자매를 대상으로 실행해 보는 것이 좋다. 이때는 들어 주기만 하면 된다. 가르치는 내용이나 말에 비평을 하면 자존심이 상해 효과가 반감될 수 있으니, 멍석만 깔아 주고 지켜봐 주라.

어느 중학교 2학년 여학생은 명절 때 친척들이 모이면 친척 동생들을 한 방에 다 모아 놓고 영어도 가르치고 성경도 알려 준다. 아이의 설명을 들으면 금방 이해가 되기 때문에 어른들이 웬만한 선생님보다 잘 가르친다고 칭찬을 많이 한다. 이 아이는 유치원생 때부터 유치원 선생님들의 보조교사로서 선생님들의 일을 도와주었다고 한다. 장난치고 밥 안 먹고 떼쓰는 아이들을 아이에게 맡겨 놓으면 언제 그랬냐는 듯 말을 잘 듣고 잘 놀았다. 그래서 유치원 선생님들이 오히려 아이에게 월급을 줘야 한다고 농담을 할 정도였다.

성경 공부 모임을 이끄는 리더로서 성경 공부를 인도하게 하고, 가정에서나 기타 아이들이 좋아할 만한 장소에서 성경 스터디를 열어 교사 역할을 맡기면 효과적이다. 게다가 자신보다 저학년에게 성경을 가르치게 하면 알아서 성경을 공부하고 수업 준비까지 다 해놓는다.

교육형 아이는 교회 예배를 빠지지 않도록 해야 한다. 시험 때나 고3 때도 마찬가지다. 아이는 학교와 교회에서 모범생이어야 마음이 편하고, 다른 사람들을 많이 의식하는 성향이라 교회에 결석하면 교회학교 선생님이나 사역자들이 자신을 어떻게 볼까 생각하느라 예민해질 수 있다.

부모가 아이의 교회학교에 교사로 자원하는 것도 좋은 방법이다. 이때 아이의 반을 직접 맡거나 교회에서 본 아이의 태도를 놓고 집에 와서, 혹은 교회에서 교육적 훈육을 하지 말아야 한다. 아이에게 부담을 주지 않는 선에서 교사로서 솔선해서 모범을 보여 줄 때 아이가 부모를 존경하게 되며 부모의 언행을 통해 하나님에 대한 신앙적 기준을 갖게 될 것이다. 그때 하나님에 대한 신뢰도 깊어진다. 교육형 아이는 친구 같은 부모님보다는 존경하는 부모님을 더 원하기에 신앙적인 면에서나 가정에서, 또 학교생활에 시너지를 주기 위해서라도 부모의 성숙한 모습을 보여 주는 것이 매우 바람직하다.

모범적인 스타일인 교육형 아이는 매일 학교 수업을 시작할 때와 잠자리에 들 때 드리는 두 번의 규칙적인 기도가 도움이 된다. 학교에서는 친구들을 의식하는 편이니 혼자 조용히 마음속으로 기도하도록 한다. 수업 시작 기도가 어려우면 잠자리 기도라도 매일 실천하도록 격려한다. 부모 중 한 명이 아이의 머리에 손을 얹고 기도해 주는 것도 좋다. 이때 성경 말씀을 한 줄이라도 읽어 주면 매우 유익하다. 아이가 읽게 하기보다는 부모가 읽어 줄 때 아이는 부모를 롤 모델로 삼아 깊은 신앙으로, 실천하는 신앙으로 나아갈 수 있게 된다.

STEP 04
교육형 내 아이의 학습법은 이렇게!

공부에 최선을 다하지 않는 아이, 공부 구멍부터 메워라

교육형 아이는 누군가를 가르쳐 주는 것에서 자신의 존재감을 찾기 때문에, 기본적으로 남을 가르쳐 줄 수준의 공부는 하는 편이다. 그래서 학교와 학원에서 학습 습관이나 학습 태도가 기본적으로 좋다. 그러나 깊고 넓은 공부보다는 자기가 알고 있는 지식을 자랑하는 정도까지만 학습하는 경향이 있어 언뜻 성적이 높을 것 같지만 의외로 '공부 구멍'이 많은 유형이다. 따라서 무엇보다 공부 구멍을 메우는 것이 급선무다.

교육형 아이는 수학이 약한 경우가 많으므로 수학을 보강하고, 1년치 성적표를 종합적으로 검토해서 성적이 잘 나오지 않는 특정 과목이나 특정 단원에서 공부 구멍을 찾아서 교재 및 공부 시간을 투자하는 것이 좋다.

또한 교육형 아이는 자존심이 강해 부모가 자신의 성적이나 등수에 대해 지적하면 일단 화부터 내거나, 오히려 부모의 실수나 단점을 지적하려 든다. 더러는 무조건 자신이 옳다고 주장해서 별것도 아닌 일로 갈등이 불거질 때도 있다. 따라서 성적이나 학습 계획, 공부 습관에 대해서 직설적으로 말하기보다는 스스로 잘못을 수긍할 수 있도록 분위기를 조성할 필요가 있다. 일단 아이가 학식이나 덕망이 높은 사람을 좋아하고, 존경하며, 따르려는 경향이 있으므로 아이가 좋아하는 인물의 성장 과정을 자연스럽게 알려 주고, 그런 인물이 되기 위해서 무엇이 부족하고, 무엇을 어떻게 공부해야 할지 스스로 생각할 수 있는 시간을 주면 도움이 된다.

누군가로부터 인정받는 것을 좋아하고 칭찬에 반응하는 유형이므로, 아이가 조금이라도 학습 태도에 변화를 보이면 부모가 적극적으로 반응해 주어야 한다. 남의 시선이나 이목에 신경을 많이 쓰기 때문에 무조건 "~하지 마라"라고 말하기보다는 "이렇게 하면 사람들이 너를 엄청 칭찬할 거야" 등 아이의 성향을 조금 부추기는 듯한 조언이 효과적이다.

교육은 선생님께 받고, 공부는 친구를 가르치며 하라

교육형 아이는 시험 때는 어렵겠지만 평상시에는 자신보다 성적이 조금 낮은 아이들과 함께 공부하면 좋다. 친구에게 가르쳐 주기 위해서라도 공부를 하기 때문이다. 자신이 가르치는 내용을 친구가 잘 이해하고 따라오게 하기 위해서 스스로 먼저 공부하며, 좀 더 쉽게 전달할 방법을 다양하게 연구하는 편이다. 그 과정에서 아이의 학습력 또한 올라가게 된다.

대개 부모는 아이가 이왕이면 성적이 좋은 친구들과 어울리기를 바란다. 하지만 교육형 아이에게는 맞지 않는 생각이다. 성적이 비슷한 라이벌끼리 붙어 있어야 효과적인 성향의 아이가 있는가 하면, 교육형 아이처럼 자신보다 성적이 조금 뒤처지는 친구들과 있어야 오히려 성장하는 성향의 아이도 있다. 그러므로 누가 누구를 가르치느냐고 무조건 아이를 타박해서는 안 된다. 교육형 아이는 남을 가르치면서 자신도 배우고 실력이 향상되는 성향이기 때문이다.

한편 교육형 아이는 치밀한 학습 계획을 세우고, 꼼꼼하게 필기를 하거나, 수업에 필요한 자료를 잘 정리하는 편은 아니다. 공부도 어느 정도 이해했다 싶으면 지나간다. 그러므로 이미 푼 문제나 알고 있는 문제라고 해도 일주일 단위로 다시 반복해서 풀어 보는 공부 방식이 필요하다.

공부할 때는 앞에 아무도 없더라도 누군가 앉아 있다 생각하고, 마치 선생님이 되어 학생들을 가르치는 식으로 하는 방법이 효과적이다. 예를 들어, 아이의 공부방을 교실 분위기로 꾸며 주면 흥미와 함께 학습 동기가 자극될 수 있다. 아이가 공부방에서 자신이 선생님인 양 누군가를 맡아서 지도한다는 느낌을 가지면, 비록 혼자 공부할지라도 자신의 자존심을 걸고 열심히 하는 모습을 보일 수 있다. 부모는 아이의 장점을 끌어내고자 아이디어를 모아야 한다.

교육형 아이는 자신이 배울 점이 있고 존경할 만한 사람의 말은 아주 잘 따르는 편이다. 그래서 부모가 아이에게 하고 싶은 말이나 바라는 바가 있다면 직접 대면해서 말하기보다는 아이가 평소 존경하고 좋아하는 선생님에게 전해 달라고 부탁하는 것도 하나의 방법이다. 그때 아이의 입장에서는 부모와의 마찰을 줄일 수 있고, 자신이 좋아하는 분이 하시는 말씀이므로 더 귀담아듣게 된다. 좋아하는 선생님이 학습 계획을 직접 짜 주는 것은 공부 동기 부여에 효과적이다.

부족한 과목이나 전략적으로 성적을 높여야 하는 과목의 경우 주로 인터넷 강의를 활용하면 좋다. 아이가 평소 훌륭하게 생각하거나 잘 가르친다고 생각하는 선생님을 선택하면 학습 효과가 높아지고, 성적 향상에도 긍정적인 역할을 할 수 있다.

> **교육형 내 아이의 학습법 POINT!**
> - 좋아하는 선생님의 지도에 따라 학습 계획을 세워라.
> - 남의 이목을 중요시하는 성향에 맞춘 조언과 칭찬으로 학습 동기를 높여라.
> - 점수가 낮은 친구를 가르치면서 공부력과 성장 목표를 높여라.

STEP 05

교육형 성경 인물
: 이스라엘 40년 광야 학교의 선한 교육자 '모세'

모세는 이집트 바로왕이 히브리인들의 수가 점점 증가하는 데 두려움을 느껴 태어나는 아기들 중에 히브리인 남자아이는 모두 나일강에 던져 버리라는 명령이 떨어진 바로 그때 태어났다. 모세의 어머니 요게벳은 아기를 차마 죽일 수 없어 갈대 상자에 담아 나일강에 띄워 보냈다. 버려진 모세를 이집트의 공주가 우연히 발견했고 자기 양아들로 삼았다. 하나님은 모세를, 하나님이 이스라엘 민족을 구원하실 것이라는 구원의 소식을 알려 줄 적임자로 모태에서부터 택정하셨다.

출애굽을 이끈 교육형 모세는 하나님의 율법인 십계명을 비롯해 레위기에 나오는 복잡하고 생소한 율법을 알기 쉽도록 일목요연하게 백성에게 잘 전달했다. 이것은 교육형의 월등한 지식 전달력을 가진 모세였기에 가능한 일이었다. 사람들을 바른길로 인도하고자 하는 열정과 애정을 타고난 그는 사람들을 교화하는 능력과 가르치는 재능을 심어 주신 하나님께 40년을 쓰임 받았다. 교육형 모세는 후계자 교육도 잘해서 자신의 뒤를 이을 여호수아를 후계자로 세운 뒤 120세에 이스라엘 민족의 '스승'으로서의 생을 마쳤다.

14

복합형

다재다능해서
무엇을 잘하는지 잘 모르는
내 아이는
21세기형 인재

STEP 01

다양한 관심사와 응용력으로 변화에 대처한다

복합형이라는 성향은 지금까지 어떤 적성검사에서도 발견되지 않은 유형으로서, 20년 이상 1만 8,000명이 넘는 사람들을 일대일 대면 상담과 질적 및 양적 연구를 통해 임상 진단한 결과 실증적으로 처음 밝혀 낸 유형이다. 그렇기 때문에 여타의 적성검사에서는 여러 성향에 나누어 들어가 있어 구체적인 파악이 어려운 유형이다. 부모와 자녀가 진로 방황을 가장 많이 하며, 교육적 지원을 받지 못하는 유형이다. 그래서 이 유형을 그 특성을 가장 잘 드러내 주는 '복합형'이라고 명명했다.

복합형 아이는 무엇이든 빨리 배우고, 눈치도 빠르고, 요령도 좋으며, 여러 분야에 관심이 많고 다재다능하다. 여러 가지 일을 동시에 잘하다 보니 어릴 때는 천재나 신동, 영재라는 소리를 곧잘 들었다. 따라서 변화가 많은 일을 좋아하며, 그때그때 상황에 따라 임기응변을 곧잘 해낸다. 또 창의력과 응용력이 뛰어나서 수준 이상의 결과를 만들어 내며, 예상치 못한 상황에도 잘 대처하고, 문제가 발생하면 다양한 방법으로 해결하는 멀티플레이어다. 공부면 공부, 예술이면 예술, 말이면 말, 못하는 것이 별로 없다.

하지만 복합형은 규칙에 얽매이거나 반복적인 활동을 싫어하고, 한 분야에 깊이 파고들지 못하며, 싫증도 잘 낸다. 워낙 재능이 다양하다 보니 정작 자기 적성이나 잠재 가능성이 무엇인지 몰라서 진로 방황이나 시행착오를 많이 겪는다.

반면에 넓은 안목으로 상황 판단을 잘하며 어떤 상황에도 자유자재로 잘 적응하고 대처한다. 서로 다른 상황이나 분야를 연결해서 전혀 새롭고 혁신적인 것을 잘 만들어 내기에 다원화되고 복잡다단한 능력을 요구하는 21세기에 가장 잘 적응하고 성공할 수 있는 글로벌 인재다.

복합형 내 아이의 성향 POINT!

- 다재다능하고 동시에 다양한 일을 잘 해결하는 멀티형
- 응용력이 좋고 융통성 있게 상황에 대처하는 변화무쌍형
- 넓은 안목으로 세상의 혁신을 이루어 가는 글로벌 인재형

STEP 02
복합형 내 아이의 재능과 직업은?

다재다능한 복합형은 응용력이 뛰어나서 변화가 많은 분야를 좋아하고, 융통성 또한 탁월해 어떤 상황에도 잘 적응할 수 있다. 특히 4차 산업혁명을 맞아 융합적 사고력이 강조되는 이 시대에 가장 적합한 잠재력과 재능을 갖고 있는 유형이다. 특히 과학, 인간, 지식이 심층적으로 연결되어야 하는 인공지능 같은 미래 산업의 연구와 개발 분야에 복합

형 아이가 가장 잘 맞는다.

"아무것도 없는 자 같으나 모든 것을 가진 자로다"(고후 6:10).

서로 다른 분야를 붙여서 새로운 것을 만들어 내는 융합 능력

'융합 능력'은 서로 다른 분야의 장점과 특징을 잘 접목시켜서 새로운 패러다임을 만들어 내는 재능이다. 복합형 아이는 다양한 정보를 혼합해서 새로운 상황이나 문제를 해결하는 데 능숙하기 때문에 영상제작자, 미디어전문가, 방송기술자, 방송PD, 음향엔지니어, 콘텐츠개발자, 소프트웨어개발자, IT전문가, 클라우드시스템전문가, 네트워크관리자, 웹기획자, 디지털포렌식전문가, 디지털장의사, 정보보안전문가, 헬리캠촬영기사, 3D프린팅운영자, 감성인식기술전문가, 홀로그램전문가, 인포그래픽디자이너, 가상공간디자이너, 기독교문화사역자 등으로 능력을 발휘할 수 있다.

필요한 전공으로는 IT 관련 전공, 컴퓨터공학, 정보통신학, 소프트웨어학, 게임학, 정보시스템학, 네트워크시스템학, 영상학, 방송학, 사진학, 멀티미디어학, 기독교문화학 등이 있다.

전체를 관통하는 핵심을 잡아 내는 거시적 안목

'거시적 안목'이란 부분적인 변화나 직접적인 원인에 일희일비하지 않고, 좀 더 멀리 내다보면서 전체의 핵심이나 흐름에 주목하는 재능이다. 하나의 관점이 아니라 다양한 관점을 종합적이고 유기적으로 파악하면서 필요한 해결책이나 대안을 생각하는 능력으로, 건축공학가, 건축사, 조경사, 제도사, 친환경건축컨설턴트, GIS전문가, 교통시스템전문가, 산업컨설턴트, 도시설계전문가, 녹색건축전문가 등으로 활약하기에 적합한 재능이다. 관련 학과는 건축공학과, 실내건축학과, 조경학과, 지리정보공학과, 교통공학과, 산업공학과, 도시공학과, 건설환경시스템공학과 등이다.

STEP 03
복합형 내 아이의 신앙 교육은 이렇게!

전지전능하신 하나님

  복합형 아이는 하나님이 지(知)·정(感)·의(意), 즉 전인격(全人格)을 가지셔서 인간이 갖는 희로애락의 모든 감정과 생각을 느끼시며, 전 세계에서 일어나고 있는 일들을 두루두루 살피시는 것에서 신적인 권위를 느낀다. 왜냐하면 한 번에 여러 가지 일을 동시에 할 수 있는 멀티플레이어인 복합형은 인간인 자신도 하는데 하나님이라면 당연히 동시에 더 많은 일을 해내시고 능력을 보이실 수 있어야 한다고 생각하기 때문이다. 또한 다재다능하기에 하나님의 능력이 무궁무진하다는 점에 매력을 느낀다.

  복합형은 재능이 두루두루 많다 보니 각기 다른 분야를 서로 융합해 또 하나의 분야를 만들어 내기도 한다. 그러므로 아이에게 이러한 재능을 주신 분이 하나님이시며, 하나님이 그 재능을 어떤 경우에는 따로따로, 어떤 경우에는 융합해 사용하실 수 있도록 자신의 재능을 모두 하나님 앞에 내어 드려야 한다고 가르쳐야 한다.

  하나님은 모든 순간에 변화무쌍하시면서, 도저히 인간의 머리로는 재단할 수 없고, 세상만물과 우리를 잘 알고 계시는 전지한 분이시다. 복합형 아이는 하나님이 자신보다, 세상의 모든 인간보다 더 많이 아시고, 더 많은 능력을 갖고 계신 분임을 믿기에 그분을 경외한다.

복합형 아이는 지식, 기술, 예술 등 여러 가지 능력을 사용하면서 하나님을 다채롭게 바라본다. 하나님이 주신 성향과 재능상 바라보는 하나님의 모습이 그때그때 달라진다. 마치 산 정상을 올라갈 때 어떤 등산 코스를 선택하느냐에 따라 저마다 다른 진풍경을 경험하게 되는 것과 같다. 복합형 아이에게 하나님은 모든 장소에 계시면서 다양하게 변화하시는 모습으로 나타나며, 그 상황에서 어떤 일도 해내시는 전능한 분이시다.

복합형 아이에게 하나님은 다양한 모습, 다양한 능력을 가진 분이시기에 아이는 하나님을 "이런 분이시다", "저런 분이시다" 등 한 가지 방식으로 규정짓는 것 자체가 하나님을 제한하는 일이라고 여긴다. 하나님은 인간의 머리와 능력으로는 감당할 수 없는 복잡한 세상을 한 치의 오차도 없이 운영하는 분이시다.

"나는 여호와요 모든 육체의 하나님이라 내게 할 수 없는 일이 있겠느냐"(렘 32:27).

무지개 신앙

낮 동안의 햇빛은 아무 색이 없어 '주광'(晝光) 또는 '백색광'으로 불린다. 하지만 사실 백색광에는 빨강, 주황, 노랑, 초록, 파랑, 남색, 보라색 등 많은 색깔의 빛이 포함되어 있다. 따라서 백색광의 파장은 정해져 있는 것이 아니라 다양한 파장을 가진 빛들이 모여 있는 것이라고 보면 된다.

복합형은 백색광에 들어 있는 다양한 파장의 색깔들처럼 다양한 재능을 가지고 있다. 이러한 면이 신앙생활에도 반영되어 하나님을 다양한 모습으로 보게 된다.

예를 들면, 하나님이 사랑, 공의, 온유, 기쁨, 불의에 대한 분노, 배신, 실망, 슬픔 등 다양한 감정으로 등장하시는 변화무쌍한 면면들이 복합형 아이에게는 매력적으로 여겨진다. 복합형 아이는 하나님의 다양한 진면목을 알고 하나님과 다채로운 교제를 나눈다. 아이 자신도 매우 다양한 방면에 능력을 가지고 있어서 사람들에게 다양한 매력으로 다가간다.

무지개는 서로 다른 색깔이 어울려 매우 아름답다. 마찬가지로 복합형 아이의 신앙생활은 한 가지로 규정할 수 없이 다양해서 아름답다. 교회에서 예배드리는 모습, 학교에서의 모습, 집에서의 모습, 기도할 때의 모습이 모두 다르다. 카멜레온처럼 상황에 맞게 자신의 생활 색을 바꾼다.

하나님이 가지신 성품 중 다양성을 받은 복합형은 신앙생활을 할 때도 못하는 일이 별로 없다. 말씀도 잘 읽고, 친구들이나 교역자, 선생님과의 관계도 원만하다. 교회에서나 학교에서나 두루두루 잘 어울리며 생활하는 편이다.

복합형 아이는 하나님께 바라는 것이 다른 유형보다 매우 많다. 뭐든지 하나도 놓치지 않고 다 가지려는 성향상의 특징 때문이다. 성적을 올려 달라고, 부모님이 갖고 싶은 것을 사 주시게 해달라고, 좋은 선생님과 좋은 친구를 만나게 해달라고, 용돈을 더 올려 달라고, 원하는 학과에 가게 해달라고 기도한다. 이 모든 기도 제목을 한 번에 기도한다. 그리고 그중에서 한 가지라도 이루어지지 않거나 응답이 늦어지면 삐

치거나 만족을 못한다. 뭐든지 가능하신 전능한 하나님이 그것도 못해 주시냐며 투정하는 것이다.

복합형 아이는 기도 뒤에 오는 응답 역시 다양할 수 있음을 대략 알고 있다. 그럼에도 괜한 투정을 부려 본다. 기도 제목이 하도 많아서 자기가 기도해 놓고도 무엇을 기도했는지 잊어버리기도 한다. 복합형 아이는 바다 위에 커다란 그물을 펼쳐 놓아 어떤 물고기든 걸려들기를 바라는 욕심쟁이다.

복합형 아이는 자신의 다양한 재능들을 보면서 오직 하나님만이 이처럼 여러 가지 재능을 주실 수 있다고 믿는다. 따라서 어떻게 보면 무지개는 하나님이 복합형 아이와 항상 함께하실 것이라는 하나님의 언약이자 증표인 셈이다.

"내가 내 무지개를 구름 속에 두었나니 이것이 나와 세상 사이의 언약의 증거니라"(창 9:13).

교만의 유혹을 피하라

복합형 아이에게 가장 큰 신앙의 위기는 교만해져서 지루할 때 나타난다. 여러 재능이 두루 있다 보니 자신에게는 있는 재능이 다른 사람에게는 없는 것을 보면 괜한 우월감이 든다. 무슨 일이든 중간 이상은 하다 보니 자신의 능력을 과신하게 되고, 금방 싫증을 느낀다. 교회에서 봉사활동으로 찬양 팀을 섬겼다면, 몇 번 해보니 웬만큼 잘하게 되고, 사람들이 잘한다고 칭찬까지 하니 지루해진다. 그래서 '이번에는 유치부에 가서 어린 동생들이나 봐 줄까?' 하고 생각한다.

복합형 아이는 다른 성향유형처럼 어느 하나 두드러진 재능이 없다 보니 이도 저도 아닌 상태에서 잘못하면 교만한 마음만 커질 수 있다. 복합형 아이는 원래 끈기가 없다. 뭐든지 손만 대면 금방 익히고 잘하기 때문에 금방 시들해진다. 그래서 복합형 아이는 봉사 부서도 옮겨 다니고, 심지어는 교회도 옮기고 싶어 한다.

여기서 중요한 것은 복합형 아이의 성향상 발생한 현상인지, 아니면 교만에서 출발한 것인지 확인해야 한다는 것이다. 전자라면 크게 염려할 바 없지만, 후자라면 부모의 훈육이 필요한 상황이다. 복합형 아이는 무엇을 해도 평균 이상으로 잘해 내기 때문에 자신의 능력을 과신하고, 모든 것이 자기 뜻대로, 마음만 먹으면 다 된다고 생각하는 교만한 마음을 가지기 쉽다. 그러므로 아이에게 하나님은 교만한 자를 제일 싫어하신다는 것을 알려 주어야 한다. 아이가 잘하는 일이 자신이 잘해서가 아니라 하나님이 잘하게 해주셔서 잘하게 된 것이라는 점을 가르쳐 주어야 한다.

그리고 복합형 아이는 자신의 여러 가지 능력들을 '능력'이 아닌 '감사'로 돌리는 것이 신앙에 있어서 중요하다. 성품이 모나지는 않았지만 샘이 많은 편인 복합형 아이는 혹여 자신이 교만해 하나님께 쓰임 받지 못할 수도 있다는 사실이 충격적으로 다가올 수 있다. 또 의외로 의리가 있는 편인 복합형 아이는 교만한 자신에게 하나님이 실망하실지도 모른다는 생각이 들면, 하나님께 죄송한 마음을 갖게 되어 자신의 교만을 바로 회개한다. 잘못을 지적받으면 곧 회개하는 부분이 복합형의 장점이기도 하다.

지루하면 옮기고, 싫증 나면 바꿔라

규칙적이고 고정된 패턴이 계속해서 반복되는 것을 지루해하는 복합형 아이는 성경 공부가 강의식으로 진행되는 것에 흥미를 느끼지 못한다. 매일 성경을 한 줄이라도 읽고 잠들라고 해도 웬만해서는 실천하지 않는다. 부모에게는 오늘의 성경 말씀이 어제와 다른 말씀이지만, 복합형 아이에게는 성경에 기록된 내용이 변하지 않는 한 어제도 오늘도 똑같은 말씀으로 받아들여지기 때문이다. 그러면서 부모에게 예배 때 설교를 통해 몇 번씩 들었던 이야기라 재미없다고 오히려 큰소리를 친다.

성경을 글로 읽기보다는 영화나 뮤지컬로 접하는 것이 좋다. 아이들이 성경을 공부하는 모습을 촬영하고, 성경을 주제로 친구들과 간단한 영상 드라마를 제작해 보고, 부모의 간증을 영상으로 만들어 보는 것은 지루함을 덜어 주는 데 효과적이다. 이 작품들을 교회 홈페이지나 SNS에 올려 친구들의 반응을 살피게 하는 것도 재미있는 방법이 될 수 있다.

예배를 드릴 때 친구들이나 어른들과 함께 드리거나, 주일 예배 외에도 시간이 허락될 때마다 수요 예배, 금요 예배도 드리는 것이 신앙생활이 타성에 빠지는 것을 예방하는 데 도움이 된다.

복합형 아이는 매주 주일 예배 때 드리는 기도나 식기도처럼 꾸준히 드려야 하는 기도는 형식적으로만 할 뿐 기도에 진정성이 없는 경우가 많다. 그렇다 보니 정시에 드리는 기도로 믿음을 성장시키기 어렵다. 때와 장소를 가리지 않고 수시로 기도하는 '무시(無時) 기도'가 효과적이다. 무시로 기도할 때 하나님과 더 친밀해질 수 있다. 복합형 아이에게 정해진 시간에 정해진 패턴에 따라 기도하도록 강요하는 것은 바람직하지 않다.

한 가지 똑 부러지게 잘하는 것이 없다고 자녀를 탓하지 말고 다재다능한 능력이 필요한 일에 탁월하게 실력을 발휘할 수 있도록 하나님이 다양한 재능을 주셨으니 책임지고 잘 쓰실 것이라고 아이를 격려하라.

복합형 내 아이의 학습법은 이렇게!

천재라고 착각하지 말라

복합형 아이는 유아 때나 초등학생 때부터 학습력이 뛰어나고, 자기표현력도 우수하며, 글짓기도 잘하고, 그림도 잘 그리는 등 워낙 다재다능하다 보니 부모가 영재나 천재라고 생각하기 쉽다. 그만큼 공부나 성적에 대한 기대치도 점점 높아지는 유형이다. 그러나 섣불리 부모의 기대만으로 여기저기 학원을 보내거나 선행 학습을 시키게 되면, 틀에 얽매이는 것을 싫어하고 반복되는 상황을 부담스러워하는 아이의 성향상 오히려 역효과가 나타날 수 있기에 주의해야 한다. 특히 스파르타식이나 강압적인 암기를 실시하는 교육 기관과는 상극이다.

사실 복합형 아이는 눈치가 빠르고 전체를 조망하는 능력이 좋아서 평소 공부를 열심히 하지 않아도, 시험 기간에 바짝 하는 벼락치기만으로도 비교적 좋은 성적을 받는다. 심지어 시험 당일 아침에 훑어본 내용이 그대로 시험에 나오는 경우도 많을 만큼 출제자의 의도 파악을 잘하기 때문에, 자기 능력만 믿고 공부를 게을리하기도 한다.

부모도 성적이 웬만큼 나오니까 믿고 안심하다가 고등학교에 진학하면서 낭패를 보기 쉽다. 벼락치기나 당일치기는 더 이상 통하지 않고, 보다 심화된 학습과 사고력, 그리고 꾸준한 끈기와 반복 학습이 요구되는 과목이나 단원에서는 학습 습관이 안 되어 있거나 하기 싫다는 이유로 공부가 제대로 이루어지지 않는다. 그렇기에 평소 공부 습관에 대한 교정이 필요하다.

어휘 실력을 쌓고, 학교와 학원에서 반복하는 학습 내용을 기본적으로 숙지하는 것이 성적 하락을 방지하는 지름길이다. 또 아이가 두루두루 조금씩 잘하니까 부모가 조금만 더 하면 상위권이나 최상위권으로 갈 수 있다고 독촉하는 경우가 있는데, 이때는 부모의 학습 기대치를 아이의 현재 수준에 맞추어야 한다. 아이의 마음을 편안하게 해주어야 성적이 떨어지지 않는다.

'동시다발 학습법'으로 고득점을 노려라

복합형 아이는 한 과목에만 매진하거나 공부에만 올인하지 않기 때문에 부모가 보기에 불안할 수 있다. 하지만 복합형 아이에게는 그렇게 하는 것이 정상이다. 책상 앞에 앉아서 스마트폰을 보면서 음악을 듣고, 책을 읽다가 수학 문제를 풀고 과학 개념서를 읽는 등 여러 과목을 번갈아 가면서 공부하는 편이다. 겉으로 보기에는 '도대체 저렇게 해서 머릿속에 들어갈까?' 걱정이 되지만, 한 가지를 진득하게 하지 못하는 성향이라는 점을 인정해 주어야 한다.

이 점을 살려서, 저학년 때부터는 학습 계획표를 짤 때 1시간에 아이가 원하는 두 과목을 동시에 배정하거나 자주 과목을 바꿔 주는 식으로 공부하게 하는 것이 좋다. 이 방법으로 꾸준히 공부하다 보면 고학년이 되어서 아이가 스스로 동시다발 학습법을 이어 가게 되고, 공부에 싫증을 덜 느끼며 고득점을 얻을 수 있다.

다만, 너무 연관 관계가 없는 과목을 배정하면 더 산만해질 수 있으니, 국어/외국어, 수학/과학, 문학/역사, 비문학/영어 독해 식으로 변화를 주는 것이 열쇠다. 또 같은 단원에 해당하는 문제집을 2-3개 바꾸어 풀어 보게 해서 지루하지 않게 공부할 수 있도록 지도하면 보다 효율적이다. 학원이나 일대일 선생님에게도 싫증을 내는 성향이므로, 아이가 계속 집중을 못하고 지루해하면 다른 학원이나 선생님으로 바꿔 공부해 보는 것도 바람직하다. 인터넷 강의도 여러 강사들의 강의를 돌아가면서 듣는 것이 좋다.

단기 집중력이 우수하므로, 긴 학습 시간을 계획하기보다는 짧은 학습 시간에 최대한 집중해서 공부하는 것이 효과적이다. 복합형 아이는 반복을 지루해하는 성향이다 보니 초·중·고등학교를 거치면서 장기간 이루어지는 학교 공부가 스트레스가 될 수 있다. 다재다능한 아이답게 악기를 배우는 등 원하는 취미생활로 심리적인 이완을 조절해 주면 도움이 될 것이다.

공부하는 장소도 자주 바꿔 주는 것이 좋다. 기본적으로 아이 공부방, 거실, 독서실, 동네 도서관, 서점, 심지어 패스트푸드점에서도 자기가 마음만 먹으면 공부하는 아이이므로 장소와 상관없이 아이가 책을 펴면 학습 분위기가 조성될 수 있도록 도와주는 것이 좋다.

복합형 아이는 어디서나 적응력이 뛰어나고, 상황에 자신을 잘 맞추기 때문에 학원이나 일대일 수업, 인터넷 강의 모두가 적합하다. 하지만 조금 지루해한다 싶으면 패턴을 바꿔도 무방하다. 그러나 고정적이고 규칙적인 방식은 맞지 않으므로 기숙형 학습 시스템은 피해야 한다.

복합형 내 아이의 학습법 POINT!

- 다재다능하다고 온갖 학원을 다 보내면 학년이 올라갈수록 공부 흥미가 떨어진다.
- 이것저것 섞어 하는 '동시다발 학습법'이 효과적이다.
- 공부 장소를 바꿔 주면 집중력에 도움된다.

STEP 05

복합형 성경 인물
: 양치기에서 왕까지, 전천후 멀티 플레이어 '다윗'

다윗은 아브라함의 14대손으로 이새의 막내아들이다. 7명의 형들과 2명의 여자 형제들이 있었다. 아버지 이새는 막내 다윗에게 양들을 지키는 목동 일을 맡겼고, 다른 형제들에 비해 다윗을 하찮게 여겼다. 하지만 다윗은 양을 치다가 사무엘에 의해 왕으로 기름 부음을 받았고, 블레셋의 골리앗을 물리쳤으며, 여러 전쟁에서 공로를 인정받아 사울왕 때 군대장관과 궁중 악사로 임명되었다. 그는 사울의 뒤를 이어 통일 왕국의 두 번째 왕으로서 이스라엘의 가장 위대한 왕으로 손꼽힌다.

다윗은 훌륭한 군주이자, 빼어난 수금 연주자였고, 작곡가였으며, 열정적인 댄서이자, 탁월한 시인이었다. 그는 시적 감각과 음악성이 뛰어났으며, 악기 연주에도 탁월해 시편 150편 중에 무려 73편의 시를 지었다. 다윗은 이렇듯 다재다능함과 융통성, 그리고 우수한 융합 능력을 지닌 복합형 인물이다. 그는 다양한 관심사와 넓은 안목으로 자신의 잠재력과 독창성을 적절하게 발산하는 '멀티 플레이어'로서 쓰임 받았다.

15 진취형

이리저리
친구들을 몰고 다니는
내 아이는
통 큰 리더

STEP 01
도전하고 또 도전하며
승부를 내고야 만다

진취형 아이는 앞에 나서서 발표하거나, 분위기를 주도하고, 사람들을 통솔하는 것을 좋아한다. 경쟁을 두려워하지 않으며 경쟁에서 목표를 이루기 위해 사람들을 독려하는 편이다. 경쟁에서 지면 만족할 만한 결과가 나올 때까지 다시 도전하고 또 도전한다. 당장 손해 보는 것을 두려워하지 않고 관심이 있다면 적극적으로 나선다. 어떤 일이든 주도적인 위치에서 중요한 역할을 하고 능력을 발휘해야 의미를 찾는다. 또 친구들이나 또래 집단에 동기 부여를 잘하고 열정을 불어넣는 스타일이기에 믿고 따르는 사람들이 많다. 난관이나 위기에 봉착했을 때 더 대담하게 행동하고 적극적으로 해결책을 찾아가는 추진력 또한 탁월하다.

워낙 자기주장이 강하다 보니 일이나 공부를 할 때 웬만해선 자기 뜻을 굽히지 않고, 친구들 사이에서도 자기 말을 잘 안 듣거나 따르지 않으면 불쾌감을 드러내기도 한다. 자신의 뜻이나 주장에 동조하고 따라주기를 원하기 때문이다. 그러나 일단 목표가 정해지면 모두를 잘 이끌면서 일사분란하게 전진하므로 훌륭한 지도자형이기도 하다.

꼼꼼하거나 섬세한 면은 부족하지만 폭넓게 생각하며, 혼자 있는 것보다는 사람들과 함께할 때 에너지를 더 얻는 유형이다. 이렇듯 진취형 아이는 비전을 가지고 타인을 이끄는 통 큰 스타일이다.

진취형 내 아이의 성향 POINT!

- 실패해도 굴하지 않고 목표를 위해 끝까지 전진하는 도전자형
- 중심적 역할을 해야 자기 역량을 마음껏 발휘하는 주인공형
- 추진 목표로 모두를 독려하며 이끌고 가는 리더형

STEP 02

진취형 내 아이의 재능과 직업은?

진취형 아이는 타고난 리더십과 뚝심 있는 기질 때문에 어려운 상황에도 굴하지 않고 끊임없이 도전하면서 자신의 목표와 신념을 위해 행동한다. 이러한 진취형 아이는 시민운동가, 인권운동가, NGO활동가로 활동하면 진면목을 발휘할 수 있다.

"보라 내가 그를 만민에게 증인으로 세웠고 만민의 인도자와 명령자로 삼았나니"(사 55:4).

통솔력과 책임감으로 공동체를 독려하고 이끄는 리더십

'리더십'을 타고난 진취형 아이는 목표를 위해 집단을 잘 통제하고 이끌며, 책임과 역량을 다하기에 본능적으로 주도적이고 결단력이 뛰어나다. 이런 재능을 발휘할 수 있는 직업은 CEO, 정치인, 대통령 등이 있으며, 창업학과, 벤처학과, 정치학과, 글로벌리더학과, 글로벌경영학과 등에 진학하면 리더십 재능을 발휘하는 데 도움이 될 수 있다.

어렵고 힘들어도 포기하지 않는 절대 용기, 도전 정신

진취형 아이는 어려움이 예상되는 상황에서도 위축되거나 포기하지 않고, 힘든 문제 앞에서도 굴복하지 않는다. 도리어 용기를 내어 극복하면서 당당하게 맞서 목표를 향해 나가는 '도전 정신'이 뛰어나다. 누구에게도 뒤지지 않는 도전 정신을 가진 아이는 탐험가, 항해사, 오지여행가, 등반가, 선장, 도선사 등 모험을 두려워하지 않는 직업 분야에서 두각을 드러낼 수 있다. 선박학과, 해상운송시스템학과, 선박운항관리과, 항해학과 등에서 공부하면 관련 분야의 전문성까지 얻을 수 있다.

STEP 03

진취형 내 아이의 신앙 교육은 이렇게!

하나님은 나의 리더

진취형 아이는 주변에 사람들을 몰고 다니며 대장을 해야 하는 성향이다. 그런 아이에게 하나님은 세상 만물을 다스리고 통치하시는 강하고 멋진 리더가 되신다. 평소에도 스케일을 따지는 진취형 아이에게 하나님은 통이 크고 시원시원하시며, 상상할 수 없이 큰 스케일을 가지신 분이다. 더구나 태초에 수많은 피조물을 만드셨고, 무려 70억이 넘는 사람들을 이끌고 계시는 위대한 리더이신 셈이다. 진취형 아이는 자신이 리더의 자리에 있어 보았기에 대장 되신 하나님의 마음을 조금이나마 이해할 수 있다고 생각한다. 대장이신 하나님의 명령은 무조건 복종하고 따라야 한다는 마음가짐을 기본적으로 갖고 있다.

진취형 아이는 이 세상을 통치하시는 하나님의 마음을 세상에서 리더로 살고 싶고, 친구들 사이에서 이미 리더인 자신이 가장 잘 알 것이라고 여긴다. 세상 사람들에게 하나님의 뜻을 전하기 위해 하나님은 리더를 세우시는데, 그중에 한 명이 바로 자신이라고 믿는다. 따라서 자신이 특별한 선도적 사명을 갖고 태어났다는 자부심을 갖는다. 그렇다 보니 어지간한 고난과 시험에 굴하지 않고 미래를 향해 나아간다. 결단하고 나아가면 리더이신 하나님이 이끌어 주실 것이라고 믿는다. 외롭고 힘든 리더의 사명을 주셨지만 리더 중의 리더이신 하나님을 따르는 길은 행복할 것이고, 살 만한 길일 것이라고 생각한다. 그래서 평범한 사람들이 모두 갈 수 있는 길을 마다하고 좀 더 도전하는 길을 선택한다.

또한 리더이신 하나님께 잘 배워서 다른 리더들을 세우는 역할을 감당해야 한다며 스스로에게 큰 사명을 부여한다. 하나님이 자신에게 보통 사람들이 흔히 할 수 있는 일보다는 뭔가 크고 비밀스러운 일을 주셨다는 사실에 강력하게 매료된다. 진취형 아이는 어려울수록, 낯설수록, 힘들수록 더 매력을 느끼는 성향을 갖고 있기 때문이다.

진취형 아이는 하나님이 자신의 리더이시며, 자신은 하나님이 특별히 관리하시는 자라고 생각하며 자부심을 갖는다. 리더인 진취형 아이를 이끄는 리더는 하나님이시다.

홍해 신앙

진취형 아이는 모험적이고 진취적인 성향이 있어 어려운 난관에도 쉽게 굴복하지 않고 도전과 응전을 반복한다. 그렇다 보니 다른 사람들이 체험하지 못하는 하나님의 기적을 만나는 경험이 많다. 대부분의 사람들은 연거푸 실패하면 대부분 포기한다. 하지만 진취형 아이의 머릿속에는 실패에 대한 개념보다는 성공에 대한 개념이 더 강하게 들어 있어

'고난은 도전을 위한 또 다른 기회'라고 생각한다. 흔한 말로 '위기가 곧 기회'라 믿는다.

모두 안 된다고 하는 일에 도전하다 보니 하나님의 역사하심을 체험하는 일도 많고, 어려운 사역도 용감하게 감당하기에 큰 성취도 맛본다. 그래서 진취형 아이는 어렵고 힘든 상황에서 고민하기보다는 더 어려운 길을 선택한다. 아무리 위험한 순간에도 소심해지지 않고 더 큰 도전을 한다. 왜냐하면 하나님의 기적과 축복, 그리고 승리를 작게나마 경험해 오면서 확신이 믿음이 되었기 때문이다. 또한 절체절명의 순간에도 진취형 아이는 신앙을 포기하지 않는다. 두려워하기보다는 도전하기를 선택함으로써 누구도 맛볼 수 없는, 홍해가 갈라지게 하신 하나님의 기적의 역사를 경험하기도 한다.

진취형 아이의 강력한 리더십은 평소에는 잘 드러나지 않아 마치 허풍을 떠는 것처럼 보이기도 한다. 하지만 수십만의 이스라엘 백성으로 하여금 홍해를 무사히 건너게 하신 하나님이 일으키실 기적을 믿기에, 나이는 어리지만 생각의 스케일, 용기의 스케일만은 웬만한 어른들보다 낫다. 눈앞에 놓인 어려움을 보는 것이 아니라 어려움 속에 숨어 있는 하나님의 인도하심에 과감하게 배팅하기 때문이다.

진취형 아이에게 있어서 진짜 고난이란 자신에게 어떤 일도 맡겨지지 않는 것, 특히 중요하고 책임 있는 일이 주어지지 않는 것이다. 남들이 모두 할 수 있는 평범한 일을 해야만 하는 것이 시련이다. 진취형 아이의 신앙 여정은 역동적이다. 누구도 경험할 수 없는 기적과 성공을 맛보며 수많은 사람에게 영향을 준다. 마치 홍해가 갈라져 이스라엘 백성이 바다를 마른 땅으로 걸었듯이 말이다.

영적 슬럼프를 조심하라

웬만한 크고 작은 슬럼프에는 흔들리지 않고 도전하고 또 도전하는 진취형 아이일지라도 한 번 슬럼프에 빠지면 좀처럼 빠져나오지 못한다. 물론 흔한 일은 아니다. 진취형 아이에게 영적 슬럼프가 찾아오는 경우는 자신이 중요하게 생각하는 시험, 대회, 행사, 진학 등에서 두 번 이상 연거푸 실패할 때다. 목표를 향해 열심히 달려오다가 갑자기 갈 길을 잃어버린 것이나 마찬가지라 다시 방향을 잡기가 어렵다. 그래서 방에 혼자 틀어박혀 있거나, 친구들을 만나기 싫어하고, 한 달 동안이나 무기력하게 보내고 있다면 대책을 마련해야 한다. 진취형 아이에게도 슬럼프가 올 수 있다는 사실을 인정하고 아이와 함께 정확한 원인을 찾을 필요가 있다.

대체로 자신이 중요하고 대단한 인물이 아니라는 박탈감이 원인이다. 해결 방법은 신앙적으로나 사회적으로 훌륭하고 권위가 있어 존경할 만한 리더의 이야기는 경청하기 때문에, 부모가 직접 해결을 시도하기보다는 사역자나 상담 전문가와 대화를 나누어 보게 하는 것이 효과적이다.

또는 교회에서 팀장이나 찬양 리더를 맡기는 것도 좋다. 봉사활동이 활력소가 되어 슬럼프에서 의외로 쉽게 빠져나올 수 있다. 만약 상황이 여의치 않다면 학교나 다른 모임에서라도 리더 역할을 맡게 되면 신앙 생활에 도움이 된다. 교회에서 대표 기도를 할 수 있는 기회를 주는 것도 효과적이다. 잃어버렸던 아이의 권위를 다시 회복하는 데 초점을 맞추어 해결 방안을 찾아야 한다.

신앙의 롤 모델과 평생 기도 제목을 찾아라

진취형 아이에게 글로 읽는 성경 공부는 비효과적이다. 앉아서 책을 읽는 것 자체가 스케일이 작다고 여겨서 흥미가 좀처럼 일어나지 않기 때문이다. 교회나 학교에서 아이들을 몰고 다니기를 좋아하는 아이는 차분히 앉아서 성경 공부를 하거나 말씀을 배우는 유형이 아니다.

아이에게 성경을 읽게 하고 싶다면 크리스천 리더로서 귀감이 될 만한 역사적 인물이나 성경 속 인물을 소개한 뒤 관련 서적을 먼저 접하게 해주는 것이 좋다. 도서관이나 서점에서 성공한 사람들의 일대기를 다룬 책들 중 관심 있는 인물을 다룬 책을 골라 읽은 후 인물과 유사한 성경 속 인물을 찾아보도록 지도하는 것도 하나의 방법이다. 성경에서 리더와 영웅이 많이 등장하는 사사기는 성경에 대한 흥미를 조금이라도 일으키는 데 도움이 된다. 또는 성경 속에 등장하는 아브라함, 여호수아, 갈렙과 같은 리더들의 이야기를 읽어 볼 것을 권유한다.

진취형 아이는 직접 거리에 나가 전도하고, 선교 여행을 떠나는 등 현장에서 공부할 때 더 큰 효과를 볼 수 있다. 현장에서 도전 정신을 더 강하게 느끼며, 그동안 들었던 하나님의 말씀을 체감할 수 있기 때문이다. 성경에 흥미를 느끼지 못한다면 단기 선교 프로그램이나 해외 봉사 활동에 참여시켜 보라. 진취형 아이의 성향에 맞는 재능을 발휘해 사람들을 섬기게 함으로 성경 학습 동기를 유도하는 것이 좋다. 이후 성경에 조금이라도 흥미를 느끼게 되면 성경 말씀 전체가 아니라 아이가 좋아하는 부분만 보도록 해 관심을 유지할 수 있도록 조절한다.

기도는 공부를 잘하게 해달라는 등 일반적인 기도보다는 일생을 통해 성취하고 싶은, 스케일이 큰 기도 제목을 정해서 평생 기도를 하는 것이 낫다. 아이의 성향상 큰 기도 제목을 정해야 기도를 계속하고 싶은 기도 동기가 생기기 때문이다. 진취형 아이는 평생을 두고 이룰 사명이 담긴 큰 기도를 해야 작은 일도 기도하는 경향이 있다. 자신의 사명을 담은 '평생 기도 제목'을 주위에 알리고 중보 기도를 요청하는 것도 좋은 방법이다. 왜냐하면 사람들이 자신에게 '큰 인물이 될 것'이라고 인정해 주는 것이 삶의 에너지로 작용되기 때문이다. 특히 아이가 존경하고 따르는 사람에게 평생 기도 제목을 알려 주고 중보 기도나 안수 기도를 요청하는 것은 매우 효과적이다.

가끔은 성령 집회나 외부 초청으로 이루어지는 청소년 집회, 캠프 기도회 등에 참여하는 것이 좋다. 새롭고 낯선 상황 가운데 도전 의식과 동기 부여가 더 뜨겁게 생겨 나기 때문이다. 특히 비전이나 사명을 깨닫게 해주는 자리나 모임이 있다면 참여해 자신의 비전을 예배를 통해서 확신하게 하는 것도 바람직하다.

STEP 04

진취형 내 아이의 학습법은 이렇게!

반장 선거에 나가고, 라이벌을 만들어 공부하라

진취형 아이는 통이 크고 자신만의 위대한 목표를 가지고 있기 때문에 점수 좀 올리자고 계획표를 짜고 책상 앞에서 고민하는 것은 스케일이 작아 자기 스타일이 아니라고 생각한다. 성격 좋고, 호탕하며, 인기도 많아 반장이나 학생회장을 도맡아 하고, 대의를 위하는 일이면 기꺼이 나서는 성향이므로 부모가 아무리 심각하게 이야기해도 학교 성적에 일희일비하지 않는다. 자기주장이 강하고 한 번 자기 생각이 옳다고 믿으면 그대로 밀어붙이는 스타일이지만, 의외로 공부는 꿋꿋하게 밀어붙이거나 일관성 있게 하지 못하고 대충 하는 편이다. 혹시라도 부모가 걱정을 하면서 학습 계획이나 공부 방식을 언급하면 자기가 다 알아서 할 테니 걱정하지 말라며 큰소리치기도 한다.

진취형 아이는 경쟁의식이 강하기 때문에 공부에도 라이벌이 있으면 지기 싫어서라도 공부를 하게 된다. 진취형 아이에게 또래나 친구는 이미 자신의 경쟁 상대가 아니다. 오히려 높고 멀리 있는 존재나 자신이 닮고 싶은 롤 모델을 자신이 꺾어야 할 라이벌로 생각한다. 현재는 추상적이고 실현 불가능해 보여도 라이벌을 만들고 이기기 위해 필요한 전략을 함께 고민하면서 짜는 일이 필요하다.

중간고사나 기말고사에서 몇 등 올리자는 식으로 독려할 것이 아니라, 1학년을 마칠 때쯤 전체의 몇 % 안에 들자거나 우수상을 타자는 식으로 좀 더 거국적이면서 대단한 프로젝트처럼 보이도록 분위기를 잡아 주어야 아이의 학습 동기가 유발된다. 어떻게 보면 '폼생폼사'(폼에 살고 폼에 죽는다는 뜻) 같지만, 진취형 아이에게 '폼생폼사'는 삶의 동력이자 공부하게 하는 이유가 될 수 있다. 따라서 부모는 아이의 허세에 적당히 장단을 맞춰 주는 수고로움을 감내해야 한다. 부모로서 위치를 가지기보다 아이의 팬이 되어 주면 좋다.

롤 모델부터 정하고 필요 과목만 공부하라

성적표를 받아 왔을 때 점수가 향상된 과목을 통 크게 칭찬하고, 다소 부진한 과목은 아이가 왜 실패했는지 그 이유를 짚어 주어야 한다. 그래야 아이가 도전 정신을 발휘해 다시 책을 펼친다는 점을 명심하라. 그런 다음에는 멀리 내다보고 쐐기를 박는 목표를 설정해 주어야 한다. 이를테면, 함수를 제대로 하지 못하면 나중에 미분이나 벡터, 기하도 어려워지고, 미분이나 벡터, 기하 때문에 전체 점수가 나오지 않아서 정작 가고 싶은 학과나 대학에 못 가면 목표도 좌절될 수 있다는 식으로 멀리 내다보고 이야기해 주어야 동기 부여가 된다.

진취형 아이는 꼼꼼하지 못하기 때문에 필기를 잘할 것이라는 기대는 버려야 한다. 물건도 잘 잃어버리며, 심지어는 책가방도 잃어버리는 등 뭐든 대충 하기에 그런 일로 아이와 갈등하는 것은 현명하지 못하다. 부모가 다소 번거롭더라도 학습 준비물이나 잃어버리면 안 되는 것들을 챙겨 주어야 한다. 참고서나 문제집은 여러 권 사 주어도 잘 안 하고, 너무 디테일한 것도 싫어하므로 전체 요약이 일목요연하게 잘된 개념 정리 형식의 책으로 공부하게 하는 것이 좋다. 문제집도 너무 빽빽하지 않고 꼭 풀어야 하는 핵심 유형으로 된 것이 효과적이다.

전 과목을 다 잘할 수 없고, 전 과목에 다 투자하지도 않기 때문에 전공을 먼저 선택하고, 전형에 맞게 꼭 필요한 과목이나 가중치를 받을 수 있는 과목에 투자하는 것이 현실적인 전략이다. 학교 임원이나 반장, 회장 등을 하게 되면 입시 전형에도 도움이 된다. 아울러 너무 학습력이 떨어지면 리더로서 체면이 안 선다는 식으로 살짝 자존심을 건드리면서 학습 동기를 자극해 주면 어느 정도 공부에 매진하기도 한다. 따라서 진취형 아이의 부모는 소위 공수 전략을 잘 구사해야 한다.

아이들을 우르르 몰고 다니는 것을 좋아하므로 종합 학원을 선호하는 편이다. 혼자 공부하는 인터넷 강의나 일대일 수업은 효율성이 상대적으로 떨어진다. 친구들과 몰려다니면 공부에 소홀할까 봐 걱정할 수 있는데, 진취형 아이의 경우 몰려다녀야 스트레스가 풀린다. 또한 몰려다니면서 자기가 우두머리가 되기 위해서라면 뭐라도 더 하는 스타일이다. 친구들과 군것질이라도 하라고 용돈을 좀 챙겨 주고 인정해 주면 부모가 자신을 믿고 있다고 생각하기에 학원도 빠지지 않고 잘 다닌다.

> ### 진취형 내 아이의 학습법 POINT!
> - 점수에 연연하지 말고 통 크게 라이벌을 공략해 학습 동기를 자극하라.
> - 부진한 과목은 실패한 이유를 짚어 주고 도전 정신을 끌어낸다.
> - 진로 설정을 먼저 하고 필요한 과목만 공부하라.

STEP 05

진취형 성경 인물
: 목표를 향한 망설임 없는 돌직구 '갈렙'

갈렙은 유다 지파의 족장으로 모세와 함께 출애굽해 40년간 광야에서 하나님을 섬겼다. 하나님이 주신 약속의 땅 가나안을 정탐할 때 자신이 속한 지파의 대표로서 정탐에 참여했다. 가나안 땅에 살고 있는 사람들이 키도 크고 전쟁 경험도 많아 보여 전쟁에 승산이 없을 것 같아 겁을 먹을 수도 있었지만, 진취적이며 도전 정신이 투철한 갈렙은 오직 가나안이 '하나님이 약속하신 땅'이라는 믿음만으로 "나를 따르라!" 하고 과감하게 외칠 수 있었다.

갈렙은 85세의 고령에도 불구하고 가나안에서 가장 험한 산지를 하나님이 주신 기업으로 삼아 정복한 영웅이자 위대한 리더였다. 전형적인 진취형 갈렙은 확신이 들면 더 이상 머뭇거리지 않고 백성의 용기를 북돋우면서 전진하는 지도자였다. 특유의 뚝심과 비전으로 추진해 가는 리더십은 진취형 갈렙에게 하나님이 주신 최고의 무기였다.

P.A.R.T. 03

내 아이는
어떤 성향유형일까?

_ '옥타그노시스(OCTAGNOSIS)' 성향유형 진단 테스트

15가지 성향유형

'옥타그노시스(OCTAGNOSIS) 검사'에 하나님이 내 아이에게 주신 성향과 재능을 찾아 주고, 삶에서 어떻게 적용하며 살아가야 할지에 대한 모든 노하우를 담았다.

20년 전 성향과 적성에 대한 개념조차 미미했던 진로적성 교육 불모지에서 연구를 시작해 지금까지 청소년과 성인들을 대상으로 1만 8,000명이 넘는 사람들을 직접 일대일로 대면해 진로적성 컨설팅과 연구를 꾸준히 해왔다. 교육학 이론들을 실제 상담과 교육으로 검증하고 수정하고, 누적된 교육 과학적인 임상 진단 데이터를 결집해 얻은 결과, 인간의 성향을 15가지 유형으로 분류할 수 있었다.

소통형, 창조형, 실용형, 운동형, 규범형, 추리형, 제작형, 생명형,
분석형, 관찰형, 원리형, 봉사형, 교육형, 복합형, 진취형

각 성향유형의 명칭은 해당 성향의 두드러지고 구별되는 특징을 도출해 담은 것으로서, 명칭만 들어도 어떠한 성향인지 이해할 수 있도록 명명했다.

혹자는 인간을 유형으로 정하는 것이 맞는지 의문을 던질 수도 있겠다. 하지만 하나님을 더 잘 이해하고자 만들어진 학문인 '신학'(神學)도 거룩한 하나님에 대한 학문이지만 조직신학, 실천신학, 역사신학 등 다양한 분과들로 나뉘어 연구된다. 그 목적은 하나님을 더 잘 배우기 위해서다. 인간의 유형을 나눈 것 역시 하나님이 인간에게 주신 성향과 재능을 잘 파악하기 위해서다. 하나님은 만물을 창조하실 때 각기 종류대로, 유

형대로 나누어 만드셨다. 획일적이지 않은 다양성을 좋아하시는 하나님은 인간도 다양한 유형으로 만드셨고, 저마다 다른 재능을 주셨다.

> "하나님이 말씀하시기를 '땅은 푸른 움을 돋아나게 하여라. 씨를 맺는 식물과 씨 있는 열매를 맺는 나무가 그 종류대로 땅 위에서 돋아나게 하여라' 하시니, 그대로 되었다. ······하나님이 말씀하시기를 '땅은 생물을 그 종류대로 내어라. 집짐승과 기어 다니는 것과 들짐승을 그 종류대로 내어라' 하시니, 그대로 되었다. 하나님이 들짐승을 그 종류대로, 집짐승도 그 종류대로, 들에 사는 모든 길짐승도 그 종류대로 만드셨다. 하나님 보시기에 좋았다"(창 1:11, 24-25, 표준새번역).

사람들은 모두 성향과 재능이 다르기 때문에 한 사람이 15가지 성향유형 중 한 가지 유형만으로 발현되는 경우도 있고, 한 사람에게 2-3가지 유형이 섞여 나타나기도 한다. 예를 들어, 어떤 아이는 '소통형'이라는 단 하나의 성향유형만을 갖고 있기도 하고, 어떤 아이는 '소통형'과 '복합형'이 내재되어 있어 두 성향이 동시에 나타나는 '소통복합형'이기도 하다. 또 어떤 아이는 3개의 성향을 지니기도 한다.

여기에 내 아이가 어떤 성향유형인지 간단하게 알아볼 수 있는 진단테스트를 수록해 두었다. 수록된 테스트는 시청각 구술형 검사인 '옥타그노시스(OCTAGNOSIS) 검사'를 지면을 통해 자가진단해 볼 수 있도록 축약한 것이다. 실제 연구원에서 이루어지는 검사는 부모와 자녀가 함께 참여하며 보고, 듣고, 말하고, 쓰는 등 입체적인 검사다.

각 성향유형마다 15개 문항으로 구성되어 있는데, 각 문항에 따른 답변은 4가지 중 하나를 선택하면 된다. 문항의 설명이 평소 내 아이와 가장 비슷하다고 생각되는 순서로 '매우 그렇다'(5점), '그렇다'(4점), '아니다' (2점), '전혀 아니다'(1점)로 평가하면 된다. 문항을 읽을 때는 오래 고민하지 말고 평소 모습을 떠올리며 솔직하게, 직감적으로 답변할 때 정확도가 높아진다.

15가지 성향유형 테스트를 마친 후 각각의 점수를 합산해 총점이 가장 높게 나온 성향유형이 내 아이의 대표 성향이다(본서 333쪽 '내 아이의 성향유형 진단 테스트 결과'를 활용하라). 이때 두 개의 성향유형이 최고점이자 동점일 경우 둘 다 내 아이의 성향으로 보면 된다.

예를 들어, '창조형'과 '추리형' 둘 다 가장 높은 점수인 74점이 나왔다면, 내 아이는 '창조형'과 '추리형'을 모두 가진 '창조추리형'이다. 또한 '소통형'이 59점으로 가장 높은 점수를 받은 아이는 '소통형'이다. 하지만 다음으로 높은 점수가 나온 성향유형이 '봉사형'과 '교육형'으로서 각각 40점으로 동점이라면 '소통형'과 함께 '봉사형'과 '교육형'도 살펴보는 것이 좋다. 아울러 만일 '복합형'이 57점으로 가장 높은 점수가 나왔는데, '실용형'이 56점으로 최고 점수와 1점 차이가 난다면 '실용형'도 함께 발현될 수 있는 성향을 가진 아이이므로 해당 성향유형도 참조한다.

이제 내 아이를 향한 하나님의 꿈이 무엇인지 찾아 떠나 보자!

옥타그노시스
(OCTAGNOSIS)
성향유형 진단 테스트

여기에 수록된 '옥타그노시스(OCTAGNOSIS) 검사'는
자가 진단해 볼 수 있도록 주요 지표만을 압축한 검사입니다.

1. 소통형 진단 테스트

문 항	5점	4점	2점	1점
1. 다양한 계층과 폭넓게 사귀는 편이다.				
2. 낯선 사람과도 금방 친해진다.				
3. 외국 문화에 관심이 많다.				
4. 언어 감각이 좋고, 대화하는 것을 좋아한다.				
5. 평소 SNS상에서 다른 사람들과 의사소통하는 것을 좋아한다.				
6. 상황과 분위기에 맞게 자신의 생각을 잘 표현한다.				
7. 편견이나 선입견 없이 사람들과 원만하게 소통한다.				
8. 유쾌하고 활력이 넘치는 분위기를 좋아한다.				
9. 문제가 생기면 다른 사람들의 조언이나 의견을 참고하는 편이다.				
10. 어려운 문제가 생기면 의외로 포기를 잘한다.				
11. 외국어 배우기에 관심이 많다.				
12. 다른 사람의 말에 맞장구를 잘 쳐 준다.				
13. 주위 사람들에게 인기가 많은 편이다.				
14. 갈등이 생기면 중재를 잘하는 편이다.				
15. 말로 하는 것은 뭐든지 잘한다.				
합 계				

총 점 : _____

2. 창조형 진단 테스트

문 항	5점	4점	2점	1점
1. 문제가 생기면 기발함과 역발상으로 해결한다.				
2. 예술적 감각이 좋다는 소리를 듣는다.				
3. 컨디션에 따라 과제나 일의 능률이 달라진다.				
4. 좋아하는 일에는 열정적으로 몰입한다.				
5. 자신만의 개성이 강하다.				
6. 감수성이 풍부하고 예민하다.				
7. 계획하고 준비하는 것보다 즉흥적으로 행동하는 편이다.				
8. 감정 기복이 있고 자유분방하다.				
9. 상황이나 현상을 자기중심적으로 해석한다.				
10. 가끔 엉뚱한 말과 행동으로 주위를 놀라게 할 때가 있다.				
11. 아이디어가 풍부하다.				
12. 자기만의 세계가 분명하다.				
13. 자신을 돋보이게 하는 재주가 있다.				
14. 사람들로부터 주목받는 것을 좋아한다.				
15. 오감(五感)에 민감하다.				
합 계				

총 점 : _____

3. 실용형 진단 테스트

문항	5점	4점	2점	1점
1. 최소한의 노력으로 최대의 효과를 보려 한다.				
2. 주고 받기(Give and Take)를 중요하게 생각한다.				
3. 감정도 필요에 따라 절제한다.				
4. 대체로 감정에 치우치지 않고 냉철하게 판단하는 편이다.				
5. 암산이나 계산을 잘한다.				
6. 손해 보는 일에는 예민하고 이익이 되는 일에 집중한다.				
7. 새로운 수익을 창출하는 수완이 뛰어나다.				
8. 이익이나 일의 효율을 위해서라면 라이벌과도 협력한다.				
9. 자신에게 필요한 것만 하려고 한다.				
10. 이익이 걸린 부분은 서둘러 결정하지 않는다.				
11. 핵심을 잘 파악한다.				
12. 객관적인 수치, 그래프, 통계 자료, 실적 등으로 판단하는 것을 선호한다.				
13. 큰 프로젝트나 시험에도 긴장하지 않는 편이다.				
14. 목표가 분명한 단기 프로젝트나 과제에 강하다.				
15. 도움이 되는 사람들과 주로 친하다.				
합 계				

총 점 :

4. 운동형 진단 테스트

문 항	5점	4점	2점	1점
1. 몸을 움직이는 것을 좋아한다.				
2. 불의를 보면 그냥 지나치지 못한다.				
3. 잘하는 운동이 한 개 이상 있다.				
4. 단체 활동을 잘한다.				
5. 주의가 산만한 편이다.				
6. 몸으로 익힌 것은 잘 기억한다.				
7. 다른 사람에 비해 운동 감각이 좋다.				
8. 매사 대충 생각하고 넘어가는 편이다.				
9. 스포츠에 관심이 많다.				
10. 활동적인 일을 좋아한다.				
11. 자기감정에 솔직하고 낙천적이다.				
12. 동작이 빨라서 돌발 상황에 잘 대응한다.				
13. 일단 행동부터 하고 나중에 뒷수습을 하느라 골머리를 앓을 때가 있다.				
14. 가만히 앉아서 하는 일을 잘 못하는 편이다.				
15. 상대방 말을 건성으로 듣는다.				
합 계				

총 점 : _____

5. 규범형 진단 테스트

문 항	5점	4점	2점	1점
1. 사회 보편적 가치를 중요하게 생각한다.				
2. 문제가 생기면 가장 안정적인 해결책을 찾는다.				
3. 반복적이고 규칙적인 일을 잘한다.				
4. 상하 관계 질서를 존중한다.				
5. 종이로 된 문서를 싫어하지 않는다.				
6. 끈기와 인내력이 좋다.				
7. 한 번 결정한 일은 잘 바꾸지 않는 편이다.				
8. 감정의 기복이 적어서 흔들림 없이 성실하게 일한다.				
9. 공동체 속에서 자기가 맡은 바 일이나 과제를 끝까지 해낸다.				
10. 틀이 정해진 일을 좋아한다.				
11. 자신의 판단이 모두에게 해가 되지 않도록 최선을 다한다.				
12. 규칙과 기준을 잘 준수한다.				
13. 옳고 그름을 잘 따지고 양심에 따라 행동한다.				
14. 책임감이 강해서 주변 사람들로부터 신뢰를 얻는다.				
15. 고정관념이 많아서 융통성이 부족하다.				
합 계				

총 점 : _____

6. 추리형 진단 테스트

문항	5점	4점	2점	1점
1. 작은 단서나 정보만 있어도 다음 상황을 잘 예측한다.				
2. 넘겨짚기를 잘해서 핵심을 놓칠 때가 자주 있다.				
3. 생각이 복잡하고 고민이 많아서 결단을 잘 내리지 못한다.				
4. 다른 사람의 심리를 잘 간파한다.				
5. 한 번 본 것을 잘 잊어버리지 않고 암기를 잘하는 편이다.				
6. 다른 사람의 감정과 말속에 숨은 의미와 느낌을 잘 알아챈다.				
7. 앞뒤 상황을 논리적으로 추리한다.				
8. 감정이 풍부하고 상상하는 것을 좋아한다.				
9. 직감이 좋은 편이다.				
10. 글이나 말을 끊임없이 잘 풀어낸다.				
11. 일어나지도 않은 일에 대해 미리 걱정을 많이 한다.				
12. 추리 소설이나 과학 수사 드라마, 판타지물 등을 좋아한다.				
13. 다른 사람의 의견이나 주장을 받아들이는 데 시간이 걸린다.				
14. 궁금하거나 풀리지 않는 문제는 끝까지 추리해 알아낸다.				
15. 평소 의심이 많은 편이다.				
합계				

총 점:

7. 제작형 진단 테스트

문 항	5점	4점	2점	1점
1. 깊이 생각하기보다는 빠르고 간단하게 결정한다.				
2. 웬만해서는 스트레스를 잘 받지 않는다.				
3. 사람의 감정이나 심리를 잘 알아채지 못한다.				
4. 솔직하고 검소하다.				
5. 사실이나 현실을 있는 그대로만 받아들인다.				
6. 사물이나 기계를 분해하고 조립하는 것을 좋아한다.				
7. 레고와 같은 조립 장난감을 잘 다룬 적이 있다.				
8. 만들기를 잘한다.				
9. 처음 가 보는 곳도 잘 찾아간다.				
10. 인간관계에 관심이 별로 없다.				
11. 목표를 세울 때 명쾌한 행동 지침을 선호한다.				
12. 주로 단답형으로 의사를 전달하는 편이다.				
13. 남의 이목에 별로 신경 쓰지 않는다.				
14. 공간 감각이 좋다.				
15. 퍼즐이나 테트리스 같은 게임을 잘한다.				
합 계				

총 점 : _____

8. 생명형 진단 테스트

문 항	5점	4점	2점	1점
1. 기본적으로 동물이나 사람 등 생명체에 애정과 관심이 있다.				
2. 냉철함과 따뜻함을 동시에 갖고 있다.				
3. 생물에 관심을 가진 적이 있다.				
4. 다른 사람들로부터 의외로 냉정하다는 소리를 듣는다.				
5. 아픈 사람이나 동물을 보면 그냥 지나치지 못하고 보살펴 주려 한다.				
6. 동물이나 생명체와 교감하는 것을 좋아한다.				
7. 스트레스가 쌓이면 한꺼번에 표출하는 편이다.				
8. 위급한 순간이나 결정적인 상황이 되면 냉철하게 판단하고 결론을 내린다.				
9. 사람들을 두루 만나지만 깊이 사귀는 데는 신중하다.				
10. 결정적일 때 철저하고 자기 통제를 잘하는 편이다.				
11. 인류애를 갖고 있는 편이다.				
12. 화가 나더라도 일단 차분하게 말한다.				
13. 문제가 생기면 이성과 감성을 함께 사용하는 편이다.				
14. 다른 사람을 대할 때 신중하게 행동하는 편이다.				
15. 생명체나 생명 현상을 탐구하는 것을 좋아한다.				
합 계				

총 점 : _____

9. 분석형 진단 테스트

문 항	5점	4점	2점	1점
1. 꼼꼼하고 치밀하다.				
2. 다른 사람들이 보지 못하는 오류를 잘 찾아낸다.				
3. 일이나 과제 수행에서 완벽을 추구한다.				
4. 세부적인 부분에 집착해서 전체 핵심을 놓칠 때가 있다.				
5. 평소 잘하다가도 결정적일 때 실수를 잘한다.				
6. 필요한 정보를 적절하게 잘 수집한다.				
7. 논리정연한 편이다.				
8. 정보나 자료를 잘 분석한다.				
9. 융통성이 부족하고 고지식하다는 소리를 듣는다.				
10. 완벽주의 때문에 실수할까 봐 불안해하는 편이다.				
11. 사회 문제에 관심이 많고 사회 현상을 비판적으로 보는 편이다.				
12. 일을 시작하기 전에 치밀하게 계획을 세우는 편이다.				
13. 생각을 깊게 하고 행동하므로 임기응변이 서툴다.				
14. 조금만 잘못되어도 전체가 잘못되었다고 생각한다.				
15. 완벽하게 하려다 손해 보는 일이 종종 있다.				
합 계				

총 점 : _____

10. 관찰형 진단 테스트

문항	5점	4점	2점	1점
1. 자연, 기상, 천문 현상에 관심이 많다.				
2. 일반적으로 주변 사람이나 사회 현상에는 별로 관심이 없다.				
3. 마음이 안정적이고 편안한 환경 속에서 성과를 낸다.				
4. 자신이 직접 경험하거나 본 것만 믿는 편이다.				
5. 자연 현상에는 관심이 있지만, 기계에는 별로 관심이 없다.				
6. 자연 현상이나 사물에 대한 관찰력이 좋다.				
7. 평소 말수가 적다.				
8. 관심 대상을 꾸준히 관찰하고 실험하는 일을 즐긴다.				
9. 복잡하게 생각하는 것을 싫어하며 자기 고집이 있는 편이다.				
10. 어떤 상황이든 결론을 내리기 전에는 섣불리 판단하지 않는다.				
11. 자연 속에 있을 때 가장 편안함을 느낀다.				
12. 느리고 신중한 편이다.				
13. 관심 대상에 의문점이 생기면 스스로 찾아보고 해결한다.				
14. 자연과학을 좋아하는 편이다.				
15. 사람을 대하는 것에 서툴다.				
합 계				

총 점: _____

11. 원리형 진단 테스트

문 항	5점	4점	2점	1점
1. 같은 연령대에 비해 생각이 깊고 신중하다.				
2. 혼자 하는 일을 잘한다.				
3. 자신의 감정을 표현하거나 다른 사람의 생각을 받아들이는 데 서툴다.				
4. 생각과 관심사가 비슷한 소수와 교류한다.				
5. 한 번 뭔가에 몰입하면 깊이 파고든다.				
6. 다른 사람에 비해 지적 능력이 뛰어나다.				
7. 빠르게 결론을 내리는 일보다 장기적인 연구나 과제에 강하다.				
8. 어떤 현상이나 근본 원리를 알아 가는 것에 흥미를 느낀다.				
9. 대인관계나 조직 생활에 어려움을 느낀다.				
10. 한 가지 일에만 몰두하는 편이라 일상생활에서 사소한 실수를 잘한다.				
11. 지적 도전심이 강해서 문제를 해결해 가는 과정을 즐긴다.				
12. 공부하거나 연구하는 것 자체를 좋아한다.				
13. 다른 사람들보다 많이 알고 있다는 것에 자부심을 느낀다.				
14. 독립심이 강하고 주관이 뚜렷하다.				
15. 주위로부터 외골수라는 말을 들은 적이 있다.				
합 계				

총 점 : _____

12. 봉사형 진단 테스트

문항	5점	4점	2점	1점
1. 나보다 다른 사람의 입장을 먼저 배려한다.				
2. 남에게 싫은 소리를 못하고 거절도 잘 못한다.				
3. 불쌍한 사람을 보면 그냥 지나치지 못한다.				
4. 인간성이 좋다는 소리를 듣는다.				
5. 이해타산을 따지지 않는다.				
6. 평소 봉사나 후원하기를 좋아한다.				
7. 다른 사람을 돕고 봉사하는 것에 삶의 보람을 느낀다.				
8. 문제가 생기면 내 잘못은 없는지부터 먼저 생각한다.				
9. 다른 사람을 위해서 자신의 감정이나 욕구는 자제한다.				
10. 스트레스 상황이나 갈등 상황이 생겨도 혼자 삭인다.				
11. 약점을 지적받으면 자신감을 잃고 소심해진다.				
12. 자신을 되돌아보는 시간을 자주 갖는다.				
13. 다른 사람을 돕고 챙기느라 정작 하고 싶은 것을 못할 때가 있다.				
14. 잘하는 것이 별로 없다고 생각한다.				
15. 성실하고 겸손한 편이다.				
합 계				

총 점 : _____

13. 교육형 진단 테스트

문항	5점	4점	2점	1점
1. 다른 사람을 가르쳐 주고 일깨워 주는 것을 좋아한다.				
2. 자존심이 강해서 비난이나 지적을 받으면 불쾌해한다.				
3. 남의 이목에 신경을 많이 쓰며 의외로 긴장을 잘한다.				
4. 권위적이며 명예를 중요하게 생각한다.				
5. 기본적으로 사람에 대한 애정과 관심이 많다.				
6. 다른 사람을 변화, 발전시키는 일에 보람을 느낀다.				
7. 이해력이 좋은 편이다.				
8. 다른 사람이 자신의 말과 행동을 인정해 주지 않으면 예민해진다.				
9. 남의 잘못을 알려 주고 바로잡아 주는 일을 좋아한다.				
10. 윗사람들보다는 아랫사람들과 관계가 더 좋다.				
11. 공부를 하되 깊게 하지는 않는다.				
12. 같은 내용이라도 좀 더 이해하기 쉽게 전달하는 능력이 있다.				
13. 배울 점이 있는 사람을 잘 따른다.				
14. 학식이나 덕망이 높은 사람의 말을 신뢰하는 편이다.				
15. 인정받고 칭찬받는 것을 좋아한다.				
합 계				

총 점 : _____

14. 복합형 진단 테스트

문 항	5점	4점	2점	1점
1. 여러 가지 일을 동시에 잘 처리한다.				
2. 어느 정도 일에 익숙해지면 그 일에는 더 이상 흥미가 없어진다.				
3. 여러 분야에 관심이 많고 다재다능하다.				
4. 복잡한 상황도 융통성을 발휘해 잘 해결한다.				
5. 끈기가 부족한 편이다.				
6. 수집된 정보를 상황에 맞도록 잘 활용하고 결합시킨다.				
7. 주어진 일을 빠르고 정확하게 처리한다.				
8. 무엇이든 빨리 배우고 요령도 좋다.				
9. 규칙에 얽매이거나 반복적인 활동을 싫어한다.				
10. 변덕이 심한 편이다.				
11. 모임이나 상황에 따라 적응을 잘한다.				
12. 이미 알고 있는 것을 다른 분야에 적용하는 능력이 뛰어나다.				
13. 다방면에 소질이 많아서 적성과 재능을 파악하기 힘든 편이다.				
14. 끊임없이 변하는 과제가 주어져도 부담스럽지 않은 편이다.				
15. 어떤 일이나 상황을 크게 그리고 멀리 본다.				
합 계				

총 점 : _____

15. 진취형 진단 테스트

문 항	5점	4점	2점	1점
1. 평소 통이 크다는 소리를 듣는다.				
2. 한 번 내린 결정은 밀어붙이는 편이다.				
3. 경쟁 상황이거나 라이벌이 있을 때 성과를 더 낸다.				
4. 혼자 하는 것보다 단체로 할 때 의욕이 넘친다.				
5. 실패를 두려워하지 않고 도전하기를 좋아한다.				
6. 힘든 목표일수록 성취욕을 느낀다.				
7. 평소 큰소리치는 경향이 있다.				
8. 사람들을 잘 독려하고 이끈다.				
9. 사람들 앞에 잘 나선다.				
10. 리더가 되는 것을 좋아한다.				
11. 자기와 의견이 다른 사람을 적극적으로 설득하는 편이다.				
12. 어떤 일이든 시작하면 추진력이 뛰어나다.				
13. 모험심이 강하다.				
14. 경쟁에서 이겨야 직성이 풀린다.				
15. 평소 슬럼프에 강하지만 한 번 빠지면 오래간다.				
합 계				

총 점 : _____

내 아이의 성향유형 진단 테스트 결과

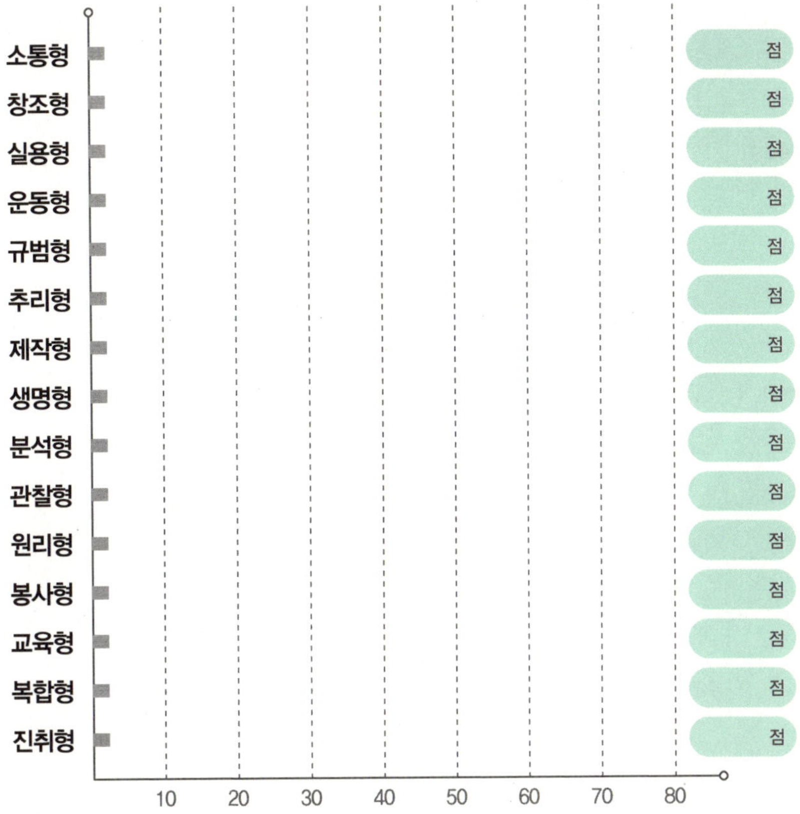

소통형	점
창조형	점
실용형	점
운동형	점
규범형	점
추리형	점
제작형	점
생명형	점
분석형	점
관찰형	점
원리형	점
봉사형	점
교육형	점
복합형	점
진취형	점

10 20 30 40 50 60 70 80

하나님이 내 아이에게 주신 성향유형

- 첫째
- 둘째
- 셋째

가장 높은 점수를 받은 성향유형을 순서대로 기입하면 하나님이 주신 내 아이의 성향유형이 무엇인지 참조할 수 있다.
동점으로 나온 성향유형은 같이 적으면 된다.

P.A.R.T. 04

내 아이의 성향에 맞는 교육을 위한 부모 체크 리스트 & 내 아이를 위한 추천 액티비티

또 아비들아
너희 자녀를 노엽게 하지 말고
오직 주의 교훈과 훈계로 양육하라
(엡 6:4)

부모로서 성향에 맞게 내 아이를 교육하려고 할 때 구체적으로 어떤 노력을 기울여야 할까? 하나님이 만들어 주신 아이의 성향과 재능대로 아이를 교육하고 있는지 점검하라. 스스로를 확인해 볼 수 있는 부모 체크 리스트를 활용하면 좋다.

  변화를 위해 노력한 후 일주일을 마감하기 전 각각의 항목들에 체크해 나가다 보면 변화된 자신의 모습을 발견하게 될 것이다. 뿐만 아니라 부모가 노력하고 있으며 변화 중이라는 사실을 아이가 알게 된다. 아이는 달라지는 부모의 모습을 보면서 자신을 향한 부모의 사랑을 체감하며 함께 변화하기 시작한다. 아이들은 부모와의 관계를 하나님과의 관계에 투사하는 경향이 있다. 따라서 부모와 아이 사이의 관계 개선은 아이의 신앙에 있어서 상당히 긍정적이다.

부모 체크 리스트는 아이의 성향과 재능을 인정하고 이해하는 데 실질적인 훈련이 되도록 '한 주간 실천 후 평가'라는 전제를 달고 있다. 하지만 경우에 따라 한 주에 실천하기 어려운 항목들도 있을 수 있다. 그런 경우 자주 실천하고 있는지를 판단해 체크하면 된다. 각각의 성향유형별 부모 체크 리스트에 이어지는 내 아이를 위한 '추천 액티비티'는 아이의 타고난 성향과 재능을 더욱 강화시켜 주거나 일부 보완할 수 있도록 돕는 실천 내용을 담고 있다.

자, 이제 일주일을 마무리하는 시간에 아이를 향했던 나의 태도와 마음을 돌아보고, 하나님께 나와 아이, 우리 가정을 위해 기도하는 시간을 가져 보도록 하자! 그러면 부모가 먼저 은혜받고, 그 은혜가 아이에게 흘러갈 것이다.

1. 소통형 아이

| 부모 체크 리스트 |

내용	그렇다 10점	노력이 더 필요하다 5점	그렇지 못했다 0점
1	아이의 말에 많이 공감해 주었으며, 친구 같은 부모가 되어 주었다.			
2	아이가 다른 친구들이나 사람들과 더 친해지도록 노력했다.			
3	아이의 이야기를 끝까지 잘 들어 주었다.			
4	아이에게 내 생각과 의견을 말할 때 윽박지르지 않았다.			
5	아이가 학교생활이나 친구들과 경험한 이야기를 나눌 때 즐거웠다.			
6	아이가 좋아하는 친구나 선생님들을 좋게 보려고 노력했다.			
7	아이와의 대화를 귀찮아하지 않았다.			
8	아이가 나에게 털어놓은 이야기에 대해 고마움을 표현했다.			
9	하나님과 신앙생활에 대해서 이야기꽃을 피운 적이 있다.			
10	아이가 공부보다는 친구들과 노는 것을 더 좋아할 때 신경질을 내지 않았다.			

- **75점 이상** : 하나님이 기뻐하시는 부모님입니다. 칭찬해 드립니다.
- **60-70점** : 부모 역할에 최선을 다하셨습니다.
- **55-40점** : 다음 주에는 더 노력해 주세요.
- **35점 이하** : 부모로서 한 주간 자신의 삶을 다시 점검해 보세요.

추천 액티비티
: '가족 끝장 토론'으로 소통의 격을 높여라

　소통형 아이의 성향에 맞고, 지겹지 않으면서도, 아이의 소통력을 더욱 강화시켜 줄 수 있는 방법으로는 '가족 끝장 토론'이 있다. 이를테면 일주일에 한 번, 또는 한 달에 한 번 정도 가족이 모두 모여서 한 주간이나 한 달간 핫 이슈가 되었던 뉴스들 중에서 하나를 선택해 돌아가면서 자신의 생각을 나누는 것이다. 이때 시간을 굳이 정하지 않고 끝장 토론을 벌인다. 자녀의 연령대가 높을수록 자신과 의견이 같은 전문가의 글이나 해당 자료를 찾아서 나름의 근거와 합리적인 이유를 대면서 토론할 수 있기에 마치 TV 프로그램인 "100분 토론" 같은 분위기를 조성할 수 있다.

　비교적 대화력이 좋고 응용력이 뛰어난 소통형 아이는 논리적인 대화는 좋아하지 않더라도 이런 과정을 통해서 자신의 생각을 논리적이고 합리적으로 정립할 수 있다. 감정적인 주장보다는 문제를 객관적으로 받아들이는 훈련도 할 수 있다. 무엇보다 소통을 좋아하고 잘하는 소통형 아이에게 가족이 함께 이야기를 나누는 것은 그 자체만으로도 부모와 자녀 간에 신뢰와 심리적 안정감을 주는 역할을 한다.

2. 창조형 아이

| 부모 체크 리스트 |

	내용	그렇다 10점	노력이 더 필요하다 5점	그렇지 못했다 0점
1	아이가 잘하는 부분이 내 마음에 들지 않아도 격려하거나 지지해 준 적이 있다.			
2	아이의 감정이 오락가락해도 화를 내거나 짜증을 내지 않았다.			
3	아이가 좋아하는 일에 푹 빠질 수 있도록 시간을 준 적이 있다.			
4	아이의 이해 못할 행동도 이해하려고 노력한 적이 있다.			
5	아이의 자기중심적인 행동을 야단칠 때 감정적이기보다는 아이의 눈높이에 맞추어 타일렀다.			
6	아이의 엉뚱한 말과 행동을 최대한 참아 주었다.			
7	아이가 유별난 것이 아니라 특별하다고 생각하려고 노력한 적이 있다.			
8	아이의 튀는 행동이나 말을 잘 받아 준 적이 있다.			
9	아이를 내 생각의 틀에 가두지 않았다.			
10	아이의 재능을 찾아 주고 지원할 수 있는 방법을 알려 달라고 하나님께 기도했다.			

- 75점 이상 : 하나님이 기뻐하시는 부모님입니다. 칭찬해 드립니다.
- 60-70점 : 부모 역할에 최선을 다하셨습니다.
- 55-40점 : 다음 주에는 더 노력해 주세요.
- 35점 이하 : 부모로서 한 주간 자신의 삶을 다시 점검해 보세요.

추천 액티비티

: '딱 하나'(Only one) 교육으로 집중시켜라

창조형 아이는 대개 예술적 감성이나 창의성이 뛰어나기 때문에 뭔가 한 가지씩 잘하는 분야가 있기 마련이다. 아이의 적성을 빨리 판단하고, 아이가 좋아하는 일에 총력을 기울이는 것이 현명한 방법이다. 섣불리 공부를 시키겠다고 적성에 맞지 않는 일을 시작하면 아이와의 관계에 불화만 생겨난다. 아이가 좋아하고 가능성 있는 일에 함께 눈높이를 맞추면서, 그 분야에서 최고가 될 수 있도록 도와주면 아이도 스스로 성취하는 기쁨을 맛보면서 길을 잡아 가게 되어 있다.

감성이 풍부한 창조형 아이는 일정한 틀이나 규칙을 정해 주기보다는 자유롭게 풀어 주면서 가장 중요한 한 가지만은 반드시 지킬 수 있게 '딱 하나' 교육을 하면 효과적이다. 이 방법이 어느 정도 익숙해지면 차츰 약속의 범위를 넓혀 가자고 적절히 조언해 준다.

3. 실용형 아이

| 부모 체크 리스트 |

	내용	그렇다 10점	노력이 더 필요하다 5점	그렇지 못했다 0점
1	아이의 야무진 면을 발견했을 때 그 자리에서 칭찬해 주었다.			
2	아이가 봉사활동을 통해 다른 사람을 돕는 행복을 알게 해주었다.			
3	아이에게 부족한 감정을 길러 주기 위해 자신의 감정을 표현한 적이 있다.			
4	아이가 자신의 이익만을 챙기려 할 때 다른 사람을 위해 손해를 보는 일도 때로는 필요하다는 것을 가르쳐 주었다.			
5	아이의 이기적인 행동이나 말을 비난하지 않았다.			
6	아이가 얄미울 때 하나님께 기도한 적이 있다.			
7	이기적인 아이의 심성을 포용하는 부모의 마음을 달라고 기도한 적이 있다.			
8	용돈을 주어 아이에게 경제적 자립심을 키워 주려고 노력한 적이 있다.			
9	자신보다 못하다고 느껴지는 친구들이나 사람들을 잘 사귀라고 권면한 적이 있다.			
10	아이가 학습에 소홀하더라도 아이에게 임할 하나님의 축복을 믿은 적이 있다.			

- **75점 이상** : 하나님이 기뻐하시는 부모님입니다. 칭찬해 드립니다.
- **60-70점** : 부모 역할에 최선을 다하셨습니다.
- **55-40점** : 다음 주에는 더 노력해 주세요.
- **35점 이하** : 부모로서 한 주간 자신의 삶을 다시 점검해 보세요.

추천 액티비티
: '봉사활동'으로 선한 손해를 보게 하라

이해타산을 잘 따지고 자신이 손해 보는 일에 민감한 실용형 아이에게는 비록 조금은 손해를 보더라도 남을 먼저 생각하는 크리스천 마인드가 필요하다. 자신의 이익을 위해서가 아니라 다른 사람의 행복을 위해 희생하는 봉사활동을 함으로써 이타적인 삶을 이해할 수 있는 기회를 제공하는 것이 바람직하다.

교회의 같은 반 아이들과 선생님께 손 카드를 만들어 선물하게 하는 것은 실용형 아이의 부족한 감성을 채워 줄 수 있는 하나의 방법이다. 용돈에서 일부를 모았다가 연말에 아이가 원하는 곳에 직접 기부하게 하는 것도 바람직하다.

이런 일이 반복되다 보면 아이는 누가 시키지 않아도 자연스럽게 봉사가 무의미한 것이 아님을 알게 될 것이며, 예수님이 말씀하신 '이웃 사랑'이 무엇인지도 깨닫게 될 것이다. 나중에 봉사활동에 대한 소감을 글로 옮겨 보거나 가족 앞에서 간단하게라도 이야기하게 하면 머릿속으로만 느꼈던 것을 가슴으로도 느끼게 되고, 무엇보다 가족 간에 따뜻한 감정의 교류가 일어날 수 있어 일석이조다.

4. 운동형 아이

| 부모 체크 리스트 |

	내용	그렇다 10점	노력이 더 필요하다 5점	그렇지 못했다 0점
1	아이에게 활동력을 발산할 수 있도록 시간을 마련해 주었다.			
2	아이가 정해진 분량의 과제를 다 못했을 때도 칭찬한 적이 있다.			
3	아이의 성향과 재능에 대해 불만을 드러내지 않았다.			
4	아이에게 한자리에 가만히 좀 앉아 있으라고 야단치지 않았다.			
5	아이가 잘하는 운동이나 활동을 함께 하려고 했다.			
6	아이가 공부를 못하는 것에 대해 게으르다고 비난하지 않았다.			
7	내 이야기를 귀담아듣지 않는 아이를 나무라지 않았다.			
8	아이가 활동적인 성향이라는 점을 이전보다 더 받아들였다.			
9	아이가 학습보다 운동에 사실 더 재능이 있다는 점을 굳이 외면하지 않았다.			
10	아이에게 활동적인 성향과 재능을 주신 하나님께 감사하거나 아이의 재능을 위해 기도한 적이 있다.			

- **75점 이상** : 하나님이 기뻐하시는 부모님입니다. 칭찬해 드립니다.
- **60-70점** : 부모 역할에 최선을 다하셨습니다.
- **55-40점** : 다음 주에는 더 노력해 주세요.
- **35점 이하** : 부모로서 한 주간 자신의 삶을 다시 점검해 보세요.

추천 액티비티
: '육하원칙 말하기'로 사고력에 활력을 더하라

운동형 아이는 늘 몸을 움직여야 하고, 넘치는 에너지를 활동으로 소비하지 않으면 좀이 쑤신다. 이런 아이에게 "책상 앞에 붙어 있어라. 책 읽기에 집중하라"고 하면 도저히 감당할 수가 없다. 서로 시간을 낭비하면서 관계만 악화시키지 말고 일찌감치 아이의 적성에 주목하는 것이 좋다. 전문가로서 소질이 있다면 어떤 종목에서 그런지, 그렇지 않다면 활동적이면서도 에너지를 마음껏 방출할 수 있는 다른 진로는 무엇인지 정확하게 파악하고, 그에 맞춘 교육이 필요하다.

운동형 아이는 상대적으로 논리력과 분석력이 부족해서 중요한 결정을 할 때 덤벙거리거나 성급하게 판단해 낭패를 볼 수 있다. 이 점을 보완하고 싶다면 평소 '육하원칙 말하기'를 연습하면 좋다. '육하원칙'이란 '누가', '언제', '어디서', '무엇을', '어떻게', '왜'로 말하는 것을 의미한다.

예를 들어, 아이가 숙제를 하지 않았다면 야단부터 치기 전에 아이에게 육하원칙을 따라 자신의 행동을 논리적으로 말할 수 있도록 기회를 준다. "제가요, 어제, 학교에서, 친구들하고 농구하느라, 숙제를, 못했어요. 왜냐하면 농구는 재미있지만 숙제는 재미없어서요"라는 식이다. 처음에는 어려워하겠지만 부모는 아이의 대답을 들으면서 원인을 파악하게 되고, 아이는 자신의 생각을 논리적으로 말하고 나름대로 스스로 분석하는 태도를 가질 수 있다. 그러면 향후 자신이 어떤 행동을 하게 될 때 스스로 육하원칙에 따라 한 번이라도 더 생각하는 습관을 들일 수 있다.

5. 규범형 아이

| 부모 체크 리스트 |

	내용	그렇다 10점	노력이 더 필요하다 5점	그렇지 못했다 0점
1	아이와의 약속을 지켰다.			
2	아이가 나름대로 정한 규칙을 무시하지 않았다.			
3	아이가 한결같음에 감사한 적이 있다.			
4	아이가 융통성이 없는 면을 보고도 화를 내거나 잔소리하지 않았다.			
5	아이가 듣는 자리에서 남의 험담을 하지 않았다.			
6	아이를 훈육할 때 기분에 따라 하지 않고 일관된 방식으로 했다.			
7	아이가 보는 앞에서 사소한 거짓말이라도 하지 않았다.			
8	아이의 꾸준하거나 성실한 점을 칭찬하거나 표현한 적이 있다.			
9	아이가 보는 앞에서 부부 갈등을 보여 준 적이 없다.			
10	아이가 특별히 나를 속상하게 한 점이 별로 없다는 것을 하나님께 감사한 적이 있다.			

○ **75점 이상** : 하나님이 기뻐하시는 부모님입니다. 칭찬해 드립니다.
○ **60-70점** : 부모 역할에 최선을 다하셨습니다.
○ **55-40점** : 다음 주에는 더 노력해 주세요.
○ **35점 이하** : 부모로서 한 주간 자신의 삶을 다시 점검해 보세요.

추천 액티비티
: 흑백논리에 잘 빠지는 아이, '상상력 훈련'으로 놀게 하라

사회의 규범과 질서를 지키고 원칙에 따라 행동하는 규범형 아이는 정해진 틀 속에서 안정감을 찾는다. 또한 정직하고 성실하기 때문에 부모가 시키는 대로 군소리 없이 잘 따라 주는 편이다. 그러나 자신의 행동이 기대 수준에 못 미치면 죄책감에 빠지고, 자책하며, 걱정하는 스타일이다. 특히 고지식하고 매사 옳고 그름을 잘 따지기 때문에 흑백논리에 잘 빠지는 편이다. 다양성 사회에서 흑백논리에 빠지면 사고나 행동에 오류가 생기기 쉽고 올바른 결정을 하기가 어렵다.

이런 점을 개선하기 위해 '상상력 훈련'을 놀이처럼 해보는 것이 바람직하다. 부모가 인터넷에서 기발한 사진이나 그림을 추려서 아이에게 사전 설명 없이 보여 주고 사진의 내용을 상상력을 총동원해 말해 보게 하는 방법이다.

예를 들면, 욕실 문지방 위로 쓰러진 스파이더맨의 한쪽 팔만 보이는 사진을 제시하고 무슨 내용인지, 어떤 메시지를 전달하고 싶은 것인지 아이에게 물어보며 상상력을 자극해 보라. 이 사진을 보고 "스파이더맨이 적의 공격을 받아 죽었다"라는 식의 평범한 답을 한다면 상상력의 폭을 넓힐 수 있도록 도와준다. 참고로 이 사진은 살충제 광고다. '거미(스파이더)도 확실히 잡을 만큼 강력한 살충제'라는 메시지가 담겨 있다.

6. 추리형 아이

| 부모 체크 리스트 |

	내용	그렇다 10점	노력이 더 필요하다 5점	그렇지 못했다 0점
1	쓸데없는 걱정을 한다고 다그치기보다는 그럴 수도 있겠다며 인정해 주었다.			
2	아이의 질문에 귀찮아하지 않고 성의 있게 대답해 주었다.			
3	아이의 감정적인 모습이나 말에 흔들리지 않았다.			
4	아이의 상상력이나 추리력에 감탄한 적이 있다.			
5	아이가 결정을 잘할 수 있도록 해달라고 기도한 적이 있다.			
6	아이가 좋아하는 것을 하도록 허용해 준 적이 있다.			
7	아이가 나의 입장이나 이야기를 받아들이지 못해도 잘 인내했다.			
8	아이를 위해 기도한 적이 있다.			
9	아이가 하나님의 마음을 느끼도록 부모로서 노력한 적이 있다.			
10	아이가 나를 믿지 못해도 아이를 믿어 주었다.			

- **75점 이상**: 하나님이 기뻐하시는 부모님입니다. 칭찬해 드립니다.
- **60-70점**: 부모 역할에 최선을 다하셨습니다.
- **55-40점**: 다음 주에는 더 노력해 주세요.
- **35점 이하**: 부모로서 한 주간 자신의 삶을 다시 점검해 보세요.

추천 액티비티
: '생각 요약' 훈련으로 논리력을 높여라

추리력이 뛰어나고 호기심이 많은 추리형 아이는 한 가지 단서만 있으면 생각의 가지를 무한대로 뻗어 가면서 상상하고, 미래에 대한 예견과 추측을 잘한다. 따라서 다른 사람의 심리를 잘 분석하고 알아서 미리 행동하는 스타일이다. 그렇다 보니 혼자 넘겨짚다가 오해하거나 오버하는 상황이 생기기 쉽고, 시험 문제를 풀 때도 자기 생각대로만 풀다 의외로 쉬운 문제를 잘 틀리는 경향이 있다. 추리형 아이에게 생각의 깊이와 폭을 적절하게 잡아 주고 싶다면 '생각 요약' 훈련이 도움이 된다.

생각 요약 훈련이란 상대방의 이야기를 듣고 줄거리를 말해 보거나, 신문 사설이나 연령에 맞는 신문 기사를 읽고 요약해서 이야기하는 것이다. 대개 추리형 아이는 줄거리를 요약하라고 하면 구구절절 자신이 느낀 점과 인상적인 부분을 풀어 놓기 십상이기 때문에 말이 길고 전체 맥락을 잡기가 힘들 수 있다. 그러므로 자신의 감정이나 느낌은 싹 빼고 오직 줄거리만 간략하게 정리하게 해야 한다. 그다음에 요약한 줄거리를 이용해 주제 찾기, 제목 찾기 등으로 이어지는 연습을 시키면 사실적이고 객관적인 면이 요구되는 교과목의 문제 풀이를 할 때 도움을 받을 수 있다.

7. 제작형 아이

| 부모 체크 리스트 |

	내용	그렇다 10점	노력이 더 필요하다 5점	그렇지 못했다 0점
1	아이에게 손으로 뭔가 만들어 볼 수 있는 시간을 마련해 주었다.			
2	부족한 아이의 감성을 길러 주기 위해 나름대로 노력한 적이 있다.			
3	아이의 단순함에 감사한 적이 있다.			
4	아이를 안아 주거나 등을 두드려 주는 등 직접적으로 아이에 대한 사랑을 표현해 주었다.			
5	나와 별로 이야기하지 않는 아이를 이해하려고 노력했다.			
6	아이가 말하기를 귀찮아하는 것 같아 더 이상 대화하지 않고 혼자만의 시간을 주었다.			
7	아이의 단답형 대답을 비난하지 않았다.			
8	아이가 가진 재능이 특별하다고 생각한 적이 있다.			
9	아이의 소박함에 대해 하나님께 감사한 적이 있다.			
10	아이와 대화를 충분히 하지 않아도 행복했다.			

- 75점 이상 : 하나님이 기뻐하시는 부모님입니다. 칭찬해 드립니다.
- 60~70점 : 부모 역할에 최선을 다하셨습니다.
- 55~40점 : 다음 주에는 더 노력해 주세요.
- 35점 이하 : 부모로서 한 주간 자신의 삶을 다시 점검해 보세요.

추천 액티비티
: 감성에 서툴러 서운하게 하는 아이, '전시회 순례'로 가까워져라

부모의 관심이나 애정에 별로 연연해하지 않고, 자신의 감정을 구구절절 표현하지도 않으며, 단답형 대화만 하려 드는 제작형 아이는 때로 부모를 서운하게 만든다. 혼자서 판단하고 실천하는 것을 즐기는 제작형 아이는 상대방의 마음을 헤아리는 감성이 부족하다 보니 부모의 진심을 잘 알지 못해 거리감이 생길 수 있다.

이럴 때는 서로의 관심 대상을 정해서 과감하게 하루 날을 잡고 함께 '전시회 순례'를 해보는 것이 좋다. 함께 전시회를 구경하고 느낀 점이나 생각을 나누다 보면 자연스럽게 아이와 가까워질 것이다. 전시회를 선정할 때는 아이의 관심사에 초점을 맞추어 건축에 관심이 많다면 '건축 박람회', '인테리어 박람회'가 좋고, 로봇 제작에 흥미가 있다면 '로봇 전시회', 기계 조립에 흥미가 있다면 '기술 박람회'가 좋다.

대체로 제작형 아이는 어려서부터 자신의 목표를 빨리 정하는 편이기 때문에 부모가 아이의 진학이나 진로를 지지해 준다면 큰 갈등 없이 제 갈 길을 갈 것이다.

8. 생명형 아이

| 부모 체크 리스트 |

	내용	그렇다 10점	노력이 더 필요하다 5점	그렇지 못했다 0점
1	아이의 성향상 받을 수 있는 스트레스를 고민해 본 적이 있다.			
2	아이가 좋아하는 분야를 무조건 반대하지 않았다.			
3	아이가 동물이나 생명체에 관심 갖는 것을 인정해 주었다.			
4	아이와 함께 특정한 동물이나 관심사를 좋아해 보았다.			
5	아이의 진로나 재능에 대해 궁금해하거나 기도한 적이 있다.			
6	아이에게 의료 봉사나 단기선교를 권유한 적이 있다.			
7	아이가 다른 사람의 아픔이나 질병에 더 깊은 관심을 갖도록 기도한 적이 있다.			
8	아이의 잘 모르는 복잡한 내면을 이해하기 위해 노력한 적이 있다.			
9	아이가 냉정한 면과 따뜻한 면을 같이 갖고 있다는 것을 더 발견했다.			
10	아이에게 공부하라는 말이나 잔소리를 하지 않고 편안하게 해주었다.			

- 75점 이상 : 하나님이 기뻐하시는 부모님입니다. 칭찬해 드립니다.
- 60-70점 : 부모 역할에 최선을 다하셨습니다.
- 55-40점 : 다음 주에는 더 노력해 주세요.
- 35점 이하 : 부모로서 한 주간 자신의 삶을 다시 점검해 보세요.

> **추천 액티비티**

: 슬럼프에 빠진 아이, '인터뷰 동영상'으로 자신감을 올려라

아픈 사람이나 동물을 보면 돌봐 주고 싶은 마음을 타고난 생명형 아이는 인간에 대한 관심과 애정이 깊다. 따라서 생명형 아이는 성향상 일찌감치 자신의 성향대로 진로를 결정하기 때문에 부모는 아이를 지원해 주기만 하면 된다.

냉정과 열정을 동시에 가진 생명형 아이가 감정의 기복으로 인한 슬럼프에 빠졌을 때는 우선 냉정하게 혼자만의 시간을 충분히 가질 수 있도록 해주고, 되도록 혼자 편안하게 지낼 수 있도록 배려한다. 그리고 아이가 얼마나 사랑이 많은 사람이며, 반면에 중요한 결정을 할 때는 매우 똑 부러지게 판단하는 소중한 존재인지를 알려 줄 필요가 있다. 이를 위해 '인터뷰 동영상'을 이용해 볼 것을 추천한다. 의료 봉사 활동이나 단기 선교 여행에 동행해 단원들이 봉사하는 모습, 단원들의 소감을 인터뷰하는 장면, 현지인들의 소감을 묻는 장면 등 다양한 상황을 촬영한 후 '인터뷰 동영상'을 만들어 보는 것이다. 집에 돌아와서 촬영한 영상을 보면서 그들의 특별한 메시지를 듣고 나면 냉정하게 자신을 돌아보고, 비전을 새롭게 얻고, 용기도 생길 수 있다.

9. 분석형 아이

| 부모 체크 리스트 |

	내용	그렇다 10점	노력이 더 필요하다 5점	그렇지 못했다 0점
1	아이와 말싸움을 하지 않았다.			
2	아이의 예민함을 잘 참아 주었다.			
3	아이의 명민한 행동과 말에 대해 칭찬해 준 적이 있다.			
4	아이의 완벽주의를 이해하려고 노력했다.			
5	아이가 기본적으로 학습에 재능이 있다는 것을 믿고, 또한 하나님을 믿고 걱정하지 않았다.			
6	아이의 신경을 건드리는 일은 되도록 자제했다.			
7	아이가 자신만큼 다른 사람도 사랑하게 되기를 바란 적이 있다.			
8	아이의 우수함보다 아이의 존재 자체를 사랑하려고 노력했다.			
9	아이의 단점보다 장점을 보도록 노력했다.			
10	아이가 세상의 소금이 되어 하나님께 크게 쓰임 받을 것을 기대한 적이 있다.			

- **75점 이상** : 하나님이 기뻐하시는 부모님입니다. 칭찬해 드립니다.
- **60-70점** : 부모 역할에 최선을 다하셨습니다.
- **55-40점** : 다음 주에는 더 노력해 주세요.
- **35점 이하** : 부모로서 한 주간 자신의 삶을 다시 점검해 보세요.

추천 액티비티
: 지나치게 긴장해서 시험을 망치는 아이, '샐리의 법칙'을 만들라

'샐리의 법칙'(Sally's Law)이란 예상하지 않은 행운이 줄줄이 이어지거나 원하는 대로 일이 진행되어 가는 현상을 말한다. 하는 일마다 잘 안 풀리고 꼬인다는 '머피의 법칙'(Murphy's Law)의 반대 개념이다.

사전에 치밀한 계획을 세우고 실수를 용납하지 않는 완벽주의적인 분석형 아이는 남들이 잘 보지 못하는 미세한 차이에 너무 주목한 나머지 정작 중요한 것을 놓치기도 하고, 평소 잘하다가 결정적인 순간에 실수를 해서 시험을 망치기도 한다. 무엇보다 시험 때는 좋은 성적을 받아야 한다는 강박증에 시험을 치르는 날 긴장을 잘하는 스타일이다. 이때 아이의 긴장감을 줄이면서 마음의 부담을 덜어 줄 수 있는 방법으로 '샐리의 법칙'을 적용해 볼 것을 추천한다.

먼저 이 방법을 시도하기 전에 분석형 아이의 성적이 가장 좋았을 때를 꼼꼼하게 따져 봐야 한다. 그날 몇 시에 일어났고, 어떤 음식을 먹었고, 어떤 색의 옷을 입었으며, 어떤 마음이었고, 컨디션 조절을 위해서 전날 무슨 일을 했는지 등을 쭉 돌아보면서 아이만의 '샐리의 법칙' 항목을 만들어 본다. 그 법칙을 따르면 한결 마음이 안정된 상태를 유지할 수 있다.

10. 관찰형 아이

| 부모 체크 리스트 |

내용	그렇다 10점	노력이 더 필요하다 5점	그렇지 못했다 0점
1	아이가 쓸데없는 데만 관심이 많다고 무시하거나 화내지 않았다.			
2	아이가 나의 말에 반응이 없어도 잘 지내려고 노력했다.			
3	아이가 독특하다고 생각한 적이 있으며, 하나님이 주신 달란트가 무엇일까 고민한 적이 있다.			
4	아이가 무엇인가에 몰두하더라도 잔소리하지 않고 지켜봐 주었다.			
5	아이가 좋아하는 분야에 관심을 가지고 아이와 짧게라도 대화를 가졌다.			
6	자연이나 과학 등 아이의 관심사를 찾아 주려고 노력한 적이 있다.			
7	아이와 조용하게 잘 지냈다.			
8	아이의 미래를 하나님이 책임져 달라고 기도한 적이 있다.			
9	아이의 성품이나 성격을 바꾸려 하지 않고 인정해 주었다.			
10	아이가 국어나 영어 등 학습에 약해도 잔소리하지 않았다.			

○ 75점 이상 : 하나님이 기뻐하시는 부모님입니다. 칭찬해 드립니다.
○ 60-70점 : 부모 역할에 최선을 다하셨습니다.
○ 55-40점 : 다음 주에는 더 노력해 주세요.
○ 35점 이하 : 부모로서 한 주간 자신의 삶을 다시 점검해 보세요.

추천 액티비티
: 타고난 통찰력을 '사전사후 훈련'으로 더 높여라

관찰형 아이는 인간관계나 사회 현상에 관심이 적고, 자기가 직접 경험한 것에 대해서만 확신하며, 명쾌하게 결론을 내릴 때까지 자기 일에 집중하는 스타일이므로 주변 사람의 심리나 상황을 잘 간파하지 못한다. 항상 적당한 거리에서 대상을 관찰하고 자기 관심 분야에만 집중하는 관찰형 아이는 부모가 일일이 간섭하거나 잔소리하지 않고 조용히 기다려 줄 때 가장 편안해한다. 아이가 자신의 관심 영역만 파고들 때 쓸데없는 공상이나 한다고 나무랄 것이 아니라 아이의 호기심과 상상력을 자극할 수 있는 방법을 찾는 것이 좋다. 이때는 타고난 통찰력을 높여 주는 것이 바람직하다. 여기에 도움이 되는 방법으로 '사전사후 훈련'이 있다.

사전사후 훈련은 하나의 현상이나 그림, 사진을 아이에게 제시하면서 이전에 어떤 일이 있었고, 이후에는 어떤 일이 일어날지 생각해 보도록 유도하는 것이다. 이를테면 '울고 있는 아이'의 사진을 보여 주면서 이 아이가 울기 전의 상황은 어떠했을지, 아이가 울고 난 후 어떻게 될지 자신의 생각과 이유를 말해 보게 한다. 이때 상상력에 제한을 두지 않고 무한대로 말할 수 있게 하는 것이 중요하다. 이는 아이의 통찰력을 업그레이드시켜 주면서 동시에 상상력과 창의력까지 높일 수 있는 손쉬운 방법이다.

11. 원리형 아이

| 부모 체크 리스트 |

	내용	그렇다 10점	노력이 더 필요하다 5점	그렇지 못했다 0점
1	아이에게 사회성이 부족해도 걱정하지 않았다.			
2	아이가 혼자만의 시간을 충분히 가질 수 있도록 배려했다.			
3	아이가 좋아하는 분야의 책을 읽을 수 있도록 도서관이나 서점에 함께 다녀왔다.			
4	아이가 한 가지에 몰두하는 것을 기특하게 여겼다.			
5	아이가 보통 아이들과 다른 점이 있다는 것을 관찰한 적이 있다.			
6	아이가 뛰어난 지적 호기심을 가진 것에 대해 하나님께 감사한 적이 있다.			
7	아이가 같은 관심사를 가진 사람들과 친해지는 시간을 갖도록 해주었다.			
8	아이에게 한 가지만 잘하고 다른 것들은 못한다고 핀잔을 주지 않았다.			
9	아이가 사회나 다른 사람들에게 관심이 적다고 나무라지 않았다.			
10	하나님이 아이에게 분명하고 장기적인 계획을 가지고 계심을 믿으려고 노력한 적이 있다.			

○ **75점 이상** : 하나님이 기뻐하시는 부모님입니다. 칭찬해 드립니다.
○ **60-70점** : 부모 역할에 최선을 다하셨습니다.
○ **55-40점** : 다음 주에는 더 노력해 주세요.
○ **35점 이하** : 부모로서 한 주간 자신의 삶을 다시 점검해 보세요.

추천 액티비티
: '중보 기도 도원결의'로 깊이 있는 인간관계를 경험하라

원리형 아이는 자신이 알고 싶거나 관심 있는 분야에 대한 호기심이 강하며, 새로운 지식이나 원리를 알아내고 연구하는 데서 기쁨을 느낀다. 자신의 내적 관심사와 내적 가치를 중요하게 여기기 때문에 주로 혼자 하는 일을 편안해한다. 그렇다 보니 사회성이 부족한 편이다. 하지만 뜻이 맞는 소수와 교류하는 매니아적인 경향을 갖고 있다. 사회의 관습이나 트렌드에는 별 관심이 없으나, 공동의 이상을 실현하기 위해 필요하다면 자신의 역량을 기꺼이 집중시키는 순수한 열정을 지니고 있다. 한편 지적 자긍심이 높아 지적 교만에 빠질 위험성도 있다.

자신이 아닌 다른 사람을 위해 기도하는 중보 기도는 인간에 대한 이해가 상대적으로 부족한 반면에 무엇이든 깊이 파고드는 원리형 아이에게 신앙적으로 큰 도움이 된다. '도원결의'(桃園結義)라는 말은 나관중이 쓴 『삼국지연의』에서 유비, 관우, 장비가 복숭아나무 동산에서 하나의 목적을 위해 뜻을 같이하기로 약속했던 일화에서 유래한 말이다. 원리형 아이에게 필요한 것은 '중보기도 도원결의'다. 이는 교회나 학교 친구들, 선생님들, 가족들 중에서 기도하고 싶은 사람 3-5명을 정해서 꾸준히 기도하는 방법이다. 대인관계가 넓은 편이 아닌 원리형 아이에게 다른 사람에 대한 관심을 불러일으킬 수 있다. 무엇이든 깊이 있고 신중하게 대하는 원리형의 성향에 잘 맞는다.

12. 봉사형 아이

| 부모 체크 리스트 |

	내용	그렇다 10점	노력이 더 필요하다 5점	그렇지 못했다 0점
1	아이가 한 착한 행동에 대해 구체적인 단어를 사용해 칭찬해 주었다.			
2	아이가 무능력하다고 보지 않으려고 노력했다.			
3	아이의 착한 마음씨를 답답하게 보지 않으려고 노력했다.			
4	아이가 착한 행동과 이타심을 가질 때 다른 사람들처럼 "너나 잘해"라는 핀잔을 주지 않았다.			
5	아이가 착해서 세상에서 피해 볼 것이라고 염려하지 않았다.			
6	하나님이 아이의 선함을 확실히 아시고 인도하고 계신다는 사실을 믿으려고 노력했다.			
7	아이의 내면에 힘든 점이 있는지를 고심해 본 적이 있다.			
8	아이가 목표를 가지고 행동하기를 원하고, 그 행동을 아이에게 강요하지 않았다.			
9	아이를 기죽이는 말이나 행동을 하지 않았다.			
10	아이를 격려해 주는 말이나 행동을 확실히 한 적이 한 번이라도 있다.			

○ **75점 이상** : 하나님이 기뻐하시는 부모님입니다. 칭찬해 드립니다.
○ **60-70점** : 부모 역할에 최선을 다하셨습니다.
○ **55-40점** : 다음 주에는 더 노력해 주세요.
○ **35점 이하** : 부모로서 한 주간 자신의 삶을 다시 점검해 보세요.

추천 액티비티
: '칭찬 퍼레이드'를 퍼부어 자존감을 높여라

타인을 배려하고 돕는 데서 보람을 찾는 봉사형 아이는 이익과 손해를 민감하게 따지지 않는 편이다. 아이는 뭔가를 잘 요구하거나, 자기의 불만을 터트려서 속내를 드러내는 것도 아니고, 항상 자신의 입장보다는 부모의 상황을 먼저 배려하기 때문에 불편하거나 스트레스가 쌓여도 혼자 삭이는 편이다. 봉사형 아이는 자신을 챙기고 스스로를 소중히 여기는 것이 이기적이라고 생각하다 보니 자존감이 낮을 수 있다.

봉사형 아이의 자존감을 키워 주는 방법은 부모와 가족이 돌아가면서 '칭찬 퍼레이드'를 해주는 것이다. 칭찬할 때는 단순하게 "착하다", "예쁘다"보다는 구체적으로 설명해 주는 것이 좋다. "너는 사람들을 도울 때 얼굴이 천사 같아!", "세상에! 그런 지혜로운 생각을 다 했어!" 이런 식으로 접근하는 것이 바람직하다. 칭찬이 가족에서 시작해 친척, 이웃, 친구로 이어지면 더 좋다. 멀리 떨어져 사는 친척에게는 화상 전화를 이용해 아이에 대한 칭찬을 부탁하거나 동영상을 찍어서 보내 달라고 한다. 칭찬 퍼레이드는 아이로 하여금 자신이 사랑받고 인정받고 있음을 느끼게 하며, 자존감을 회복시켜 줄 수 있다.

아울러 아이가 봉사에 집중하는 것에 대해 너무 걱정만 하지 말고, 가끔은 부모도 봉사에 함께 참여해 아이를 이해하고자 노력해 보라. 그러면 아이와의 관계가 친밀하게 유지될 것이다.

13. 교육형 아이

| 부모 체크 리스트 |

	내용	그렇다 10점	노력이 더 필요하다 5점	그렇지 못했다 0점
1	아이의 잘못을 덮어 놓고 지적부터 하지 않았다.			
2	아이가 나에게 지적질을 해도 참아 준 적이 있다.			
3	아이가 학교생활에 잘 적응하는 것을 감사한 적이 있다.			
4	아이가 말을 잘하는 것을 대견해한 적이 있다.			
5	아이를 나쁘게 보지 않도록 노력했다.			
6	아이가 나를 가르치려 해도 잘 이해해 주었다.			
7	아이가 다른 사람을 많이 의식해도 이상하게 생각하지 않았다.			
8	아이가 내 말을 잘 듣지 않더라도 믿어 주었다.			
9	아이에게 더 열심히 공부하라고 잔소리하지 않았다.			
10	내가 어렸을 때보다 학교생활을 더 잘하는 아이를 주신 하나님께 감사한 적이 있다.			

○ **75점 이상** : 하나님이 기뻐하시는 부모님입니다. 칭찬해 드립니다.
○ **60-70점** : 부모 역할에 최선을 다하셨습니다.
○ **55-40점** : 다음 주에는 더 노력해 주세요.
○ **35점 이하** : 부모로서 한 주간 자신의 삶을 다시 점검해 보세요.

추천 액티비티

: 지적당하면 참지 못하는 아이,
 '만약에' 화법으로 진정한 교육가로 만들라

교육형 아이는 주변 사람이 잘되기를 바라고, 자신이 뭔가 기여할 수 있기를 바라는 마음이 강하다. 따라서 아무리 부모라고 해도 잘못이 있으면 마치 아랫사람을 가르치듯 지적하고 자신의 의견을 명확하게 드러내는 성향을 갖고 있다. 또한 자기가 옳다고 생각되면 앞뒤 안 가리고 우기며, 자존심이 강해서 자기 잘못을 지적당하면 참지 못한다. 부모 입장에서 교육형 아이의 이러한 모습은 버릇없이 대든다고 생각되기 쉽다. 그래서 서로 목소리만 높이다가 갈등의 골이 깊어질 수 있다.

이때 '만약에' 화법을 사용해 보기를 추천한다. "'만약에' 엄마가 너라면 이렇게 했을 텐데. '만약에' 네가 이렇게 했다면 좋았을 텐데"라는 식으로 긍정적인 부분을 강조해 가정법으로 이야기해 보라. 그러면 지적당하고 있다는 느낌을 갖지 않을 수 있다. 그리고 아이에게는 "'만약에' 저라면 이렇게 했을 거예요"라는 식으로 말하게 하라. 그러면 일단 상대방을 인정하면서 대화를 시작해 훨씬 부드러운 분위기를 만들 수 있고, 자기가 말하고자 하는 논점을 차분하게 전달하게 된다.

14. 복합형 아이

| 부모 체크 리스트 |

	내용	그렇다 10점	노력이 더 필요하다 5점	그렇지 못했다 0점
1	아이의 변덕에도 짜증을 내지 않았다.			
2	아이가 어떤 일을 싫증 내고 그만두려 할 때 무조건 야단부터 치지 않았다.			
3	아이의 다재다능함에 하나님께 감사한 적이 있다.			
4	무엇이든 끝까지 마치지 못하는 아이를 비난하지 않았다.			
5	아이와 사이좋게 잘 지냈다.			
6	아이가 복잡해서 이해하기 힘들어도 잘 참았다.			
7	나 자신은 감당하기 어려운 아이지만 하나님이 감당하도록 맡기셨다고 생각해 본 적이 있다.			
8	자꾸 바뀌는 아이의 꿈이나 진로를 찾아 주려고 노력한 적이 있다.			
9	아이가 교만해지지 않도록 하나님께 기도한 적이 있다.			
10	아이가 무엇이든 꾸준히 하지 못하는 점을 이해해 보려고 노력했다.			

○ 75점 이상 : 하나님이 기뻐하시는 부모님입니다. 칭찬해 드립니다.
○ 60-70점 : 부모 역할에 최선을 다하셨습니다.
○ 55-40점 : 다음 주에는 더 노력해 주세요.
○ 35점 이하 : 부모로서 한 주간 자신의 삶을 다시 점검해 보세요.

> 추천 액티비티

: 팔방미인 아이, '3·3·3법칙'으로 다양한 재능을 더 빛나게 하라

다방면에, 재능이 많고, 늘 새로운 가능성을 찾는 복합형 아이는 눈치가 빠르고 융통성도 좋다. 또한 상대방의 성향에 자신의 태도와 생각을 잘 맞춰 주는 편이다. 따라서 겉으로는 부모와 큰 갈등이 없어 보일 수 있다. 하지만 의외로 자기 속내를 잘 드러내지 않아 부모 입장에서는 속을 알 수 없는 아이로 비치기도 한다.

다양한 분야에 관심이 많고 비교적 편견이 없기 때문에 동시에 여러 일을 시켜도 충분히 해낼 수 있는 팔방미인이다. 반면에 어느 한 분야를 끈기 있게 하지 못하며, 하고 싶은 일이 수시로 바뀐다. 이렇게 변덕이 심한 복합형 아이에게는 '3·3·3법칙'을 추천한다. 이 방법은 부모의 결단을 많이 요구한다. 다른 성향유형에 비해 진로 방황을 가장 심하게 겪는 성향이다 보니, 부모로서도 크고 작은 결심이 요청된다.

3·3·3법칙이란 아이가 하고 싶어 하는 일을 3일, 3주, 3달 해보게 하고, 더 할 것인지 그만둘 것인지를 아이 스스로 결정하게 하는 방법이다. 예를 들어, 갑자기 뮤지컬 배우나 요리사가 되겠다고 하면 그 분야를 배울 수 있는 실용음악학원이나 요리학원에 3일을 다녀 보게 한다. 그 후 계속 다니고 싶다고 하면 3주를, 좀 더 해보겠다고 하면 3달을 다니게 한다. 이때 중간에 학원을 빠진다거나 연습을 게을리하고 귀찮아하면 단호하게 그만두게 한다. 복합형 아이는 다재다능해서 혼자 놔둬도 학습을 잘할 것 같지만 규칙에 얽매이는 것을 싫어하고 무의미한 반복을 지루해하기 때문에 진로 방황을 많이 하는 편이다. 따라서 믿고 맡기되, 부모가 필요할 때 적절하게 개입하고 방향을 잘 잡아 줄 필요가 있다.

15. 진취형 아이

| 부모 체크 리스트 |

	내 용	그렇다 10점	노력이 더 필요하다 5점	그렇지 못했다 0점
1	아이가 친구들을 몰고 와도 화내지 않고 친절하게 맞아 주었다.			
2	아이가 반장 선거나 주변 행사 등에 나서겠다고 할 때 공부에나 신경 쓰라고 하지 않고 격려하고 지지해 주었다.			
3	나와 함께 하기로 한 약속을 지키지 않아도 비난하지 않았다.			
4	아이의 큰소리치기에 실망하지 않았다.			
5	아이의 리더십이 크게 쓰일 것을 기대한 적이 있다.			
6	부모인 내가 감당하기 힘든 모습을 보았을 때 아이를 마음속으로 포기하지 않았다.			
7	아이의 리더이신 하나님께 아이를 맡겼다.			
8	나의 말을 잘 듣지 않는 아이를 버거워하지 않았다.			
9	아이에게 "너는 크게 될 사람이야"라는 칭찬을 한 적이 있다.			
10	아이가 하나님의 큰 비전이 성취되는 일에 쓰임 받게 해달라는 소원을 품거나 기도한 적이 있다.			

- **75점 이상** : 하나님이 기뻐하시는 부모님입니다. 칭찬해 드립니다.
- **60-70점** : 부모 역할에 최선을 다하셨습니다.
- **55-40점** : 다음 주에는 더 노력해 주세요.
- **35점 이하** : 부모로서 한 주간 자신의 삶을 다시 점검해 보세요.

> 추천 액티비티

: 리더십을 더 키워 줄 '침묵의 날'을 만들라

　승부근성과 리더십이 탁월한 진취형 아이는 살벌한 경쟁이나 위기 상황에 더욱 당당하게 맞서며, 다소 위험해 보여도 하고 싶은 일이라면 반드시 도전하는 편이다. 이러한 진취형 아이의 강한 추진력과 에너지는 어지간한 부모는 감당하기 버거울 정도다.

　진취형 아이는 지배욕이 강한 편이라 형제자매나 친구들이 자신이 세운 원칙이나 의견을 무시한다는 생각이 들 때는 조율하거나 중재하지 않고 무조건 관철시키려고 한다. 이러한 면이 부정적으로 흘러가지 않도록 한 달에 한 번 정도 '침묵의 날'을 정해 보라. 가족이나 친구의 말을 듣기만 하고, 자기 생각이나 의견을 말하지 않고 참는 훈련을 해보는 것이다. 처음에는 말하고 싶어서 매우 답답하겠지만, 주변 사람들 중에서 자기와 비슷하게 독선을 부리는 사람의 모습을 보게 되면 새삼 자기 자신을 객관적으로 보는 안목을 기를 수 있다.

　간혹 지나친 승부욕과 경쟁심 때문에 지쳐서 잠깐 슬럼프에 빠지거나 학습에 흥미를 잃은 경우에는 과감하게 책을 접고 함께 등산이나 농구, 달리기 등을 하며 몸을 부대끼고 땀을 흘리며 자신감을 북돋워 주는 것이 좋다.

에필로그

진로교육전문가 김진이 전하는 교육 메시지
: 내 아이를 향한 하나님의 설계도를 따라 자녀의 미래를 디자인하라

    하나님을 믿는다면 자녀 교육이 쉬울 수밖에 없다. 왜냐하면 하나님이 세상을 창조하셨고, 내 아이도 만드셨기 때문이다. 하나님은 크리스천 부모가 자녀 교육의 원리를 잘 알 수 있도록 지혜를 말씀 안에 숨겨 놓으셨다.

    하나님을 믿지 않는 세상 부모들은 하나님이 자녀를 신묘막측하게, 그 내장과 형질까지 지극 정성으로 만드셨다는 사실을 모른다. 따라서 자신의 힘이나 의지대로 자녀를 교육하려고 힘쓰고 노력한다. 하지만 입시설명회를 쫓아다니고, 유명하다는 학원에 보내고, 이것저것 다 끌어다 줘도 수고를 쏟은 만큼 자녀가 뜻대로 되지 않는다. 그 이유는 하나님이 자녀의 인생을 계획하셨고 이끌어 가신다는 믿음이 없기 때문이다.

> "주께서 내 내장을 지으시며 나의 모태에서 나를 만드셨나이다 내가 주께 감사하옴은 나를 지으심이 심히 기묘하심이라 주께서 하시는 일이 기이함을 내 영혼이 잘 아나이다 내가 은밀한 데서 지음을 받고 땅의 깊은 곳에서 기이하게 지음을 받은 때에 나의 형체가 주의 앞에 숨겨지지 못하였나이다 내 형질이 이루어지기 전에 주의 눈이 보셨으며

나를 위하여 정한 날이 하루도 되기 전에 주의 책에 다 기록이 되었나이다"(시 139:13-16).

이제 3가지만 기억하면 된다.

첫째, 내 아이는 하나님의 작품이다!

하나님은 부모인 우리 역시 우리 부모님의 유전자를 조합해 만드셨고, 지금의 나와 내 배우자, 그리고 내 아이 또한 그렇게 빚으셨다. 따라서 하나님은 부모인 나와 내 아이의 '지은이'가 되신다. 우리는 모두 하나님의 자녀들이다.

하나님은 이미 내 아이의 유전자 속에 하나님의 꿈을 담아 주셨다. 그 꿈은 성향과 재능이라는 모습으로 심겨 있다. 따라서 자녀의 성향과 재능을 찾으면 자녀를 향한 하나님의 계획과 하나님이 내 아이에게 주신 사명 또한 발견할 수 있다. 하나님이 만들어 주신 자녀의 성향과 재능대로, 하나님의 계획대로 교육하면 자녀 교육은 끝이다. 이보다 더 쉬울 수는 없다.

둘째, 내 아이 '소유권 이전 고백'을 하라!

이를 위해 먼저 고백할 것이 있다. 자녀의 소유권을 부모에게서 하나님께로 이전하는 고백이다. 부모는 자녀를 소유물로 여기는 경향이 있다. '내가 낳았으니 내 분신'이라고 생각해 자녀를 마음대로 하려 한다. 하나님을 믿는 우리는 크리스천으로서의 정체성을 가져야 한다. 그런데 이러한 생각의 기저에는 기독교적인 정서보다는, 알게 모르게 '부모 아래 자녀가 있다'는 수직적 질서를 좇는 유교적인 문화가 깔려 있다.

여기가 바로 크리스천 자녀 교육의 고난이 시작되는 지점이다. 자녀가 소위 남들이 알아주는 직업을 갖지 않거나 대기업에 취업하지 못할 경우 마치 인생 낙오자라도 된 양 절망한다. 우리 자신도 모르게 '사'(士)나 '관'(官)을 중시하고 '입신양명'(立身揚名)이 자녀 된 도리와 맞닿은 유교적 풍토의 영향력을 받은 것이다. 여기에 '맘몬주의'(Mammonism)까지 더해져 부모들은 자녀가 돈 잘 버는 직업을 갖지 못할까 봐 전전긍긍한다.

예수님은 이런 것은 모두 '이방인들이나 하는 염려'라고 말씀하셨다(마 6:32). '하나님의 나라와 그의 의'를 구할 때 하나님이 모든 것을 더해 주실 텐데, 우리는 '세상 나라와 부'만을 구한다. 그렇다 보니 하나님의 작품이자 하나님의 꿈이 담긴 자녀를 하나님의 손에 맡겨 드리지 못하고 부모의 손아귀에 쥐고 어찌할 바를 모르는 것이다.

　부모는 하나님이 모태부터 내 아이에게 주신 성향과 재능을 궁금해하기보다 사회가 인정하는 대학이나 직업에 더 관심을 갖는다. 자녀 교육의 기준이 하나님보다는 '다른 사람들'에 있다. 즉 자녀를 하나님의 뜻으로 양육하는 것이 아니라 '사회적 인식'으로 기른다.

　"나보다 나를 더 잘 아시는 주님!"이라고 고백하면서 왜 "나보다 내 아이를 더 잘 아시는 주님!"은 고백하기 어려운가? 이제 자녀의 소유권이 하나님께 있음을 인정하라. 내 아이는 주인이신 하나님이 내게 맡겨 주신 것이다. 내 것이 아니다.

　자녀를 잘 교육해 부모의 자랑이 되게 하고 싶은 마음은 어찌 보면 당연한 욕구일 수 있다. 하지만 자녀는 다른 사람들에게 자랑하기 위해서 기르는 것이 아니다. '하나님의 자랑'이 되도록 길러야 한다.

셋째, 하나님을 존중하고, 내 아이를 존중하라!

　부모인 나를 지으시고, 내 아이도 지으신 하나님을 존중하라. 우리는 하나님의 결정과 뜻은 언제나 우리에게 가장 좋은 것을 주시려는 것임을 신뢰해야 한다. 그때 비로소 하나님을 존중할 수 있다. 마찬가지로 하나님이 내 아이를 위해 가장 좋은 것을 예비하고 계신다는 사실 또한 믿어야 한다. 이를 믿지 못할 때 자기 자신의 뜻과 노력으로 지혜 없이 아이를 교육하게 된다. 자녀 교육은 부모의 생각대로가 아니라 하나님의 생각대로 되어야 제대로 이루어질 수 있다.

진짜 믿음이 좋은 크리스천 부모의 자녀가 하나님 안에서 형통하고 행복한 이유는 그들이 하나님을 존중하기 때문이다. 그들은 부모의 마음대로가 아니라 하나님의 마음대로 아이를 교육한다.

하나님이 내 아이를 만드신 모습대로 교육하라. 이 점을 인정하는 것이 바로 자녀 교육에서 성공하는 비결이다!

사명선언문

너희가 흠이 없고 순전하여……세상에서 그들 가운데 빛들로
나타내며 생명의 말씀을 밝혀 _ 빌 2:15-16

1. 생명을 담겠습니다
만드는 책에 주님 주신 생명을 담겠습니다.
그 책으로 복음을 선포하겠습니다.

2. 말씀을 밝히겠습니다
생명의 근본은 말씀입니다.
말씀을 밝혀 성도와 교회의 성장을 돕겠습니다.

3. 빛이 되겠습니다
시대와 영혼의 어두움을 밝혀 주님 앞으로 이끄는
빛이 되는 책을 만들겠습니다.

4. 순전히 행하겠습니다
책을 만들고 전하는 일과 경영하는 일에 부끄러움이 없는
정직함으로 행하겠습니다.

5. 끝까지 전파하겠습니다
모든 사람에게, 땅 끝까지, 주님 오시는 그날까지
복음을 전하는 사명을 다하겠습니다.

서점 안내

광화문점 서울시 종로구 새문안로 69 구세군회관 1층
02)737-2288 / 02)737-4623(F)

강남점 서울시 서초구 신반포로 177 반포쇼핑타운 3동 2층
02)595-1211 / 02)595-3549(F)

구로점 서울시 동작구 시흥대로 602, 3층 302호
02)858-8744 / 02)838-0653(F)

노원점 서울시 노원구 동일로 1366 삼봉빌딩 지하 1층
02)938-7979 / 02)3391-6169(F)

일산점 경기도 고양시 일산서구 중앙로 1391 레이크타운 지하 1층
031)916-8787 / 031)916-8788(F)

의정부점 경기도 의정부시 청사로47번길 12 성산타워 3층
031)845-0600 / 031)852-6930(F)

인터넷서점 www.lifebook.co.kr